企业内部控制实务

主　编　盛立军　宣胜瑾

副主编　刘　骅　孙冰爽　杨静玉　刘维华

北京理工大学出版社
BEIJING INSTITUTE OF TECHNOLOGY PRESS

图书在版编目（ＣＩＰ）数据

企业内部控制实务／盛立军，宣胜瑾主编．－－北京：
北京理工大学出版社，2022.11
　ISBN 978－7－5763－1060－3

　Ⅰ．①企…　Ⅱ．①盛…　②宣…　Ⅲ．①企业内部管理
Ⅳ．①F272.3

中国版本图书馆 CIP 数据核字（2022）第 218888 号

出版发行／北京理工大学出版社有限责任公司
社　　　址／北京市海淀区中关村南大街 5 号
邮　　　编／100081
电　　　话／（010）68914775（总编室）
　　　　　　（010）82562903（教材售后服务热线）
　　　　　　（010）68944723（其他图书服务热线）
网　　　址／http：//www.bitpress.com.cn
经　　　销／全国各地新华书店
印　　　刷／涿州市新华印刷有限公司
开　　　本／787 毫米×1092 毫米　1/16
印　　　张／15　　　　　　　　　　　　　　　责任编辑／钟　博
字　　　数／317 千字　　　　　　　　　　　　文案编辑／钟　博
版　　　次／2022 年 11 月第 1 版　2022 年 11 月第 1 次印刷　　责任校对／刘亚男
定　　　价／79.00 元　　　　　　　　　　　　责任印制／施胜娟

内部控制是保证企业正常经营所采取的一系列必要的管理措施，科学高效的内部控制是企业高质量发展的保证，也是遏制经济犯罪和防止腐败的需要。为了加强和规范企业内部控制，提高企业经营管理水平和风险防范能力，促进企业可持续发展，维护社会主义市场经济秩序和社会公众利益，自 2008 年起，我国陆续出台了《企业内部控制基本规范》及其配套指引、《小企业内部控制规范（试行）》《行政事业单位内部控制规范（试行）》《关于全面推进行政事业单位内部控制建设的指导意见》等会计法律规范。教育部颁布的《高等职业学校专业教学标准》也将内部控制课程列为高职高专会计及相关专业的必修课。

本书在创作思路、结构体系设计、内容选择等方面都体现了高等职业教育的特点，以职业能力培养为本位，以促进就业服务发展为目的，以任务驱动，"教学做"一体，详细阐述了内部控制的目标、基本要素、措施和要求。全书共分为初识内部控制、货币资金业务内部控制、采购业务内部控制、实物资产业务内部控制、销售业务内部控制、筹资业务内部控制、对外投资业务内部控制、工程项目内部控制、信息系统内部控制 9 个项目。根据内容需要，每个项目中都设计了学习目标、任务导学、知识准备、内控实操、风险提示、案例分析、互助学习、思政案例、育人启示等模块，还配有微课视频、法律规范等数字化教学资源。同时，为了适应高职教育的"教学做"一体教学模式，各项目后面还设计了职业知识测试、职业能力训练、职业素养提升等模块，确保了专业教学的针对性、技能性。本书内容丰富，通俗易懂，便于操作，既可以作为高职高专院校会计及相关专业的教学用书，也是在职会计人员培训和自学的理想用书。本书主要有以下特点。

1. 贯彻立德树人思政主线

本书充分体现课程思政"纲要"要求，思政要素贯彻始终。本书配有大量思政案例，以社会主义核心价值观培育为引领，潜移默化地现实课程育人；以培育工匠精神为核心，培养学生自觉维护国家利益、社会利益、集体利益的思想意识，增强社会责任感；培养学生诚实守信、遵纪守法、廉洁自律、客观公正、坚持准则的会计职业道德；培养学生爱岗敬业、精益求精的敬业精神；培养学生积极参与劳动竞技、团队协作的意识。

2. 体现以学生为中心，融"教学做"于一体

本书以学生职业能力培养为核心，在内容和结构体系上体现了高等职业教育的特点，突出理实结合，任务驱动。本书通过任务导学、知识准备、内控实操、风险提示等模块，环环相扣，体现"教学做"一体的教学模式；通过职业知识测试、职业能力训练、职业素养提升等模块，体现了学习者从掌握知识、培养能力、提升素养的递进有效的学习过程。

3. 配备丰富共享的数字化教学资源

本书充分应用信息技术手段，配有教学视频、教学课件、课程标准、法律法规、习题库及案例库等各类数字化教学资源，构建新型立体化教材，满足线上线下混合式教学需求，有效开展课堂建设。

本书由盛立军、宣胜瑾任主编，由刘骅，长春职业技术学院孙冰爽，国机资本控股有限公司杨静玉、刘维华任副主编。项目一、项目六由盛立军副教授编写，盛立军副教授同时负责本书的总撰工作；项目三、项目四由宣胜瑾副教授编写；项目二由刘骅讲师编写；项目五由宣胜瑾副教授、杨静玉联合编写；项目七及部分案例由孙冰爽讲师编写；项目八由盛立军副教授、刘维华联合编写；项目九及部分案例由张凌羽、邵宇靓、叶嘉联合编写。在本书的编写过程中，得到了北京理工大学出版社的大力支持和指导，编者广泛参阅了大批专家、学者公开出版的专著和教材，在此一并表示衷心感谢。

由于编者的学术水平和编写时间有限，书中难免有疏漏或不当之处，恳请读者不吝赐教。

编 者

2022 年 10 月于长春

目 录

项目一

初识内部控制

学习目标

知识目标：

◎了解我国内部控制规范的框架体系；

◎理解内部控制的概念、目标、原则和要素；

◎熟悉《企业内部控制基本规范》中规定的企业内部控制制度的基本内容；

◎掌握《企业内部控制基本规范》中规定的企业内部控制措施。

能力目标：

◎能够分析比较不同企业的内部控制要素；

◎能够根据企业内部控制管理需要采取适当的控制措施。

素质目标：

◎培养战略思维和大局意识；

◎培养风险防范、风险分析和风险识别意识；

◎培养诚实守信、廉洁自律的品质；

◎强化法律观念，培养遵守法规制度的良好职业道德。

任务一　认知内部控制

视频：认知
内部控制

康美药业财务造假案的启示

康美药业是一家主要生产、经营和销售医药产品的民营企业，涉及中药合成制片、中药材加工及贸易、医疗器械销售等业务。该公司于2001年在上海证券交易所上市，于2014年获得直销经营许可。2018年年底，中国证券监督管理委员会（以下简称"中国证监会"）对康美药业立案调查，认为康美药业存在作假及虚假陈述等违规行为的嫌疑。2019年4月，康美药业对外称其自查发现会计差错，导致 2018 年财务报告中货币资金虚高，因此 300 亿元货币资金蒸发。2019 年 5 月，中国证监会通报康美药业披露的 2016—2018 年财务报告存在重大虚假，主要表现在：利用虚假的银行单据虚增存款；将部分资金转入关联方的账户并购买本公司的股票；伪造业务凭证，以达到虚增收入的目的。康美药业"黑天鹅"事件给整个市场敲响了警钟，它意味着在企业内部控制管理方面仍有不少漏洞。

一、控制环境问题

控制环境是内部控制的基础，它直接影响企业员工内部控制意识的强弱，并提供内部控制的基本规则和框架。康美药业作为一家上市公司，股权应该是分散化的，但实际上其由马兴田及其夫人实际控制。"一人独大，一股独大"的局面导致该公司的经营决策管理制度流于形式，极大地破坏了企业内部控制环境，从而影响了企业的获利能力。康美药业的裙带关系严重，职工管理混乱，小部分高层管理人员手里掌握大部分控制权，以及独立董事提名受到马兴田的影响，独立性无法保障，都导致企业内部控制制度流于形式。

二、风险评估问题

风险无处不在，对于企业而言，要时刻保持警惕。康美药业上市后，通过股权融资、债券融资、借款融资共同筹集的资金超过 800 亿元。截至 2019 年 4 月 30 日，康美药业的前十大股东已经将手中的股权几乎全部质押。除此之外，2019 年前，康美药业的经营性现金流量净额一直低于扣除非经常性损益后的净利润，现金流量比率也过低。康美药业为了弥补经营活动现金流无法满足的偿债需求，加大对外融资力度，通过非公开发行股票、发行债券等方式募集资金 95.82 亿元。这种"拆东墙补西墙"的方式让企业管理层不堪重负。与此同时，对于已上市的大型中药制造企业而言，药材采购十分重要，在药材供应商选择方面，最稳妥的方法是寻找一些具有同样资质的中药材贸易企业。而康美药业前五大药材供应商均为自然人，并且康美药业从这些供应商手中购买了大量药材，以致存货 37 年未售空。显然康美药业没有严格把控风险。

纵观康美药业的发展史可以看出，其发展是爆发式的，在全国医药企业中占据一席之地只用了短短几年时间。康美药业一方面获得了政策扶持，另一方面具有全产业链优势，这些十分有利于企业发展。2017 年，康美药业提出了中药行业"互联网+"的创新模式。这个理念虽然新颖，但是由于缺乏相关专业人士和经验，康美药业产品研发风险持续上升。另外，康美药业对自己的直销模式控制不够严谨、对经销商的管理不够有效，在销售方面也存在一定的风险。这些都体现出康美药业的管理层有高估自己实力的倾向，其战略格局和决策导致企业内部控制风险加剧。

三、控制活动问题

控制活动有助于管理层顺利实施决策，一般包括事前、事中和事后控制。企业为了减少或避免不必要的损失，应当根据自身情况合理安排控制活动。康美药业在药材采购方面出现的问题、银行票据造假及财务方面支付核算紊乱等，都表明其在内部控制活动方面执行力很差，甚至无执行力。同时，康美药业在关联方交易中的违规交易、与旗下子公司的内幕交易等不正规交易，都在一定程度上反映出其内部控制活动存在严重问题。

四、信息与沟通问题

信息与沟通的效率如何，直接关系到企业员工与管理层之间能否有效获得明确信息。只有上下信息途径是通畅并有效的，企业员工才能认真履行控制责任，从而促进企业良性发展。除了企业内部信息需要及时传递，企业与外部利益相关者也要进行有效沟通。康美药业在交易过程中刻意隐瞒与关联方之间的交易，管理人员对交易管理不够重视、对财务信息核查不及时等，都反映出内部信息披露机制不完善。

五、监督问题

企业不仅要建立内部控制系统，而且要对其实施监控。只有实施持续性的监控，内部控制系统才能够发挥作用，引导员工履行各自的职责。在康美药业财务造假事件中，其面对巨大的利益和资金需求，牺牲了对内部控制的管理。这种违规行为不可能是个人造成的，公司内部高层管理者可能也有所了解。而康美药业将管理层及实际控股股东的地位凌驾于内部控制部门之上，导致内部控制监督形同虚设，根本无法起到作用。同样，虽然康美药业在内部控制监督方面设立了监事、独立董事和审计委员会，满足了内部控制的基本组织架构要求，但真正的执行部门仍然严重缺失。此外，在外部监督方面，相关部门对康美药业并未严格查处落实。监管力度不够，也是康美药业"黑天鹅"事件发生的重要原因之一。与此同时，企业内部的会计制度也相当不完善，这导致会计管理、内部控制审计工作均出现问题。

康美药业忽视社会责任，作为中药饮片行业的领先企业，康美药业承担多个国家科技支撑计划项目，本应时刻牢记并履行相应社会责任和义务，却因过于重视对市场份额和利益的追求，运用假单据虚增银行存款，伪造业务凭证提高收入，操纵股票市场，损害了投资者的合法权益。这一系列不负责任的决策使企业在社会责任方面存在严重的内部控制缺陷。康美药业知法犯法，了解到行为诱发的风险，却主观上选择忽视道德要求，既不符合社会责任要求，又违背了道德准则要求。

（摘自：张潇潇. 企业内部控制存在的问题及对策——以康美药业为例［J］. 财务管理，2022，5.）

任务与思考：

内部控制对企业管理有哪些重要意义？应如何完善内部控制制度？

一、内部控制的概念

内部控制最初起源于内部牵制，是指企业为了实现其经营目标，保护资产的安全完整，保证会计信息资料的准确可靠，确保经营方针的贯彻执行，保证经营活动的经济性、效率性和效果性，而在企业内部采取的自我调整、约束、规划、评价和控制的程序、政策和措施的总称。内部控制能够帮助企业控制经营风险，将风险降低至合理范围内，有效防范各种舞弊活动。

内部控制是由企业董事会、监事会、经理层和全体员工实施的，旨在实现控制目标的过程。在建立和实施内部控制的过程中，董事会、监事会、经理层起着重要作用，内部控制是全体员工的共同责任，也是一个不断优化完善的过程。

法规：企业
内部控制
基本规范

董事会是企业的最高决策机构，在企业内部控制中起着关键作用。只有董事会重视内部控制，才可能建立起完善的企业内部控制制度。经理层是企业内部控制执行的领导者，如果经理层没有正确认识和高度重视内部控制，内部控制制度就不可能被认真执行。监事会代表股东负责监督董事会和经理层，监事会是否认真监督，是企业内部控制有效实施的保障。"三会"制度本身也是企业内部控制的一种体现。

知识链接 1-1 ▪▪▪▪▪

为了加强和规范企业内部控制，提高企业经营管理水平和风险防范能力，2008 年 5 月 22 日，财政部会同证监会、审计署、国资委、银监会、保监会等部门发布了《企业内部控制基本规范》。2010 年 4 月 26 日，前述五部委联合发布《企业内部控制配套指引》（以下简称"配套指引"）。配套指引包括 18 项《企业内部控制应用指引》（以下简称"应用指引"）、《企业内部控制评价指引》和《企业内部控制审计指引》，共同构建了我国企业内部控制规范体系。

二、内部控制的目标

内部控制是企业管理的过程，其目标如下。

（1）保证企业经营管理合法合规；

（2）保证企业各项资产安全完整；

（3）保证财务报告及相关信息真实完整；

（4）保证企业经营效率和效果的提高；

（5）促进企业实现发展战略。

三、内部控制的原则

企业建立与实施内部控制，应当遵循下列原则。

（一）全面性原则

全面性就是要求企业内部控制应当贯穿决策、执行和监督全过程，覆盖企业及其所属单位的各种业务和事项。内部控制应当约束企业内部涉及的所有部门和人员，任何个人都不得拥有超越内部控制的权利。上至单位负责人，下至普通职工，企业内部每一位成员，都既是内部控制的主体又是客体，既要负责这项制度的具体实施，又要受到其他人员的监督和制约。否则，内部控制制度制定得再完善，得不到落实也无法实现其目标。

（二）重要性原则

重要性就是要求企业内部控制应当在全面控制的基础上，关注重要业务事项和高风险领域。企业建立与实施内部控制应突出重点、兼顾一般，着力防范重大风险。因此，企业在构建内部控制制度时，针对重要业务事项和高风险领域应当加大控制力度，强化控制措施。

（三）制衡性原则

制衡性就是要求企业内部控制应当在治理结构、机构设置及权责分配、业务流程等方面相互制约、相互监督，同时兼顾运营效率，即内部牵制。内部牵制是建立与实施内部控制的核心理念，体现为在企业经营活动的各个环节都要实现不相容机构、岗位、人员的相互分离和制约。否则会造成滥用职权或串通舞弊，导致内部控制失败，给企业经营发展带来重大隐患。因此，在制度设计上，部门与部门、员工与员工之间以及各岗位之间均要形成互相制约的关系，单独的一个人或一个部门对任何一项或多项经济业务活动都没有完全的处理权，必须经过其他部门或人员的查证核对。纵向要求下级受上级的监督，上级受下级的牵制；横向要求至少要经过两个不相隶属的部门或岗位，借以相互制约和牵制。

（四）适应性原则

内部控制应当与企业经营规模、业务范围、竞争状况和风险水平等相适应，并随着情况的变化及时加以调整。企业在设计内部控制制度时，对涉及的环境因素要进行深入的分析和了解，只有控制过程、机制及氛围与所处环境相适应，做到与时俱进，适时对内部控制加以调整和完善，才能实现较为理想的控制效果。

（五）成本效益原则

成本效益就是要求企业内部控制应当权衡实施成本与预期效益，以适当的成本实现有效控制。通常内部控制的环节、措施等越复杂、严密，其控制的效果就越好。但是，各种控制程序和方法的成本不应超过错误或潜在风险可能造成的损失和浪费。因此，企业在建立、运行内部控制制度时必须考虑成本与效益的原则。

四、内部控制要素

企业建立与实施有效的内部控制，应当包括下列要素。

（一）内部环境

内部环境是企业实施内部控制的基础，一般包括：治理结构、机构设置及权责分配、内部审计、人力资源政策、企业文化等。内部环境规定了企业的纪律与架构，影响经营管理目标的制定，塑造企业文化氛围并影响员工的控制意识。

知识链接 1-2

公司治理结构的本质是股东大会、理事会、监事会和经理层四者之间的相互制衡关系。

科学完善的公司治理结构，能够对所有者、决策者、经营者和监事者的责权利配置作出合理的制度安排，保证所有权、决策权、经营权、监事权既相互分离，又相互制衡，促使决策者正确行使决策权，经营者全力履行受托责任，监事者独立从事监督工作，进而保护所有者的合法权益。

【互助学习】

请同学们讨论：企业为什么要进行机构设置和权责分配？

提示：一个设计完善的组织机构可以帮助企业适应其所处的环境变化，实现企业的战略目标，增加企业对外竞争力，同时有助于企业内部的技术开发、人员素质提升和企业经营效率的提高。权责分配就是明确各部门或岗位的工作内容、工作职责和工作权限的过程，权责明确是现代企业制度的特征之一，只有权责明确，才能为内部控制的建立提供更好的组织保证。权责分离的根本目的是使不相容的业务由不同的人来完成，以减少两人或多人串通舞弊的机会。

（二）风险评估

风险评估是企业及时识别、系统分析经营活动中与实现内部控制目标相关的风险，合理确定风险应对策略。风险评估是实施内部控制的重要环节和内容，主要包括：目标设定、风险识别、风险分析和风险应对。

1. 目标设定

目标设定是企业按照经营目标和战略发展目标，设定经营指标、财务报告指标和资产安全指标等。企业根据风险偏好合理确定企业整体风险承受能力和具体业务层次上可接受的风险水平。

2. 风险识别

风险识别是指在风险发生之前，运用各种方法系统、连续地认识所面临的各种风险以及分析风险发生的潜在原因。风险识别是风险管理的基础，只有在正确识别出自身所面临的风险的基础上，企业才能够主动选择适当有效的方法进行应对。

3. 风险分析

识别出对企业的各个层级有影响的重大风险后，需要对风险的严重程度和发生的可能性进行分析。风险分析过程包括估计风险的严重程度、风险发生的可能性和如何采取行动三个基本环节。

4. 风险应对

根据风险分析结果，对风险进行排序，企业管理层可对关键性风险作出回应。应对风险的策略有风险降低、风险消除、风险转移和风险保留，可以选择一个或多个策略组合使用。

（三）控制活动

控制活动是企业根据风险评估结果，采用相应的控制措施，将风险控制在可承受范围之内，以确保企业内部控制目标得以实现的方法和手段，是实施内部控制的具体方式和载体。控制措施要结合企业具体业务和事项的特点与要求制定，主要包括：职责分工控制、授权控制、审核批准控制、预算控制、财产保护控制、会计系统控制、内部报告控制、经济活动分析控制、绩效考评控制、信息技术控制等。

（四）信息与沟通

信息与沟通是企业及时、准确地收集、传递与内部控制相关的信息，确保在企业内部、企业与外部之间进行有效沟通。信息与沟通主要包括：信息的收集机制、企业内部和与企业外部有关方面的沟通机制等。它是实施内部控制的重要条件。

（五）内部监督

内部监督是企业对内部控制建立与实施情况进行监督检查，评价内部控制的有效性，在发现内部控制的缺陷时及时改进，形成书面报告并作出相应处理的过程，它是实施内部控制的重要保证。内部监督主要包括：对建立并执行内部控制制度的整体情况进行持续性监督检查、对内部控制的某一方面或者某些方面进行专项监督检查、提交相应的检查报告、提出有针对性的改进措施等。企业内部控制自我评估是内部控制监督检查工作中的一项重要内容。

内部监督包括日常监督和专项监督。日常监督是指企业对建立与实施内部控制的情况进行常规、持续的监督检查；专项监督是指在企业发展战略、组织结构、经营活动、业务流程、关键岗位员工等发生较大调整或变化的情况下，对内部控制的某一个或者某些方面进行有针对性的监督检查。专项监督的范围和频率应当根据风险评估结果以及日常监督的有效性等予以确定。

企业应当制定内部控制缺陷认定标准，对监督过程中发现的内部控制设计缺陷和运行缺陷，分析其性质和产生的原因，提出整改方案，并采取适当的形式及时向董事会、监事会或者经理层报告。企业应有畅通的报告渠道，确保发现的重要问题能送达管理层。同时，企业应当跟踪内部控制缺陷整改情况，并就内部监督中发现的重大缺陷，追究相关责任单位或者责任人的责任。

内部控制各要素之间是相互支撑、紧密联系的逻辑统一体。内部环境是内部控制的基础，对其他要素产生影响，内部环境的好坏决定着内部控制其他要素能否有效运行；风险评估是采取控制活动的根据，由于企业在实施战略的过程中会受到内外部环境的影响，所以企业需要通过一定的技术手段找出那些会影响战略目标实现的有利和不利因素，并对其存在的风险隐患进行定量和定性分析；根据明确的风险应对策略，企业需要及时采取应对措施，有效控制风险，尽量避免风险的发生，尽量减少企业的损失，这就是控制活动；信息与沟通在这五个要素中处于沟通内外部的关键地位，风险评估、控制活动和内部监督的实施需要以信息与沟通结果为依据，它们的结果也需要通过信息与沟通渠道来反映。信息传递和内外沟通使内部控制各因素形成保持紧密联系的有机整体。

案例 1-1

獐子岛集团股份有限公司成立于 1992 年 9 月 21 日，被誉为"黄海深处的一面红旗""海大寨""黄海明珠""海底银行""海上蓝筹"。该公司以水产增养殖为主，是集海珍品育苗、增养殖、加工、贸易、海上运输于一体的综合性海洋食品企业。它于 2006 年 9 月 28 日在深交所上市。2007 年，獐子岛集团股份有限公司成为达沃斯"全球成长型公司社区"首批创始会员，并当选为"CCTV 年度最佳雇主"、全国首届"兴渔富民新闻人物"企业。2014 年 10 月 31 日，獐子岛集团股份有限公司发布公告，宣布对 105.64 万亩海域成本为 73 461.93 万元的底播虾夷扇贝存货进行核销处理，对 43.02 万亩海域成本为 30 060.15 万元的底播虾夷扇贝存货计提跌价准备 28 305 万元，扣除递延所得税影响 25 441.73 万元，合计影响净利润 76 325.2 万元。该公司解释是扇贝遇到百年不遇的冷水团影响导致其大规模绝收，至此獐子岛集团股份有限公司的财务舞弊行为初见端倪。2014 年 12 月 5 日，证监会发布了对獐子岛"巨亏"事件的核查结果及处理情况：未发现獐子岛集团股份有限公司在 2011 年年底播虾夷扇贝苗种采购、底播过程中存在虚假行为。

2018 年 2 月 5 日，獐子岛集团股份有限公司发布 2017 年年终盘点情况的公告，宣布对 107.16 万亩海域成本为 57 758.13 万元的底播虾夷扇贝存货进行核销处理，对 24.3 万亩海域成本为 12 591.35 万元的底播虾夷扇贝存货计提跌价准备 5 110.04 万元，合计影响净利润 62 868.17 万元，獐子岛集团股份有限公司的扇贝再一次大规模"绝收"。2019 年 11 月 15 日，獐子岛集团股份有限公司发布底播虾夷扇贝存量抽测结果的公告，预计核销底播虾夷扇贝存货成本及计提存货跌价准备合计金额为 27 768.22 万元，占全部底播虾夷扇贝账目价值的 90%，獐子岛集团股份有限公司的扇贝又一次大规模"绝收"。2019 年 7 月，证监会对獐子岛集团股份有限公司开出行政处罚及市场禁入事先告知书，獐子岛集团股份有限公司因涉嫌财务造假、虚假记载、未及时披露信息等问题，中国证监会拟对其进行 60 万元的处罚，对一众高管处以 3 万 ~30 万元罚款不等，对董事长吴厚刚则开出终身禁入证券市场的处罚。

（摘自：赵天琪. 基于 COSO 五要素对獐子岛内部控制失效案例的分析 [J]. 知识经济，2017，4.）

【分析】

獐子岛集团股份有限公司作为农业产业化国家重点龙头企业、一家大型综合性海洋食品上市公司，却在"冷水团"事件中遭受巨大损失，这揭示了獐子岛集团股份有限公司在内部控制方面存在重大的缺陷，下面基于 COSO 五要素分析獐子岛集团股份有限公司的内控缺陷。

（1）内部环境。内部环境于内部控制而言，是内部控制的"土壤"，对内部控制的贯彻执行、经营目标及整体战略目标的实现有直接和重大的影响。根据獐子岛集团股份有限公司 2013 年度发布的内部控制鉴定报告，獐子岛集团股份有限公司的内部控制制度设计合理，是符合企业内部控制设计规范要求的。但显然，各部门在实际执行的过程中却出现了很多问题。獐子岛集团股份有限公司的内部控制制度的执行效率不高，企业文化形成不健全、治理混乱、人力资源政策及内部审计都不够有效，企业内部控制的执行有待加强。

（2）风险评估。面对上市 8 年多来从未出现的巨额损失，獐子岛集团股份有限公司竟没有一套完善有效的风险评估系统，没有在第一时间察觉并防范风险，把损失降到最低，这体现出的是獐子岛集团股份有限公司对风险评估的不全面，以及对风险应对的实施无能。其在风险评估方面的缺陷主要体现在三个方面。①现金流量。从獐子岛集团股份有限公司连续几年的现金流量表中可以看出其经营活动产生的现金流量净额在半年度的时候均为负数。从投资活动产生的现金净额来看，投资规模不断扩大，现金流基本依赖筹资活动来维持，靠借债维持日常经营和生产规模的扩大，财务状况很不稳定，非常危险。②存货监管。从上市之后的 2007 年开始存货总额占獐子岛集团股份有限公司总资产一直保持在 50% 左右，存货比重不仅占据了企业的一半之多，甚至相对于行业水平也属于畸高的情况，这就为其存货的巨额减值形成了铺垫。③融资情况。近几年獐子岛集团股份有限公司的负债状况处于依靠短期借款还短期融资券，再发行短期融资券偿还短期借款的循环中，融资成本高。财务风险大，而没有充分使用长期借款的方式。扇贝养殖具有投资大、回收期长的特点，不适合短期借款这种融资成本高、财务风险大的筹资方式。

（3）控制活动。在控制活动方面，獐子岛集团股份有限公司董事会日常会议活动披露，关于内部控制的安排很少；虽然该公司建立了内部控制管理体系，但年报中内部控制部分的披露内容不多，这反映出该公司对于内部控制活动不够重视。这就导致了獐子岛集团股份有限公司存在企业治理混乱、业务员违规操作等情况，并且獐子岛集团股份有限公司缺乏对消耗性生物资产投资的质量、数量方面的监控，在扇贝采购和播种上，生物资产作为獐子岛集团股份有限公司最核心的资产，其采购、领用、播种应建立严格的内部控制。但从该公司提供的信息来看，虾夷扇贝的播种都由公司员工自主进行，既没有在播苗过程中使用录像等监控手段，也没有第三方机构在场，并没有做到职责分离。

（4）信息与沟通。2014 年 10 月 30 日，獐子岛集团股份有限公司发布了百万亩扇贝绝产的公告，并称北黄海冷水团导致扇贝绝产。尽管该公司召开了说明会，但对这一突如其来的消息还是引发了媒体与投资者的强烈质疑，人们甚至怀疑其为"蓝田股份第二"。发生"冷水团"事件之后，獐子岛集团股份有限公司没有及时披露信息，未及时将黄海冷水团的具体情况传达给投资者，在面对公众以及专家对冷水团对其存货造假方面的质疑，也并未进行详细解答，给投资者造成极大的恐慌和损失。在"冷水团"事件中，獐子岛集团股份有限公司暴露出的信息和沟通的不足，说明獐子岛集团股份有限公司在信息与沟通方面存在重大缺陷。

（5）内部监督。獐子岛事件暴露出了水产养殖业公司的软肋。由于海洋底播养殖方式的特点，对其存货的监盘难以在数量和质量上予以控制，这是审计面临的一大难题。目前，不少农业企业审计中，程序流于形式，存货盘点的困难使它们没有按照标准程序实施。会计师事务所对獐子岛集团股份有限公司 2013 年年报和 2014 年半年报都出具了保准无保留意见的审计报告，而且獐子岛集团股份有限公司在 2012 年、2013 年的企业内部控制鉴定报告中并未说明企业内部控制存在缺陷，程序流于形式，难以发挥内部监督的作用。

【学中做】

内部控制对企业内部资源有效利用、经营能力有序提升有着重要作用，对企业防范风险及可持续发展有重要意义。康美药业作为上市公司，应积极解决内部控制制度不完善、实行不彻底等问题。企业应从以下方面完善内部控制。

（1）营造良好的控制环境。一方面，企业应当规范高层管理人员任用制度，避免任人唯亲，杜绝专业水平不高的裙带关系人员任职重要岗位。康美药业多数问题产生的源头就是股权过于集中，为了防止再次出现一股独大的局面，必须促进股权主体多元化。企业还应当明确董事会和经理人的权限、关系及对应的职责，提升整体工作效率，并对自身发展状况进行有效评估。另一方面，企业需要提升员工的内部管理意识，培养员工端正的工作态度。

（2）加强风险管理及监督。康美药业必须增强对内部控制的监督，加强风险管理力度。企业要将严格的内部控制监管监督制度及风险评估机制贯穿于整个运营过程，保证管理层能够及时、准确地识别风险，并采取相应的解决措施；同时还应发挥独立第三方在内部控制建设中的作用，激励其对内部控制建设工作执行情况及时发表鉴证意见，确保内部控制在风险管理中的有效性。

（3）完善信息披露机制。企业应在内部建立一个独立的、专门负责信息披露的部门或小组，负责保证信息的完整性、真实性和时效性，加速信息流通，降低信息滞后导致的不必要风险，为管理层做决策提供充足的信息支持，保证决策的合理性。与此同时，信息披露不等同于信息无误，企业仍要加大完善审计和监督部门的力度，防止管理层独断专行及发生舞弊行为。企业不仅要保证内部信息沟通的有效性，而且要保证与外部利益相关者沟通的有效性。

视频：掌握
内部控制
措施

任务二　掌握内部控制措施

任务导学

2006年4月14日，G澳柯玛（600336.SH）发布重大事项公告：公司接到青岛市人民政府国有资产监督管理委员会《关于青岛澳柯玛集团公司占用上市公司资金处置事项的决定》，青岛市人民政府将采取措施化解澳柯玛集团面临的困难。至此，澳柯玛危机事件公开化。澳柯玛危机的最直接导火索，就是母公司澳柯玛集团挪用上市公司19.47亿元资金。澳柯玛集团利用大股东优势，占用上市子公司的资金，用于非关联性多元化投资（包括家用电器、锂电池、电动自行车、海洋生物、房地产、金融等），投资决策失误造成巨大损失。资金链断裂、巨额债务、高层变动、投资失误、多元化困局等众多因素，使澳柯玛集团形势异常危急。澳柯玛危机事件的症结并非仅仅是多元化投资下的资金问题，关键问题还有自身的管理模式，其是鲁群生使用了近17年的家长式管理模式。鲁群生在特定环境中创业成功，然而在扩张中缺乏应有的风险意识，澳柯玛集团近亲繁殖，任人唯亲现象反映出该企业对市场缺乏应有的敏感度。

（摘自：王喜灿. 国有企业典型内部控制失效案例分析兼论大型国有企业的高风险业务控制［J］. 财会学习，2007，4.）

任务与思考：

改善企业内部控制，避免内部控制失控的主要途径和措施有哪些？

《企业内部控制基本规范》第二十八条规定："企业应当结合风险评估结果，通过手工控制与自动控制、预防性控制与发现性控制相结合的方法，运用相应的控制措施，将风险控制在可承受度之内。"控制措施一般包括：不相容职务分离控制、授权审批控制、会计系统控制、财产保护控制、预算控制、运营分析控制和绩效考评控制等。

一、不相容职务分离控制

不相容职务是指集中于一人办理时发生差错和舞弊的可能性就会增加的两项或几项职务，如会计和出纳、保管和记账等。

不相容职务分离控制要求企业全面系统地分析、梳理业务流程中所涉及的不相容职务，实施相应的分离措施，形成各司其职、各负其责、相互制约的工作机制。企业的授权批准、业务经办、会计记录、财产保管、稽核检查等职务要相互分离，主要包括以下内容。

（1）授权批准和业务经办相分离；

（2）业务经办和会计记录相分离；

（3）会计记录和稽核检查相分离；

（4）财产保管和会计记录相分离；

（5）记录总账与记录明细账的职务相分离；

（6）登记日记账和登记总账的职务相分离。

此外，不相容职务分离控制还要求各个职能部门具有相对独立性，各个职能部门的工作有明确的分工，如采购部、生产部、销售部、仓储部等各部门严格分工，相互制约、相互配合，完成企业生产经营的全过程。

二、授权审批控制

授权审批是指企业的每个部门或每个岗位的人员在处理经济业务时，必须经过授权批准，以便进行内部控制。未经授权和批准，有关人员不得接触和处理这些业务。

授权批准的形式分为常规授权和特殊授权。常规授权是指企业在日常经营管理活动中按照既定的职责和程序进行的授权。特别授权是指企业在特殊情况、特定条件下进行的授权。

授权审批控制要求企业根据常规授权和特别授权的规定，明确各岗位办理业务和事项的权限范围、审批程序和相应责任。编制常规授权的权限指引，严格控制特别授权。企业各级管理人员应当在授权范围内行使职权和承担责任。

企业对于重大的业务和事项，应当实行集体决策审批或者联签制度，任何个人不得单独进行决策或者擅自改变集体决策。

【风险提示1-1】在企业实施授权审批的过程中，经常出现的漏洞有：没有明确的授权审批权限表；授权审批缺乏统一梳理，政出多门，相互冲突；权限设置不合理，过于集权或放权，典型表现就是"一支笔"审批；授权审批流程设置不合理，缺乏紧急授权或临时授权的规定等。

学习笔记

三、会计系统控制

会计系统是确认、汇总、分析、分类、记录和报告企业发生的经济业务，并保持相关资产和负债的受托责任而建立的各种会计记录手段、会计政策、会计核算程序、财务会计报告制度和会计档案管理制度等的总称。会计系统控制的内容包括会计机构设置控制、会计人员配备控制、复式记账控制、会计凭证控制、会计账户和会计账簿控制、会计处理程序控制和财务会计报告控制等。会计系统控制要求企业严格执行国家统一的会计准则制度，加强会计基础工作，明确会计凭证、会计账簿和财务会计报告的处理程序，保证会计资料真实完整。会计系统控制主要包括如下内容。

（1）建立财务报告管理体系，包括会计报表的构成、编制、报送和财务报告编报奖惩；

（2）结合企业实际情况，选择适合企业的会计政策，并颁布实施；

（3）结合企业生产经营管理需要，选设一级会计科目，统一明细科目，规定核算内容；

（4）依法设置会计机构，配备会计从业人员，建立会计人员岗位责任制；

（5）建立会计档案保管和会计工作交接管理办法。

从事会计工作的人员，必须取得会计从业资格证书。会计机构负责人应当具备会计师以上专业技术职务资格。设置总会计师的企业，不得设置与其职权重叠的副职。我国《总会计师条例》规定：大中型企业设置总会计师，设置总会计师的企业不得设置与其职权重叠的副职。总会计师组织领导企业的财务管理、成本管理、预算管理、会计核算和会计监督等方面的工作，参与企业重要经济问题的分析和决策，组织设计企业会计系统控制的具体措施和制度，督促会计系统控制的检查监督，不断完善企业会计系统控制体系。

四、财产保护控制

财产保护控制要求企业建立财产日常管理制度和定期清查制度，采取财产记录、实物保管、定期盘点、账实核对等措施，确保财产安全。这里所述的财产主要包括在企业资产总额中比重较大的货币资金、存货以及固定资产等。它们是企业进行经营活动的基础，因此企业应加强实物资产的保管控制，保证实物资产的安全、完整，建立安全、科学的保管制度。财产保护控制的主要内容如下。

（1）货币资产与有价证券的保全控制；

（2）存货的保全控制；

（3）固定资产的保全控制；

（4）往来款项的保全控制；

（5）其他资产的保全控制。

企业应严格限制未经授权的人员接触和处置财产。

五、预算控制

预算控制要求企业实施全面预算管理制度，明确各责任单位在预算管理中的职责权限，规范预算的编制、审定、下达和执行程序，强化预算约束。其内容可以涵盖单位经营活动的全过程，包括筹资、融资、采购、生产、销售、投资、管理等诸多方面。

预算控制使经营目标转化为各部门、各岗位以至个人的具体行为目标。作为各责任单位的约束条件，预算控制能够从根本上保证企业经营目标的实现。一般来说，企业全面预算体系包括经营预算、资本预算和财务预算。

预算编制是企业实施预算管理的起点，也是预算管理的关键环节。预算编制完成后，便开始进入执行阶段，企业各部门在生产经营及相关的各项活动中，应严格按预算办事。同时，还应明确各项业务的授权审批权限及审批流程，对于无预算或者超预算的项目进行严格控制。预算制度制定后要进行后续管理，要定期检查预算制度执行情况，必要时可进行制度修订。通过对相关数据的对比分析，找出差异的原因及应采取的措施。最后还应该制定相关的考核指标，定期对预算执行情况进行严格的考核。

六、运营分析控制

运营分析控制是通过对会计核算、统计报表、计划指标和经营管理目标等资料的分析研究，了解企业经营情况，发现经营过程中的问题，提出解决问题的措施，使企业的经营活动按照市场规律和期望目标有效运行的过程。开展运营活动分析的目的在于把握企业管理和服务活动是否向着预算规定的目标值发展，一旦发生偏差和问题就能找出问题所在，并根据新的情况解决问题或修正预算。

运营分析控制要求企业建立运营情况分析制度，经理层应当综合运用生产、购销、投资、筹资、财务等方面的信息，通过因素分析、对比分析、趋势分析等方法，定期开展运营情况分析，发现存在的问题，及时查明原因并加以改进。

运营活动分析内容包括财务分析、经营分析、预算分析、专项分析和综合分析，并应做到事前、事中和事后相结合，既要有企业内部分析，又要兼顾企业外部分析，为经营决策提供及时有用的信息。企业通常会结合具体的情况，采用定性或定量分析方法来反映企业的偿债能力、盈利能力、资金周转状况等。

七、绩效考评控制

绩效考评控制要求企业建立和实施绩效考评制度，科学地设置考核指标体系，对企业内部各责任单位和全体员工的业绩进行定期考核和客观评价。企业应建立一个有效的绩效评估体系，科学地设置考核指标，该绩效评估体系应当体现如下特点。

（1）与企业战略目标一致，保证企业总体目标的实现；

（2）目标明确，告诉员工要达到什么目标，如何才能达到这些目标；

（3）具有可接受性，绩效评估系统要能够被员工所接受，同时能公平对待每一位员工，考核政策、办法和程序公开透明；

（4）定期发布考评通报，将考评结果作为确定员工薪酬以及职务晋升、评优、降级、调岗、辞退等的依据，树立正确的用人导向。

视频：熟知
企业内部控
制度程序
和内容

任务三　熟知企业内部控制内容和内部控制制度设计程序

"救火式"内部控制制度

很多企业的内部控制制度都是在发展中逐步建立起来的，经常是发现管理中出现了某种问题，于是相应地出台一个制度来进行规范，制度体系缺乏系统性和完整性，甚至政出多门，相互打架。例如：今天发现电话费高了，就制定一个通信费管理办法，明天发现办公用品浪费严重，就拟定办公用品采购与使用办法。这种"救火式"的制度往往只能防范已发生过的风险，而对未发生的风险则考虑不足。此外，这样的制度体系无论在内容上还是形式上，都缺乏系统性和完整性，没有科学合理的分类，甚至不同制度之间存在矛盾或重叠的现象。公司各部门根据本部门经营管理需要，制定了一系列规章制度，但公司并没有统一的规章制度发布平台，对制度维护也没有专门的归口部门，各部门可自行发布管理制度。例如，针对存货管理，仓储部门出台了存货管理制度，其中对存货盘点程序进行了规定；与此同时，财务部门也针对资产管理出台了相关管理制度，其中也包括了存货盘点方面的规定，但是两个制度在存货盘点的频率、盘点责任主体、盘点具体程序方面都存在差异，导致无法对控制活动进行有效的指导和规范。

企业应明确规章制度的牵头维护职能部门，编写制度时应有一套规范的制度制定程序和形式规范，对制度的编号、格式、分类、内容、审批程序、执行流程及其他应注意事项进行统一的规范化管理，制度完成后有统一的发布平台，并加强制度宣贯。

任务与思考：

企业应如何建立一套规范、内容完整的内部控制制度？

一、企业内部控制的基本内容

根据企业经营活动的过程，中小企业内部控制主要包括货币资金、采购业务、资产业务、销售业务、筹资业务、对外投资业务、工程项目和信息系统等经济业务活动的内部控制。

（一）货币资金业务内部控制

企业对货币资金的收支和保管业务应建立严格的授权批准程序，办理货币资金业务的不相容岗位必须分离，相关机构和人员应相互制约，加强款项收付的稽核，确保货币资金的安全。

（二）采购业务内部控制

企业应合理规划采购与付款业务的机构和岗位，建立和完善采购与付款的控制程序，强化对请购、审批、采购、验收和付款等环节的控制，使采购决策透明，堵塞采购环节的漏洞。

（三）资产业务内部控制

资产是指企业拥有或控制的存货、固定资产和无形资产。

（1）企业应建立存货管理的岗位责任制，对存货的验收入库、领用发出、保管及处理等关键环节进行控制，防止各种存货的被盗、偷拿、毁损和流失。

（2）企业应建立固定资产取得的决策和审批程序，固定资产取得、验收、使用、维护、处置和转移等环节的控制流程应当清晰，明确规定固定资产投资预算、工程进度、验收使用、维护保养、内部调剂、报废处置等，固定资产成本核算、计提折旧、减值准备和处置等会计处理应当符合国家统一的会计制度的规定。

（3）企业应当加强对品牌、商标、专利、专有技术、土地使用权等无形资产的管理，分类制定无形资产管理办法，落实无形资产管理责任制，促进无形资产有效利用，充分发挥无形资产对企业发展的重要作用。

（四）销售业务内部控制

企业应制定恰当的销售政策，明确定价原则、信用标准和条件、收款方式以及涉及销售业务的机构和人员职责权限等相关内容，强化对商品发出和账款回收的管理，避免或减少坏账损失。

（五）筹资业务内部控制

企业应加强对筹资业务的管理，合理确定筹资规模和筹资结构，选择恰当的筹资方式，严格控制财务风险，降低资金成本，确保筹措资金的合理使用。

（六）对外投资业务内部控制

企业应建立科学的对外投资决策程序，实行重大投资决策的责任制度，加强投资项目立项、评估、决策、实施和投资处置等环节的管理，严格控制投资风险。

（七）工程项目内部控制

工程项目是指企业自行或者委托其他单位所进行的建造、安装活动。企业应当制定和完善工程项目各项管理制度，全面梳理各个环节可能出现的风险点，规范工程立项、招标、造价、建设、验收等环节的工作流程，明确相关机构和岗位的职责权限，确保可行性研究与决策、概预算编制与审核、项目实施与价款支付、竣工决算与审计等不相容职务相互分离和制约，强化工程建设全过程的监控，保证工程项目的质量和进度。

（八）信息系统内部控制

信息系统是指企业利用计算机和通信技术，对内部控制进行集成、转化和提升所形成的信息化管理平台。企业应当重视信息系统在内部控制建设中的作用，根据企业内部控制要求，结合组织架构、业务范围、地域分布、技术能力等因素，制定信息系统建设整体规划，加大投入力度，有序组织信息系统开发、运行与维护，优化管理流程，防范经营风险，全面提升企业现代化管理水平。

二、企业内部控制制度设计的程序

内部控制的基础是制度建设，进行内部控制制度建设，就是按照《企业内部控制基本规范》《企业内部控制配套指引》和相关法律法规的要求，结合企业内部控制环境和经营管理实际，对企业各项业务活动进行制度规范的过程，也就是内部控制措施在企业各项业务活动中的具体运用。企业内部控制制度设计的程序主要包括：确定控制目标，设计控制流程，鉴别控制点，设置控制措施，最终以流程图或调查表的形式加以体现。

（一）确定控制目标

控制目标就是通过内部控制管理经济活动所要达到的基本要求。它是实施内部控制的最终目的，也是评价内部控制的标准。因此，在设计内部控制时，首先应该根据经济活动的内容特点和管理要求明确内部控制目标。内部控制的基本目标可概括为以下六项。

（1）维护财产物资的完整性；

（2）保证会计信息的准确性；

（3）保证财务活动的合法性；

（4）保证经营决策的贯彻执行；

（5）保证生产经营活动的经济性、效率性和效果性；

（6）保证国家法律法规的遵守执行。

【小提示1-1】以上六项目标均为基本目标或一般目标。每项基本目标还可细化为若干具体控制目标。

（二）设计控制流程

控制流程是某项经济业务活动的基本控制步骤及相应环节，通常同业务流程一致，容易出现问题的基本步骤就是内部控制的控制点。此外，当企业的业务流程存在控制缺陷时，需要根据控制目标和控制原则加以调整。例如，支付货款的流程为"审核原始凭证（购货发票）→会计人员填制付款凭证→出纳付款"。

（三）鉴别控制点

为了保证实现控制目标，需要对容易发生偏差的业务环节进行重点控制。这些因容易发生错弊而需要控制的业务环节，称为控制点或控制环节。控制点按作用不同，可以分为关键控制点和一般控制点。关键控制点在业务处理过程中发挥的作用最大，对于保证整个业务活动的控制目标具有至关重要的影响。一般控制点则只能发挥局部作用，影响特定范围内的业务活动。例如，材料采购业务中的"验收"控制点，对于保证材料采购业务的完整性、实物的安全性等控制目标都起着重要的保障作用，因此是材料采购控制系统中的关键控制点。而采购前的"审批"控制点则是一般控制点。需要说明的是，关键控制点和一般控制点并不是绝对的，在一定条件下是可以相互转化的。某个控制点在此项业务活动中是关键控制点，在另外一项活动中则可能是一般控制点。

（四）设置控制措施

控制措施是为预防发生错弊而在某控制点所运用的各种控制技术和手段等。控制的业务内容和所要实现的控制目标不同，采取的控制措施也不同。在实际工作中，必须根据控制目标和对象设置相应的控制措施。例如，对于库存现金控制系统中的"审批"控制点，设置的控制措施有：①主管人员授权办理库存现金收支业务；②经办人员在库存现金收支原始凭证上签字或盖章；③部门负责人审核该凭证并签章批准等。再如，对于银行存款控制系统中的"结算"控制点，设置的控制措施有：①出纳员核查原始凭证；②填制或取得结算凭证；③加盖收讫或付讫戳记；④在结算凭证上签字或盖章；⑤登记结算登记簿等。

思政案例

蒋某于 2013 年 7 月 22 日入职三只松鼠股份有限公司任物流仓管，内部花名为"鼠阿飞"，于 2019 年 8 月更改为"鼠卫青"。2016 年 7 月—2020 年 3 月，蒋某利用担任三只松鼠股份有限公司华北 DC 高级经理兼天津配送仓经理和华北大区总监兼天津 2C 发货仓运营经理的职务便利，收受北京龙金亿劳务服务有限公司法定代表人王某所送现金 279 042 元及价值 429 000 元的华晨宝马轿车一辆，共计价值 708 042 元。2020 年 3 月，蒋某还曾履任物流参谋部总监一职。半年后，蒋某因涉嫌非国家工作人员受贿罪被当地公安机关刑事拘留。

【育人启示】 蒋某因涉嫌非国家工作人员受贿罪受到法律制裁。我们应以此案为鉴，警钟长鸣，吸取他人的教训，在任何工作中都应强化自律意识，筑牢反腐防线，勤奋做事，廉洁做人。防患于未然，坚持防微杜渐，时刻为自己敲醒警钟。

 **项目小结**

本项目知识结构图如图 1-1 所示。

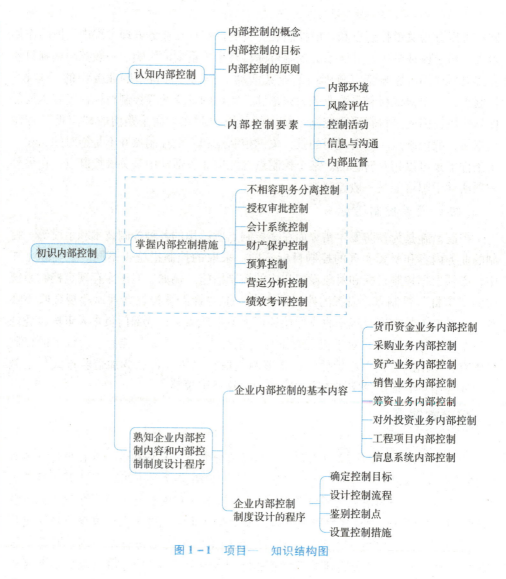

图 1-1 项目一 知识结构图

项目训练

【职业知识测试】

一、单项选择题

1. （   ）是企业的最高决策机构，在企业内部控制中起着关键作用。

A. 董事会　　　　B. 监事会　　　　C. 股东大会　　　　D. 经理层

2. 下列不属于内部控制原则的是（   ）。

A. 全面性原则　　B. 重要性原则　　C. 成本效益原则　　D. 及时性原则

3. （   ）是企业实施内部控制的基础。

A. 内部环境　　　B. 风险评估　　　C. 控制活动　　　D. 内部监督

4. （   ）要求企业内部控制应当贯穿决策、执行和监督全过程，覆盖企业及其所属单位的各种业务和事项。

A. 重要性原则　　　B. 全面性原则　　　C. 成本效益原则　　　D. 制衡性原则

5. （　　）要求企业内部控制应当在全面控制的基础上，关注重要业务事项和高风险领域。

A. 重要性原则　　　　　　　　　B. 全面性原则

C. 成本效益原则　　　　　　　　D. 制衡性原则

6. （　　）是企业及时识别、系统分析经营活动中与实现内部控制目标相关的风险，合理确定风险应对策略。

A. 授权审批控制　　B. 财产保护控制　　C. 控制活动　　　D. 风险评估

7. （　　）是企业及时、准确地收集、传递与内部控制相关的信息，确保企业内部、企业与外部之间进行有效沟通，是实施内部控制的重要条件。

A. 不相容职务分离控制　　　　　B. 会计系统控制

C. 信息与沟通　　　　　　　　　D. 风险评估

8. （　　）是指企业的每个部门或每个岗位的人员在处理经济业务时，必须经过授权批准，以便进行内部控制。

A. 不相容职务分离控制　　　　　B. 授权审批控制

C. 信息与沟通　　　　　　　　　D. 风险评估

9. （　　）要求企业严格执行国家统一的会计准则制度，加强会计基础工作，明确会计凭证、会计账簿和财务会计报告的处理程序，保证会计资料真实完整。

A. 不相容职务分离控制　　　　　B. 会计系统控制

C. 信息与沟通　　　　　　　　　D. 风险评估

10. （　　）要求企业实施全面预算管理制度，明确各责任单位在预算管理中的职责权限，规范预算的编制、审定、下达和执行程序，强化预算约束。

A. 不相容职务分离控制　　　　　B. 授权审批控制

C. 信息与沟通　　　　　　　　　D. 预算控制

二、多项选择题

1. 内部控制制度设计的程序主要包括（　　　）。

A. 确定控制目标　　　　　　　　B. 设计控制流程

C. 鉴别控制点　　　　　　　　　D. 设置控制措施

2. 内部控制是由（　　　）实施的、旨在实现控制目标的过程。

A. 企业董事会　　　B. 监事会　　　C. 经理层　　　D. 全体员工

3. 下列属于内部控制原则的是（　　　）。

A. 全面性原则　　　B. 重要性原则　　　C. 成本效益原则　　　D. 及时性原则

4. 风险评估是实施内部控制的重要环节和内容，主要包括（　　　）。

A. 目标设定　　　B. 风险识别　　　C. 风险分析　　　D. 风险应对

5. 下列属于内部控制措施的有（　　　）。

A. 不相容职务分离控制　　　　　B. 授权审批控制

C. 会计系统控制　　　　　　　　D. 财产保护控制

6. 内部监督包括（　　　）。

A. 日常监督　　　B. 专项监督　　　C. 定期监督　　　D. 不定期监督

学习笔记

7. 下列属于不相容职务的有（　　　）。

A. 授权批准和业务经办

B. 业务经办和会计记录

C. 编制会计凭证和登记会计账簿

D. 财产保管和会计记录

8. 下列属于中小企业内部控制内容的有（　　　）。

A. 货币资金　　　　B. 采购业务　　　　C. 资产业务　　　　D. 捐赠业务

9. 下列属于内部控制基本目标的有（　　　）。

A. 维护财产物资的完整性　　　　　　　B. 保证会计信息的准确性

C. 保证财务活动的合法性　　　　　　　D. 保证经营决策的贯彻执行

10. 容易发生错弊而需要控制的业务环节，称为控制点或控制环节，其可以分为（　　　）。

A. 关键控制点　　　B. 一般控制点　　　C. 日常控制点　　　D. 常规控制点

三、判断题

1. 企业对于重大的业务和事项，应当实行集体决策审批或者联签制度，任何个人不得单独进行决策或者擅自改变集体决策。（　　　）

2. 内部控制是由企业董事会实施的、旨在实现控制目标的过程。（　　　）

3. 经理层是企业内部控制执行的领导者，如果经理层没有正确地认识和高度重视内部控制，内部控制的制度就不可能被认真执行。（　　　）

4. 不相容职务分离控制要求企业全面系统地分析、梳理业务流程中所涉及的不相容职务，实施相应的分离措施，形成各司其职、各负其责、相互制约的工作机制。（　　　）

5. 一般控制点在业务处理过程中发挥的作用最大，对于保证整个业务活动的控制目标具有至关重要的影响。（　　　）

【职业能力训练】

请同学们以 4～5 人为一组，以小组为单位对以下案例进行分组讨论，按要求完成训练任务，并以 Word 文档提交任务成果，课堂上由一名同学为代表汇报任务成果。

【训练一】

资料：国家自然科学基金委员会会计卞中在 1995—2003 年的 8 年期间，利用掌管国家基础科学研究的专项资金下拨权，采用谎称支票作废、偷盖印鉴、削减拨款金额、伪造银行进账单和信汇凭证、编造银行对账单等手段贪污、挪用公款人民币 2 亿余元。卞中担负着资金收付的出纳职能，同时所有银行单据和银行对账单也都由他一手经办，这使他得以作案长达 8 年都没有引起过怀疑。2003 年春节刚过，基金委财务局经费管理处刚来的一名大学生上班伊始便到定点银行拿对账单，以往这一工作由会计卞中负责。一笔金额为 2 090 万元的支出引起了这名大学生的注意，在其印象里他没有听说过此项开支。这个初入社会的大学生找到卞中刨根问底，这桩涉案金额超过 2 亿元的大案也因此浮出水面。

要求：请分析国家自然科学基金委员会的内部控制存在哪些缺陷。

【训练二】

资料：某公司按照财政部、证监会、审计署、银监会和保监会等五部委发布的《企业内部控制基本规范》的要求，建立并实施了本公司的内部控制制度。该公司为此召开了董事会全体会议，就内部控制相关重大问题形成决议，摘要如下。

（1）控制目标。会议首先确定了公司内部控制的目标是切实做到经营管理合法合规、资产安全，严格按照法律法规及相关监管要求开展经营活动，确保公司经营管理过程中不存在任何风险。

（2）内部环境。内部环境是建立和实施内部控制的基础。会议一致通过了优化内部环境的决议，包括：严格规范公司治理结构，各类业务事项均应提交董事会或股东大会审核批准；调整机构设置和权责分配，做到所有不相容岗位或职务严格分离、相互制约、相互监督；完善人力资源政策，建立优胜劣汰机制，同时注重就业和员工权益保护，认真履行社会责任，加强企业文化建设，倡导诚实守信、爱岗敬业，开拓创新和团队协作精神。

（3）风险评估。会议决定成立专门的风险评估机构，围绕内部控制目标，定期或不定期对内部环境、业务流程等进行全面评估，准确识别公司面临的内外部风险，根据风险发生的可能性和影响程度进行排序，采取相应的风险应对策略。

（4）控制活动。会议明确了公司应从以下三个方面强化控制措施。一是实施全面预算，就各项措施有哪些不当之处分别简要说明理由，将各类业务事项均纳入预算控制；二是将控制措施"嵌入"信息系统，通过现代化手段实现自动控制；三是完善合同管理制度，所有对外发生的经济行为均应签订书面合同。

（5）信息与沟通。会议要求公司完善信息与沟通制度。及时收集、整理与内部控制相关的内外部信息，促进信息在企业内部各层级之间、企业与外部有关方面之间的有效沟通与反馈；同时建立反舞弊机制，实施举报投诉制度和举报人保护制度，及时传达至全体中层以上员工。确保举报、投诉成为公司有效掌握信息的重要途径。

（6）内部监督。会议强调内部监督是防止内部控制流于形式的重要保证。为此，公司应当强化内部监督制度，由审计委员会和内部审计机构全权负责内部控制的监督检查，合理保证内部控制目标的实现；审计委员会和内部审计机构在内部监督中发现重大问题时，有权直接向董事会和监事会报告。

要求：根据《企业内部控制基本规范》的相关规定，分析、判断该公司在董事会会议上形成的上述决议中有哪些不当之处，并简要说明理由。

【训练三】

请同学们以小组为单位，调查收集一家企业的控制环境、风险评估、控制活动、信息与沟通和内部监督的情况，并基于内部控制五要素对企业的内部控制做出评价。

【职业素养提升】

阅读资料

一、内部控制的发展历程

内部控制经历了一个不断发展、完善的历史进程，可分为内部牵制阶段、内部控制制度阶段、内部控制结构阶段和内部控制整体框架阶段。推动其发展的因素主要来自组织的演进和政治、经济、社会、技术等环境的变化，内部控制的演进主要表现为内部控制目标、内部控制对象和内容控制手段的变化。

（一）20世纪40年代前——内部牵制阶段

这一时期，内部控制的发展基本上停留在内部牵制阶段。其主要特点是以任何一个人或部门无权单独控制任何一项或一部分业务的方式进行组织的责任分工，每项业务通过正常发挥其他个人或部门的功能进行交叉检查或交叉控制。一般来说，内部牵制机能的执行大致可分为以下四类。①实物牵制。例如，把保险柜的钥匙交给两个以上的工作人员持有，除非同时使用这两把以上的钥匙，保险柜就打不开。②机械牵制。例如，保险柜的大门若不是按正确的程序操作就打不开。③体制牵制。采用双重控制预防错误和舞弊的发生。如仓库保管员和会计双重记账，定期核对。④簿记牵制。定期将明细账和总账进行核对。内部牵制基于以下两个基本假设：第一，两个或两个以上的人或部门无意识地犯同样错误的机会是很小的；第二，两个或两个以上的人或部门有意识地合伙舞弊的可能性大大低于单独一个人或部门舞弊的可能性。实践证明，这些假设是合理的，内部牵制机制确实有效地减少了错误和舞弊的行为，因此在现代内部控制理论中，内部牵制仍占有重要的地位，此为有关组织机构控制、职务分离控制的基础。

（二）20世纪40年代末—70年代——内部控制制度阶段

这一时期内部控制开始有了内部会计控制和内部管理控制的划分，主要通过形成和推行一整套内部控制制度（方法和程序）来实施控制。内部控制的目标除了保护组织财产的安全外，还包括提高会计信息的可靠性。1949年，美国注册会计师协会所属的审计程序委员会发表了一份题为"内部控制——调整组织的各种要素及其对管理当局和独立职业会计师的重要性"的报告，对内部控制首次作出了权威性的定义，即"内部控制包括组织机构的设计和企业内部采取的所有相互协调的方法和措施。这些方法和措施都用于保护企业的财产，检查会计信息的准确性，提高经营效率，推动企业坚持执行既定的管理政策"。许多人认为，该定义为人们了解内部控制这一重要课题做出了独特的贡献，因为在此之前，内部控制概念从未如此受到重视。1950年，美国国会在其制定的预算及会计程序法案中规定："各机关应负责对各种款项、财产及其他资产的有效控制，会计记载等应经过恰当的内部稽核。"这是世界上第一次将内部控制列入政府法令。1950年，日本经济安定本部发表了企业会计标准审议委员会中间报告《审计标准》。它提出企业内部控制组织包括内部牵制组织和内部审计组织两部分。1951年，日本通产省产业管理化审议会发表了日本审计史上著名的《企业内部控制大纲》，其中指出：所谓内部控制，是管理者根据企业最好方针，从企业整体观念出发，对执行活动进行计划，对其实施状况进行调整，并对实际绩效进行评价，这些活动是通过计算性控制的方法进行的。内部控制是经营管理的一种形态，与直接进行经营活动的工程管理和质量管理不同，是根据计算性数据进行的间接控制。1961 年，英国的英格兰·威尔士特许会计师协会编写了《一般审计原则》，其中指出：内部控制不仅是指内部牵制和内部审计，还指管理者按有条不紊的方法为进行公司经营、保护财产、尽可能确保会计记录的正确性和可靠性而设立的财务和其他管理制度。1972 年，加拿大特许会计师协会在会员手册中指出，内部控制是指企业管理当局所制定的一系列组织、计划和调节控制的制度，以便尽可能确保经营活动有秩序和有效地运行，实现保护企业财产、提高会计信息可靠性和及时性的目标。

（三）20 世纪 80—90 年代——内部控制结构阶段

在这一阶段，内部控制的理论又有了新的发展，人们对内部控制的研究重点逐步从一般含义向具体内容深化。从这一阶段开始，人们把控制环境作为一项重要内容与会计制度、控制程序一起纳入内部控制结构，并且不再区分会计控制和管理控制。其标志是美国注册会计师协会于 1988 年 5 月发布的《审计准则公告第 55 号》（以下简称"公告"），从 1990 年 1 月起取代 1972 年发布的《审计准则公告第 1 号》。公告以"内部控制结构"代替"内部控制"，并指出：企业内部控制结构包括为提供取得企业特定目标的合理保证而建立的各种政策和程序。公告认为，内部控制结构由三个要素组成，即控制环境、会计制度、控制程序。在这三个构成要素中，会计制度是内部控制结构的关键要素，控制程序是保证内部控制结构有效运行的机制。这一概念跳出了内部控制分为会计控制和管理控制的"制度二分法"的圈子，特别强调了管理者对内部控制的态度、认识和行为等控制环境的重要作用，指出这些环境因素是实现内部控制目标的环境保证，要求审计师在评估控制风险时不仅要关注会计控制制度与控制程序，还应对企业所面临的内外环境进行评估。内部控制结构概念的提出，适应了经济形势发展和企业经营管理的需要，因此得到了会计审计界的认可。在 20 世纪 80 年代末兴起的风险基础审计法便是在这一概念的基础上产生和发展起来的。

（四）20 世纪 90 年代以后——内部控制整体框架阶段

1992 年 9 月，美国反舞弊性财务报告委员会的主办组织委员会（COSO）发布了一份报告《内部控制——整体框架》，提出了内部控制的三项目标和五大要素，标志着内部控制进入了一个新的发展阶段，堪称内部控制发展史上的又一里程碑。三项目标为：经营的效率和有效性、财务报告的可靠性、对适用法规的遵循。五大要素包括：①控制环境，包括员工的正直、道德价值和权利，管理当局的理念和经营目标，管理当局确立权威性和责任，组织和开发员工的方法等；②风险评估，即为了达成组织目标而对相关的风险所进行的辨别与分析；③控制活动，即为了确保实现管理当局的目标而采取的政策和程序，包括审批、授权、验证、确认、经营业绩的复核、资产的安全性等；④信息与沟通，即为了保证员工履行职责而必须获取的信息及其沟通，信息系统中包括会计信息系统；⑤监控，即对内部控制实施质量的评价，主要包括经营过程中的持续监控、个别评价或者两者的结合。

1996 年，美国注册会计师协会发布《审计准则公告第 78 号》，全面接受 COSO 报告的内容，并从 1997 年 1 月起取代 1988 年发布的《审计准则公告第 55 号》，将内部控制定义为"内部控制是一个由企业的董事长、管理层和其他人员实现的过程，旨在为下列目标提供合理的保证：①财务报告的可靠性；②经营的效果和效率；③符合适用的法律和法规"。这是内部控制目前普遍流行的定义。同以往的内部控制理论及研究成果相比，COSO 报告提出了许多新的、有价值的观点，其特点表现在以下方面。一是明确了内部控制的"责任"。COSO 报告认为，不仅是管理人员、内部审计人员或董事长，组织中的每一个人都对内部控制负有责任。二是强调内部控制应该与企业的经营管理过程相结合。COSO 报告认为，内部控制是企业经营过程的一部分，应与经营过程结合在一起，而不是凌驾于企业的基本活动之上。它使经营达到预期的效果，并监督企业经营过程的持续进行。三是强调内部控制是一个"动态过程"。企业内部控制不是一项制度或一项机械的规定，企业经营环境的变化必然要求企业内部控制越来越趋于完善，内部控制是一个发现问题、解决问题，发现新问题、解决新问题的循环往复的过程。四是强调人的重要性。CO-SO 报告特别强调，内部控制受企业的董事长、管理层及其他员工的影响，通过企业内部的人的行为及语言来完成。只有人才可能制定企业的目标，并设置控制的机制。反过来，内部控制影响着人的行动。五是强调"软控制"的作用。相对于以前的内部控制研究成果而言，COSO 报告更加强调"软控制"的作用。"软控制"主要是指那些属于精神层面的事物，如高级管理阶层的管理风格、企业内部管理哲学、企业文化、内部控制意识等。六是强调风险意识。风险影响着每个企业生存和发展的能力，也影响其在产业中的竞争力及在市场上的声誉和形象。COSO 报告指出，所有企业，不论其规模、结构、性质或产业，其组织的不同层级都会遭遇风险，管理层须密切注意各层次的风险，并采取必要的管理措施。七是糅合了管理与控制的界限。在 COSO 报告中，控制已不再是管理的一部分，管理和控制的职能与界限已经模糊。八是强调内部控制的分类及目标。目标的设定是管理过程的一个重要部分，制定目标的过程不是控制活动，但其直接影响内部控制是否有存在的必要。COSO 报告将内部控制目标分为三类：与营运有关的目标、与财务报告有关的目标以及与法令的遵循有关的目标。这样的分类高度概括了企业控制目标，有利于不同的人从不同的视角关注企业内部控制的不同方面。九是明确指出内部控制只能做到"合理"保证。COSO 报告认为，不论设计及执行有多么完善，内部控制都只能为管理层及董事会提供达成企业目标的合理保证，而目标达成的可能性还要受到内部控制先天条件的限制。十是强调成本与效益原则。COSO 报告明确指出，内部控制要建立在成本与效益原则的基础上。内部控制并不是要消除任何风险的可能性，而是要创造一种为防止滥用职权而投入的成本与滥用职权的累计数额之比呈合理状态的机制。因此，没有不花钱的内部控制，也不存在完美无缺的内部控制。COSO 报告对我国内部控制体系的建设具有一定的启发和借鉴意义。

　　我国于 2008 年 5 月 22 日发布的《企业内部控制基本规范》将企业内部控制定义为由企业董事会、监事会、经理层和全体员工实施的，旨在实现控制目标的过程。

二、内部控制实务的推进和发展

（一）企业加强内部管理促进内部控制的发展

从 20 世纪 40 年代开始，特别是第二次世界大战以后，生产的迅速增长和科学技术的飞速发展，使西方资本出现高度集中和积聚。一方面，跨国公司大量涌现，成为跨越国界的经济垄断集团。控制跨度的加大、经营地点的分散、控制权力层次的增多，使跨国公司面临的管理任务更加艰巨。另一方面，由于企业规模的扩大和内部职能部门的增多，更需要企业内部协调一致，节约资源，防止工作差错和舞弊，提高经营效率，以便企业在竞争中立于不败之地。因此，企业客观上要求建立完善的包括组织机构、业务程序在内的具有自我控制和自我调节功能的管理机制。于是，现代内部控制作为强化管理的一种手段，各种控制方法、措施和程序应运而生，并在实务中得到进一步的发展。

（二）企业所有权与经营权的分离促进了企业内部控制制度的建立

随着股份制企业的发展，企业的投资者、债权人以及政府有关部门必然关心企业的会计工作是否贯彻公认会计原则，提供的财务报告是否真实可靠地反映其财务状况和经营成果，投资人的权益是否得到保障，财产是否安全。为了保护投资者的利益和创建公平、公正、公开的政府监管，企业经营的透明度不断提高，企业一旦发生欺诈行为、管理不善或违反法规，就会引起社会的广泛关注，造成不良的社会影响，使企业价值大大下降，再筹资成本上升。为了防止此类问题的发生，人们十分关注企业内部控制制度，因此促进了内部控制制度的建立和完善。

（三）审计方法的演变推动了内部控制的发展

在审计发展初期，审计方法主要采用详细审查。随着社会生产力的发展，企业规模日益扩大，业务活动日趋复杂，传统的审计方法受到挑战，于是出现了抽样审计的方法，通过抽样结果来推断财务报表的可靠程度。而抽样审计是凭借审计人员的主观判断进行的，抽样结果的偏差会影响审计结论的可靠性。随着审计理论和实践的发展，人们发现抽样的重点和规模与内部控制健全与否有着密切的联系。如果审计工作从评价内部控制制度入手，进而确定抽样的重点和规模，往往可以事半功倍，于是出现了"制度基础审计"的审计方法，即以评价内部控制制度为审查基础，以此确定抽样的重点和规模。随着对内部控制认识的深化，注册会计师们认识到，企业能否及时发现风险并控制风险与内部控制的健全与否存在密切关系。对注册会计师而言，研究企业内部控制结构是控制审计风险的重要措施。通过对内部控制结构的评估，注册会计师能够将财务报表存在重大错报或漏报导致注册会计师审计后发表不恰当审计意见的可能性降到最低限度。制度基础审计的发展推动了内部控制的发展。

（四）政府出台法规推动内部控制标准体系的建立

内部控制之所以能快速发展，除企业内部管理因素外，企业外部，尤其是政府的推动亦是关键因素。在 20 世纪 70—80 年代，美国政府通过一系列措施推动内部控制的实施。1977 年，美国国会制定了《反国外行贿法案》，规定每个企业应建立内部控制制度。20 世纪 80 年代，美国一些舞弊性财务报告和企业突发破产事件，导致美国国会一些议员对财务报告制度的恰当性提出了疑问，其中所关注的问题之一是上市公司内部控制的恰当性。这些关注的结果是成立了反对虚假财务报告委员会，其目的之一是增加内部控制标准和指南。该委员会的工作成果之一是著名的COSO报告，该报告为设计更广泛的控制系统提供了指南。在我国，从20世纪90年代起政府开始加大对企业内部控制的推动作用，1996年12月财政部发布《独立审计具体准则第9号——内部控制和审计风险》，要求注册会计师审查企业内部控制，并提出内部控制的内容，即控制环境、会计系统和控制程序。1997年5月，中国人民银行颁布《加强金融机构内部控制的指导原则》，这是我国第一个关于内部控制的行政规定。证监会在1999年12月发布《关于上市公司做好各项资产减值准备等有关事项的通知》，要求上市公司本着审慎经营、有效防范和化解资产损失风险的原则拟订内部控制制度，监事会对内部控制制度的制定和执行情况进行监督。2000年证监会发布的《公开发行证券公司信息披露编报规则》第1号、第3号和第5号，要求商业银行、保险公司、证券公司建立健全内部控制制度，并对内部控制制度的完整性、合理性和有效性做出说明。2000年7月实施的《会计法》明确要求各单位应当建立健全本单位内部会计监督制度，并提出了不相容职务分离和授权批准、财产清查等内部控制的具体规定，这是我国第一部体现内部控制要求的法律。证监会于2001年1月发布了《证券公司内部控制指引》，要求所有证券公司从内部控制机制和内部控制制度两个方面建立和完善公司的内部控制。2001年6月，财政部颁布了《内部会计控制规范——基本规范（试行）》和《内部会计控制规范——货币资金（试行）》；2002年12月，财政部颁布了《内部会计控制规范——采购与付款（试行）》和《内部会计控制规范——销售与收款（试行）》；2003年10月，财政部颁布了《内部会计控制规范——工程项目（试行）》等，开始企业尝试建立我国内部控制的标准体系。2008年5月22日，财政部会同证监会、审计署、原银监会、原保监会联合发布了《企业内部控制基本规范》，拉开了我国企业内部控制标准体系建立的序幕。2010年4月26日，财政部又会同证监会、审计署、原银监会、原保监会联合发布了《企业内部控制配套指引》，包括18项应用指引、1项审计指引和1项评价指引，与《企业内部控制基本规范》构成了中国企业内部控制规范体系。已发布的《企业内部控制应用指引》共18项，分为三类，即内部环境类指引、控制活动类指引、控制手段类指引，基本涵盖了企业资金流、实物流、人力流和信息流等各项业务和事项。2012年11月29日，财政部以财会〔2012〕21号印发《行政事业单位内部控制规范（试行）》，包括总则、风险评估和控制方法、单位层面内部控制、业务层面内部控制、评价与监督、附则共6章65条，自2014年1月1日起施行。针对小企业的特殊性，2017年6月29日，财政部以财会〔2017〕21号印发《小企业内部控制规范（试行）》，包括总则、内部控制建立与实施、内部控制监督和附则共4章40条，从2018年1月1日起施行。至此，我国企业、行政事业单位内部控制标准体系和评价体系已建立健全，开启了我国全方位的内部控制实践进程。

课程拓展

内部控制审计、内部控制评价与财务报表审计

内部控制审计，是指会计师事务所接受委托，对特定基准日内部控制设计与运行的有效性进行审计。内部控制审计、内部控制评价与财务报表审计三者既有区别也有联系。

一、内部控制审计与内部控制评价的关系

内部控制审计属于注册会计师外部评价，内部控制评价属于企业董事会自我评价，两者既有区别也有联系。

（一）内部控制审计与内部控制评价的区别

（1）两者的责任主体不同。建立健全和有效实施内部控制，评价内部控制的有效性是企业董事会的责任；在实施审计工作的基础上对内部控制的有效性发表审计意见是注册会计师的责任。

（2）两者的评价目标不同。内部控制评价是企业董事会对各类内部控制目标实施的全面评价；内部控制审计是注册会计师侧重对财务报告内部控制目标实施的审计评价。

（3）两者的评价结论不同。企业董事会对内部控制整体有效性发表意见，并在内部控制评价报告中出具内部控制有效性的结论；注册会计师仅对财务报告内部控制的有效性发表意见，对内部控制审计过程中注意到的非财务报告内部控制的重大缺陷，在内部控制审计报告中增加"非财务报告内部控制重大缺陷描述段"予以披露。

（二）内部控制审计与内部控制评价的联系

内部控制审计与内部控制评价往往依赖同样的证据，遵循类似的测试方法，使用同一基准日，因此也必然存在一些内在的联系。在内部控制审计过程中，注册会计师可以根据实际情况对企业内部控制评价工作进行评估，判断是否利用企业内部审计人员、内部控制评价人员和其他相关人员的工作以及可利用程度，从而相应减少本应由注册会计师执行的工作。

二、内部控制审计与财务报表审计的关系

（一）内部控制审计与财务报表审计的区别

内部控制审计是对内部控制的有效性发表审计意见，并对内部控制审计过程中注意到的非财务报告内部控制重大缺陷进行披露；财务报表审计是对财务报表是否在所有重大方面按照适用的财务报告编制基础编制，发表审计意见。虽然内部控制审计和财务报表审计存在多方面的共同点，但财务报表审计是对财务报表进行审计，重在审计"结果"，而内部控制审计是对保证财务报表质量的内部控制的有效性进行审计，重在审计"过程"。发表审计意见的对象不同，使两者存在区别。

（二）内部控制审计与财务报表审计的联系

内部控制审计与财务报表审计的联系主要体现在以下五个方面。

（1）两者的最终目的一致。虽然两者各有侧重，但最终目的均为提高财务信

学习笔记

息质量，提高财务报告的可靠性，为利益相关者提供高质量的信息。

（2）两者都采取风险导向审计模式。注册会计师首先实施风险评估程序，识别和评估重大缺陷（或错报）存在的风险。在此基础上，有针对性地采取应对措施，实施相应的审计程序。

（3）两者都要了解和测试内部控制，并且对内部控制有效性的定义和评价方法相同，都可能用到询问、检查、观察、穿行测试、重新执行等方法和程序。

（4）两者均要识别重点账户、重要交易类别等重点审计领域。注册会计师在财务报告审计中，需要评价这些重点账户和重要交易类别是否存在重大错报；在内部控制审计中，需要评价这些账户和交易是否被内部控制所覆盖。

（5）两者确定的重要性水平相同。注册会计师在财务报告审计中确定重要性水平，旨在检查财务报告中是否存在重大错报；在财务报告内部控制审计中确定重要性水平，旨在检查财务报告内部控制是否存在重大缺陷。由于审计对象、判断标准相同，因此两者在审计中确定的重要性水平也相同。

（摘自：蒋淑玲. 内部控制与风险管理［M］.北京：高等教育出版社，2019.）

项目二

货币资金业务内部控制

 学习目标

知识目标：

◎了解货币资金的特点及常见风险；

◎理解货币资金业务内部控制的目标；

◎熟悉货币资金业务内部控制的关键控制点；

◎掌握货币资金业务内部控制措施。

能力目标：

◎能够找出货币资金业务内部控制的关键控制点；

◎能够辨别货币资金业务中的不相容职务；

◎能够制定货币资金业务中的授权审批环节及程序；

◎能够完成货币资金业务内部控制制度的设计。

素质目标：

◎培养关键意识、风险意识与责任意识；

◎培养谨慎细致、精益求精的工作作风；

◎培养自觉杜绝贪污舞弊、抵制利益诱惑、廉洁自律的职业素养；

◎树立规则意识，培养遵守法规制度的良好职业道德。

任务一　熟悉和掌握货币资金业务内部控制的目标和要点

 任务导学

　　小丽是一家中小型生产销售型企业的出纳，负责现金、银行存款的收付，并掌管空白支票和企业在银行预留的法人代表印章，自己从银行取回银行对账单并负责与银行对账。由于男友买车钱不够，小丽就壮着胆子偷拿了一张 7 000 多元的支票给男友买车。小丽提心吊胆，祈求不被领导发现，月末，小丽取回银行对账单后，

视频：熟悉和掌握货币资金业务内部控制的目标和要点

将银行对账单中她偷拿的款项删掉，并填制银行存款余额调节表。她在忐忑不安中度过了一个月，可什么事也没发生。此后，男友变本加厉，胃口越来越大。小丽胆子也越来越大，在前后不到一年的时间里，共8次用同样的手段挪用公款近120万元。谁知小丽的男友不久携款外逃，小丽如梦方醒，走投无路，最后不得不向公安局投案自首。

任务与思考：

（1）小丽作为出纳从银行取得银行对账单并负责与银行存款的对账是否合理？

（2）该企业在货币资金业务内部控制中存在哪些缺陷？

（3）为了避免案例中的情况出现，企业在建立和实施货币资金业务内部控制制度时，应当强化哪些方面的控制？

一、货币资金的特点和常见风险

货币资金是企业资产的重要组成部分，包括库存现金、银行存款和其他货币资金。货币资金在企业的各项经济活动中起到了非常重要的作用，持有足够的货币资金是企业运行的基本条件。它是企业流动资金中流动性最强、控制风险最高的资产。作为流通手段，货币资金可以与任何财产物资及商品交换，同时发生于企业的资金筹集、材料采购、工资发放、对外投资、商品销售等各种经济业务中。货币资金收支业务具有业务量大、发生范围广的特点，最容易发生差错，其面临的主要风险包括：资金活动管控不严，可能导致资金被挪用、侵占、抽逃或遭受欺诈；资金调度不合理、营运不畅，可能导致企业陷入财务困境或资金冗余。因此，建立健全货币资金业务内部控制制度，是企业内部控制的关键，对加强货币资金的管理具有重大意义。

【互助学习】

请同学们讨论：货币资金业务中有哪些常见风险？

二、货币资金业务内部控制的目标

（1）确保货币资金的安全性。通过良好的内部控制，确保企业库存现金安全，预防被盗窃、诈骗和挪用。

（2）保证货币资金的完整性。企业收到的货币资金要全部入账，预防私设"小金库"等侵占企业收入的违法行为出现。

（3）保证货币资金的合法性。货币资金的取得、使用要符合国家财经法规，手续要齐备。

（4）提高货币资金的效益性。合理调度货币资金，以便使其发挥最高的使用效率。

三、货币资金业务内部控制的关键控制点

（1）货币资金收付的审批控制；

（2）货币资金保管与记录的职务分离控制；

（3）货币资金定期盘点控制；

（4）库存现金、银行存款日记账的登记控制；

（5）日记账和总账的核对控制。

**内控实操**

企业应根据货币资金业务的业务特点梳理内部控制要点。

一、库存现金控制

（一）库存现金限额管理

企业应当加强库存现金限额的管理，超过限额的库存现金应当及时存入银行。《现金管理暂行条例》规定，企业库存现金限额应为3~5天的日常零星开支所需的数额。远离银行或交通不便的企业，最多可根据企业15天的正常开支需要量核定库存现金限额。这里所说的"正常开支"不包括每月发放工资和不定期差旅费等大额库存现金支出。

（二）库存现金开支范围管理

企业必须根据《现金管理暂行条例》的规定，结合本企业的实际情况，确定本企业的库存现金开支范围和库存现金支付限额。不属于库存现金开支范围或超过库存现金开支限额的业务应当通过银行办理转账结算。

（三）坐支现金的管理

企业库存现金收入应当及时存入银行，不得坐支现金。所谓"坐支"是指从企业的库存现金收入中直接用于库存现金支出。坐支现金是严重违反财经纪律的行为。因特殊原因需要坐支的，应事先报开户银行审批。

【小知识2-1】开户单位支付给个人的款项，超过使用现金限额的部分，应当以支票或者银行本票支付；确需全额支付现金的，经开户银行审核后，予以支付现金。

二、银行存款控制

（一）银行存款账户控制

企业应当严格按照《支付结算办法》等国家有关规定，加强对银行存款账户的管理，严格按照规定开立账户，办理存款、取款和结算。银行账户的开立应当符合企业经营管理实际需要，不得随意开立多个账户，禁止企业内设管理部门自行开立银行账户。企业应当定期检查、清理银行账户的开立及使用情况，发现未经审批擅自开立银行账户或者不按规定及时清理、撤销银行账户等问题，应当及时处理并

政策法规：
支付结算
办法

追究有关责任人的责任。

政策法规：
人民币银行
结算账户管
理办法

【风险提示 2-1】银行账户管理方面的内控漏洞通常有：银行账户的开立和撤销缺乏必要的授权批准程序；私自设立、变更或撤销银行账户；违反公司规定出租、出借银行账户；公司以个人名义开户，公款私存；银行账户的设立及使用不符合法规规定；银行账户开立数量过多；长期不用或失效的银行账户未及时办理销户；未建立银行账户统一台账。

（二）结算控制

企业应当加强对银行结算凭证的填制、传递及保管等环节的管理与控制；企业应当严格遵守银行结算纪律，不得签发没有资金保证的票据或远期支票，套取银行信用；不得签发、取得和转让没有真实交易和债权债务的票据；不得无理拒绝付款，任意占用他人资金。

（三）对账控制

企业应当指定专人定期核对银行存款账户，每月至少核对一次，编制银行存款余额调节表，并指派对账人员以外的其他人员进行审核，确定银行存款账面余额与银行对账单余额是否调节相符。如调节不符，应当查明原因，及时处理。企业应当加强对银行对账单的稽核和管理。出纳人员不得同时从事银行对账单的获取、银行存款余额调节表的编制等工作。

（四）网上交易控制

实行网上交易、电子支付等方式办理货币资金支付业务的企业，应当与承办银行签订网上银行操作协议，明确双方在资金安全方面的责任与义务、交易范围等。操作人员应当根据操作授权和密码进行规范操作。使用网上交易、电子支付方式的企业办理货币资金支付业务时，不应因支付方式的改变而随意简化、变更支付货币资金所必需的授权批准程序。企业在严格实行网上交易、电子支付操作人员不相容岗位相互分离控制的同时，应当配备专人加强对交易和支付行为的审核。

三、票据控制

政策法规：
中华人民
共和国
票据法

【风险提示 2-2】企业对于有价票据及空白单证如果疏于管理，就会被"有心之人"加以利用。票据印鉴保管常见漏洞有：票据/印鉴使用未经恰当授权；使用情况缺乏登记留底；在空白纸张或单证上加盖印鉴；作废票据/印鉴未妥善处理；网银U盾及密码支付器保管不当。

企业应当加强与货币资金相关票据的管理，明确各种票据的购买、保管、领用、背书转让、注销等环节的职责权限和处理程序，并专设登记簿进行记录，防止空白票据的遗失和被盗用。企业填写、开具失误或者其他原因导致作废的法定票据，应当按规定予以保存，不得随意处置或销毁。对超过法定保管期限、可以销毁的票据，在履行审核批准手续后进行销毁，但应当建立销毁清册并由授权人员监销。

　　企业应当设立专门的备查账簿对票据的转交进行登记；对收取的重要票据，应留有复印件并妥善保管；不得跳号开具票据，不得随意开具印章齐全的空白支票。

四、印章控制

　　企业应当加强银行预留印鉴的管理。财务专用章应当由专人保管，个人名章应当由本人或其授权人员保管，不得由一个人保管支付款项所需的全部印章。按规定需要由有关负责人签字或盖章的经济业务与事项，必须严格履行签字或盖章手续。

A 股份有限公司 1 亿元丢失案

　　A 股份有限公司（以下简称"A 公司"）成立于 1956 年，于 1997 年在深交所上市。

　　在 2014 年 1 月 28 日，A 公司在其官网发布了一则公告。该公告声称其下的一个供销子公司开设的一个作为"存款销酒"的活期结算账户的 1 亿元资金丢失。账户中本应存有 1 亿元人民币，却发现只剩下 1 176.03 元，而其他资金竟不翼而飞。A 公司供销子公司根据银行方邮寄的《账户变动明细表》发现了该账户的资金存在异常情况，银行方面给出的金额远远对不上企业自己记录的金额。嫌疑人在未告知 A 公司的情况下，私自转走了账户中近 1 亿元存款。最后经调查，该案的嫌疑人涉及 11 人，其中包括 A 公司供销子公司下游的经销商和中国农业银行股份有限公司（以下简称"农行"）杭州华丰路支行的行长。最终嫌疑人悉数落网，同时法院判决农行杭州华丰路支行向 A 公司支付 5 933.65 万元。

　　案发经过如下。2013 年 10 月，罗光（被告人）以南京金某酒业有限公司（以下简称"金某公司"）的名义与 A 公司供销子公司达成了"异地存款销酒"协议。协议约定，A 公司供销子公司可以向罗光销售价值 600 万元的货物，但作为销售条件，罗光（被告人）要求 A 公司供销子公司要在他特别指定的银行支行（农行杭州华丰路支行）开设新的存款账户，同时向该账户存入 1 亿元活期存款，而罗光（被告人）会再向其支付 645 万的定活利息差和存贷利息差。11 月 29 日，A 公司供销子公司遵照罗光的要求在农行杭州华丰路支行开设了新的存款账户。同日，罗光（被告人）的金某公司与寿满江（被告人）的浙江皎然实业有限公司（以下简称"皎然公司"）签署了一份存款协议书，该协议书约定 A 公司存入农行杭州华丰路支行的 1 亿元资金要作为一年期的定期存款存入。同年 12 月 2 日，为委托农行杭州华丰路支行帮助 A 公司供销子公司对该笔资金进行理财，农行杭州华丰路支行的行长方振（被告人）与 A 公司供销子公司的法定代表人当面签署了"开户授权委托书"，但由于印章当时不在 A 公司供销子公司内，于是两人只进行了签字却未盖下印章。方振（被告人）对该笔资金应以何种方式"理财"最容易为自己等人所用进行了分析：若走正规程序对该资金进行理财，那么资金要上缴省分行，则不能将资金转作他用；若走非正规渠道对该资金进行理财，则银行不能出具理财相关的凭证。而 A 公司供销子公司是上市公司，无论购买任何理财产品最终都会经过审计，要公示，也就必须需要银行出具的凭证，因此这也行不通。之后经过商讨，寿满江（被告人）、陈沛铭（被告人）等人提出可以将定期存款改为活期存款，这样就可以更方便地对资金进行挪用。罗光（被告人）将此方案告知 A 公司供销子公司。经商讨，A 公司供销子公司同意该方案，即将一年定期改为一年活期，同时提出定活利息差由罗光（被告人）补齐，罗光（被告人）表示同意。2013 年 12 月 9 日，为完善开户手续，A 公司供销子公司的代表赵某只身前往杭州。为骗取上述 1 亿元存款，罗光（被告人）等人欺骗赵某说行长方振（被告人）第二天上午开会没空，将赵某骗去西湖游玩，趁机偷取赵某放置在车内包中的 A 公司供销子公司印章，偷盖后又将印章放回赵某的包中。得到偷盖的印章后，嫌疑人在赵某不知情的前提下，成功购买了结算业务申请书，最终通过结算业务申请书成功将 A 公司供销公司账户中的资金分批次转移。

【分析】A 公司货币资金内部控制存在明显缺陷。

（1）缺乏风险评估策略。虽然"异地存款销酒"并不违反国家法律法规，但是该方式不符合实际经济业务性质，又是一种新兴起的方式，可能存在未知的风险。从 1 亿元丢失案的发生来看，A 公司供销子公司未对该项涉及大额资金往来的业务的风险进行充分评估，同时对于大额异地存款也缺乏相应的风险评估程序。A 公司供销子公司在与罗光（被告人）签订"异地存款销酒"协议之前，未曾与罗光（被告人）有过接触，本次的合作是 A 公司供销子公司与罗光（被告人）的第一次经济往来。同时由于是异地存款，A 公司供销子公司与银行相互并不了解，可能产生资金盗用的风险。A 公司供销子公司应对罗光（被告人）的身份背景和其名下南京金某公司的情况进行比较充分的调查和评估，同时应意识到"存款销酒"即便在操作上不会有较大的风险，但是出于对业务和合作方即银行方的不熟悉，也应采取更严格的货币资金内部控制程序，以降低由于舞弊、诈骗等因素可能出现的风险。

（2）货币资金控制活动执行不力。纵观整个案件过程，可以发现 A 公司供销子公司在货币资金内部控制执行过程中有较大的缺陷，从而导致不法分子有可乘之机，具体表现在银行账户管理、印章管理及信息披露方面的内控部分存在缺陷。

①银行账户管理方面。A 公司在供销子公司签订"异地存款销酒"协议时，同意了罗光（被告人）提出的开户"六不承诺"，前四个承诺是要求 A 公司供销子公司在一年内不提前支取，不质押，不转让，不挂失，这些承诺还比较正常。但之后的两个承诺要求 A 公司供销子公司在一年内对该笔资金不调查，不开通网银和不开通电话及短信提示，这样的要求很可疑，因为这些要求的提出在很大程度上会削弱 A 公司供销子公司对这部分货币资金的控制和监督，会产生较大的风险。另外，在银行开户方面，罗光（被告人）要求的开户银行是农行杭州华丰路支行。这属于异地开户，并且该银行处于城乡结合部，是一个规模很小的银行支行，A 公司供销子公司在杭州即没有分公司也无重大客户，这就会导致 A 公司供销子公司很难及时地、真实地、全面地了解该笔款项的实际情况。但即便如此，A 公司供销

子公司也未对该部分货币资金实施风险管理和其他特别的内部控制措施。

②印章保管方面。由于未严格执行规范的盖章制度，A公司供销子公司的法律代表人在与行长方振（被告人）当面签署"开户授权委托书"时没有盖章，这导致后期A公司供销子公司要派出人员携带印章前往杭州，给了嫌疑人可乘之机。其次，A公司供销子公司未办理开户业务，将办理资金业务的相关印章和票据全部交由一人携带，并且该人员在仅有自己一人的情况下，就携带这些重要印章和票据外出；同时在外出时，未完全执行印章管理制度，竟将装有印章和票据的包放在他人的车内，自己离开。这就导致印章可能被不正当使用。

③信息披露方面。A公司供销子公司并未对此次"存款销酒"进行及时恰当的披露，在之后A公司公布的内部控制自我评价报告中，其也承认了对此项货币资金流向的信息披露并不及时。

A公司1亿元丢失案，我们不仅能发现A公司在货币资金内部控制中存在缺陷，也可以发现，虽然其货币资金内部控制的执行方面的确存在缺陷，但也确实是因为建立了货币资金内部控制制度，才得以让A公司供销子公司及时发现货币被盗的情况，使公安机关能尽可能多地追回丢失资金。但该事件也导致A公司当年的股价产生了较大的波动，可见对于货币资金的管理不仅是对其本身安全性的保障，也是对企业价值的保障。

任务二　货币资金业务内部控制实施

任务导学

某互联网企业的总经理将某项目的运营主管、采购负责人、仓库负责人甚至后来的兼职出纳几个职位全部委任同一名员工担任。该员工利用职务之便，控制销售、采购及运营等所有数据，所有数据每月均由该员工导出系统后再转发给负责该项目的会计人员。该互联网企业的销售模式主要以线上订单为主，以线下订单为辅，企业员工主要通过线下订单模式，先将货物从仓库中顺利出仓发货，同时让客户将某些订单货款直接转入该员工个人账号，再将仓库系统中导出的销售出库单的数据删除后转发给负责该项目的会计人员，该员工通过这种舞弊行为，顺利地进行了资金转移。直至2021年7月底，该项目的会计人员离职后，财务主管专门跟进当年8—10月的数据，发现该员工（兼职出纳）挪用公司货币资金的情况，在确认当年8—10月少收的货款金额后，开始着手专门核查2018—2020年期间每年8—10月的账务，发现了身兼数职的该员工果然侵占了公司资金。

任务与思考：

该企业货币资金内部控制存在哪些缺陷？应如何改进？

视频：货币
资金业务
内部控制
实施

学习笔记

 知识准备

一、货币资金业务内部控制要求

（1）企业应当加强对货币资金的会计系统控制，严格规范资金的收支条件、程序和审批权限。

（2）企业在生产经营及其他业务活动中取得的资金收入应当及时入账，不得账外设账，严禁收款不入账。

（3）企业办理资金支付业务，应当明确支出款项的用途、金额、预算、限额、支付方式等内容，并附原始单据或相关证明，履行严格的授权审批程序后，方可安排资金支出。

（4）企业办理资金收付业务，应当遵守现金和银行存款管理的有关规定，严禁将办理资金支付业务的相关印章集中由一人保管。

二、货币资金业务内部控制措施

（一）职责分工

企业应当建立货币资金业务的岗位责任制，明确相关部门和岗位的职责权限，确保办理货币资金业务的不相容岗位相互分离、制约和监督。货币资金业务的不相容岗位至少应当包括：

（1）货币资金支付的审批与执行；

（2）货币资金的保管与盘点清查；

（3）货币资金的会计记录与审计监督；

（4）货币资金收支与记账分离。

此外，还有空白支票与印章保管分离、银行对账单取回、余额调节表编制与复核分离等。

【风险提示2-3】出纳人员不得兼任稽核，会计档案保管和收入、支出、费用、债权债务账目的登记工作。单位不得由一人办理货币资金业务的全过程。非出纳人员不能办理货币资金的收付款业务。

企业应当配备业务合格的财务人员办理货币资金业务，并结合企业实际情况，对办理货币资金业务的人员定期进行岗位轮换，在最长不超过5年的时间内进行岗位轮换。

（二）授权批准

企业应当建立货币资金授权制度和审核批准制度，并按照规定的权限和程序办理货币资金支付业务。

（1）支付申请。企业有关部门或个人用款时，应当提前向经授权的审批人（部门主管）提交货币资金支付申请，注明款项的用途、金额、预算、限额、支付

方式等内容，并附有效经济合同、原始单据或相关证明。

（2）支付审批。审批人根据其职责、权限和相应程序对支付申请进行审批。对不符合规定的货币资金支付申请，审批人应当拒绝批准，性质或金额重大的，还应及时报告有关部门。

（3）支付复核。复核人应当对批准后的货币资金支付申请进行复核，复核货币资金支付申请的批准范围、权限、程序是否正确，手续及相关单证是否齐备，金额计算是否准确，支付方式、支付企业是否妥当等。复核无误后，交由出纳人员等相关负责人员办理支付手续。

（4）办理支付。出纳人员应当根据复核无误的支付申请，按规定办理货币资金支付手续，及时登记库存现金和银行存款日记账。

严禁未经授权的部门或人员办理货币资金业务或直接接触货币资金。企业借出款项必须执行严格的审核批准程序，严禁擅自挪用、借出货币资金。

【风险提示2-4】企业货币资金支付的授权审批权限不合理或程序不清，也是很多企业常犯的毛病，货币资金支付审批漏洞有：未清晰设置支付权限；缺乏临时授权，导致岗位人员离岗时无法正常办理支付；货币资金支付相关审核/审批环节欠缺；货币资金支付审核审批先后顺序不合理；未建立签字人员样本表用于核对签字。

内控实操

一、货币资金业务内部控制制度

（一）货币资金完整性控制

货币资金完整性控制的范围包括各种收入及欠款回收。具体地说，应检查单位特定会计期间发生的货币资金收支业务是否均已按规定计入有关账户。通过检查销售、采购业务或应收账款、应付账款的收回和归还情况，或余额截止日后入账的收入和支出，查找未入账的货币资金。其控制方法一般有以下几种。

1. 发票、收据控制

发票、收据控制是利用发票、收据编号的连续性，核对收到的货币资金与发票、收据金额是否一致，以确保收到的货币资金全部入账的一种完整性控制手段。发票分类很多，如增值税发票、运输发票，因为这两种发票涉及国家税收，且有国家税务机关负责监督检查，因此涉及这两种发票的货币资金收入一般较完整。但目前餐饮服务业等发票及收据管理较混乱，如企业违规开具"大头小尾""小头大尾"发票，多给、不给客户餐饮发票，空白收据、发票到处可买，自制收据，收据不连号，以白条代替收据等。因此，对于发票、收据必须加强其印、收、发、存的管理，建账核算。在此基础上，利用这类发票的连续编号，由专人负责其存根联与入账的记账联的定期或不定期抽查核对工作，及时发现其中的错弊。

2. 银行对账单控制

银行对账单控制是利用银行对账清单与企业银行存款日记账进行核对，以确保银行存款完整性的一种控制方法。通过编制银行存款余额调节表，可以发现未达账项，分析其原因，发现是否存在错弊。

3. 物料平衡控制

物料平衡控制是利用"物质不灭定律"，检查主要原材料在生产、销售过程中数量上是否平衡，以确保生产资金完整性的一种控制方法。这种控制方法主要适用于生产、加工行业。

4. 业务量控制

业务量控制是根据某项业务量的大小来复核其货币资金完整性的一种控制方法。例如，旅馆可以按客房记录的业务量，汽车运输可以按台班记录的业务量，复核其货币资金收入。

5. 往来账核对控制

往来账核对控制是通过定期与对方核对往来账余额，及时发现挪用、贪污企业货币资金等违法行为，以评价清欠货币资金是否及时入账或货币资金还欠是否真实的一种控制方法。特别应注意对于已作坏账处理的应收账款，了解是否有收回款项不入账的情况。

（二）货币资金安全性控制

货币资金安全性控制的范围包括：库存现金、银行存款、其他货币资金。货币资金安全性控制方法一般有以下几种。

1. 账实盘点控制

账实盘点控制是通过定期或不定期对货币资金进行盘点，以确保企业资产安全的一种常见的控制方法，如编制银行存款余额调节表。账实盘点按盘点的时间分为定期盘点与不定期盘点，但不定期盘点的控制效果通常比定期盘点好，不定期盘点的主要特点是突击性强，会给货币资金相关岗位产生一种无形的、无时无刻、无处不在的压力。

2. 库存限额控制

库存限额控制是通过核定企业每日货币资金余额，将超过库存限额的货币资金送存银行或汇交银行账户，从而降低货币资金安全性控制风险的一种方法。利用此方法还能高度集中货币资金，统筹使用，特别适用于货币资金短缺的企业。

3. 实物隔离控制

实物隔离控制是采取妥善措施确保除实物保管之外的人员不得接触实物的控制方法。例如，库存现金只能由出纳保管，银行承兑汇票也只能由一人专管，否则将导致责任不清，不法分子很可能会浑水摸鱼，侵占货币资金。同时还应采取选择合格的保险箱、选择安全的场所等保障措施，以确保货币资金实物安全。

（三）货币资金合法性控制

货币资金合法性控制针对的是货币资金收入与支付。货币资金合法性控制一般采用加大监督检查力度的方法，如对于业务量少、单笔金额小的单位，记账凭证可由一人复核；对于业务量大、单笔金额大的单位，记账凭证则应由两人复核，即增设复核会计再复核。又如通过加大内部审计监督力度还可以发现一些不合法的货币资金收、付；通过公布举报电话、网站，从公众中取得不合法收、付的线索。货币资金合法性控制的风险一般较大，通常涉及企业决策管理者本人，因此，应借助政府机关、社会力量对企业进行审计、监督、检查。

（四）货币资金效益性控制

货币资金效益性控制是服从企业财富最大化的财务管理目标，通过运用各种筹资、投资手段合理、高效地持有和使用货币资金的控制方法。企业可以制定货币资金收支中、长期计划，在合理预测一定时期货币资金存量的情况下，通过实施一些推迟货币资金支付的采购政策、加速货币回笼的销售政策以及收回投资等方法，解决货币支出的缺口。同时应权衡采取以上措施所付出的代价、成本或机会成本，选择一项最优的解决方案，最大限度地发挥其经济效益。可以通过加快货币资金支付的采购政策、一定的赊销政策、参与各种投资等，来减少货币资金储量。总之，企业在进行筹资、投资决策时，对各种方案要进行综合分析，并要求参与分析、决策的人员不得少于 3 人。

二、货币资金业务处理程序的设计

（一）库存现金业务处理程序的设计

库存现金业务处理程序的设计内容和要求如下。

1. 及时填制或者取得原始凭证

企业应在库存现金收支业务发生时，及时填制或取得相关的原始凭证，以作为收付现金的书面证明。

2. 审核原始凭证

会计部门收到库存现金收支业务的原始凭证后，由会计主管人员或者指定的审核人员对其进行认真审核，对不符合规定和要求的原始凭证应退回重新填制。审核内容包括：凭证内容和数据的真实可靠性、凭证内容的完整性、凭证手续的完备性、书写的清晰性和规范性、经济业务的合法合规性等。审核完毕后，审核人员应在凭证上签字或盖章。

3. 填制并审核记账凭证

有关会计人员应根据审核无误的原始凭证，填制库存现金收款或者付款记账凭证，并在记账凭证上签字或盖章；然后，将其交给审核人员进行审核。审核内容包括：凭证内容的完整性、会计分录的正确性、凭证编号的规范性、记账凭证与其所附原始凭证的一致性等。审核后，将记账凭证交给出纳人员，据以办理现金收付事项。

4. 收付库存现金

出纳人员根据审核无误的库存现金收付款记账凭证收付库存现金，并在凭证上加盖"收讫"或者"付讫"戳记以及个人签字或盖章。

5. 登记库存现金日记账

出纳人员根据审核无误的库存现金收付款记账凭证及其所附原始凭证，按照经济业务发生的前后顺序逐日逐笔登记库存现金日记账。

6. 清点库存现金

在每天营业终了时，出纳人员应根据库存现金日记账的记录计算当天库存现金收入合计数和支出合计数，并结出当天的库存现金余额；然后，核对库存现金日记账的结存数与库存现金实有数是否相符；核对相符后，应将超过限额的库存现金及时送存银行。出纳人员将超过库存限额的库存现金送存银行时，应填制一式二联的"库存现金交款单"，连同库存现金一起交付银行；银行受理并在"库存现金交款单"上盖章后，应将"库存现金交款单"的回单联退回企业，作为登记库存现金日记账和库存现金总账的依据。

7. 登记总账

总账会计根据企业会计核算组织程序的要求（如根据库存现金收付款记账凭证，有时也可以根据库存现金日记账的当天收入、支出的合计数等）登记库存现金总账。

8. 核对账簿

会计人员至少在每月月末核对库存现金日记账余额与库存现金总账余额是否相符。发现不相符时，应及时查明原因，并报有关人员批准后予以处理。

9. 不定期清查库存现金

为了保证库存现金的安全性和完整性，企业应不定期地组织清点小组对库存现金进行突击清查，并根据清查结果编制"库存现金盘点单"和"库存现金盘盈盘亏报告单"。

10. 备用金制度

在企业日常经营活动中，企业内部的一些部门经常会发生一些零星小额开支，如支付差旅费、支付办公费等。因此，企业应制定和完善备用金领用和报销制度，并在规定的期限内凭借费用支付单据到财会部门报销。对于违反规定用途使用备用金和不符合开支标准的支出，财会部门应拒绝报销；对于超期不报销的款项，财会部门应督促及时报销；对于不需要使用的备用金，应及时结清收回；对于挪用备用金的行为，应予以制止。

为了及时满足各部门日常零星开支的需要，并简化核算手续，对于经常发生零星支出或零星采购行为的部门，可以实行"定额备用金制度"。定额备用金业务的处理程序和控制要求如下。

（1）由财会部门协同使用备用金的部门，根据日常零星开支的需要，事先核定备用金定额，并由使用备用金的部门填制"借款单"一次领出。

（2）使用备用金的部门应设置"备用金登记簿"，逐笔序时登记备用金的领取和支用情况，并按时将款项支出凭证送交财会部门报销。

（3）财会部门根据审核后的报销凭证，支付现金或现金支票，以补足定额。

（4）不定期地检查各有关部门的备用金使用情况，核对备用金是否账款相符，以防止错弊的发生。

对于不经常发生零星支出或零星采购行为的部门，实行"非定额备用金制度"。使用备用金的部门或职工个人，按需要领用备用金，用后凭支付单据报销并退回未用的现金。

（二）银行存款业务处理程序的设计

银行存款业务处理程序的设计内容和要求如下。

1. 授权

企业根据业务需要，按规定授权有关业务人员办理涉及银行存款收支的经济业务事项，如购货事项、销货事项、借款事项等。对于超出业务部门权限规定的银行存款收支业务，应报经有关部门审批并签字盖章。

2. 签订业务合同（如购货合同、销货合同、借款合同等）

企业经办人员同外单位签订有关业务合同，并就收付款项的结算方式以及结算时间等内容作出规定。

3. 及时填制或者取得原始凭证

业务经办人员按照有关规定和要求，在银行存款收支业务发生时，及时填制或者取得原始凭证（如购货发票、托运货物的运费单据、各有关银行结算票据等），以作为办理银行存款收支业务的书面证明。采用银行转账结算时，出纳人员还应该根据规定和要求，填制或者取得有关银行存款结算凭证，如办理委托收款时需要填制委托收款凭证（一式五联）等。

4. 审核原始凭证

会计部门在收到银行存款收支的原始凭证后，由会计主管人员或者指定的审核人员对其进行认真审核。对于不符合规定和要求的原始凭证，应该拒绝受理，退回重新填制。审核内容包括：凭证内容和数据的真实可靠性、凭证内容的完整性、凭证手续的完备性、书写的清晰性和规范性、经济业务的合法合规性等。审核完毕后，审核人员应在凭证上签字或盖章。

5. 填制和审核记账凭证

企业有关会计人员应根据审核无误的原始凭证，填制银行存款收款或者付款记账凭证，并在记账凭证上签字或盖章；然后，将其交给审核人员进行审核。审核内容包括：凭证内容的完整性、会计分录的正确性、凭证编号的规范性、记账凭证与其所附原始凭证的一致性等。

6. 登记银行存款日记账

出纳人员根据审核无误的银行存款记账凭证及其所附原始凭证，按经济业务发生的前后顺序逐日逐笔登记银行存款日记账。

7. 定期对账并编制银行存款余额调节表

应由指定的非出纳人员逐笔核对银行存款日记账和银行对账单，找出未达账项，并编制银行存款余额调节表，以确保银行存款的安全和完整。

8. 登记总账

总账会计根据企业会计核算组织程序的要求登记银行存款总账。可以根据银行存款收付款记账凭证登记银行存款总账，有时也可以根据银行存款日记账的当天收

学习笔记

入合计数、支出合计数登记银行存款总账。

9. 核对账簿

会计人员至少在每月月末，核对银行存款日记账余额与银行存款总账余额是否相符。发现不相符时，应及时查明原因，并报经有关人员批准后予以处理。

案例 2-2

B 公司是一家乳制品生产加工企业，是经国家有关部门批准的注册企业。B 公司成立于 1998 年，主营乳制品（全脂乳粉、全脂加糖乳粉、特殊配方乳粉），年销量为 300 万~800 万。B 公司的注册资金为 300 万元，截至 2020 年年底 B 公司总资产为 9 876 529.25 元，负债为 370 820 56 元，所有者权益为 9 505 708.69 元，资产负债率为 6.94%。B 公司现有职工 1 300 多人，拥有 23 亩天然草原、一个大型机械化挤奶良种奶牛养殖场。

B 公司内部控制制度现状如下。

（1）货币资金相关业务岗位设置及人员结构。B 公司共有 6 名人员在财务部任职，包括财务总监 1 名、总账会计师 1 名、成本会计 2 名、出纳 2 名。各岗位人员的职责如下。①财务总监的岗位职责。a. 统筹企业财务方面的主要工作，稽查并审核预算的执行和编制情况，编制财务报表并进行审核；b. 总领财务部各职位人员的协调和安排；c. 不定期对 B 公司库存现金及银行存款的安全性和效益进行核查。②总账会计师的岗位职责。a. 维护企业会计信息系统等软件的安全；b. 负责日常会计业务的审核、监督、核算、报销；c. 负责企业日记账和明细账的记录；d. 负责企业会计凭证装订整理归档的审核工作；e. 负责企业财务工作所需要的所有财务报表的编制和核查。③成本会计的岗位职责。a. 负责生产成本的核算与监督，成本的费用需要慎重考虑；b. 保管好成本核算的有关材料和凭证，按月归档整理，谨防丢失等特殊状况的发生；c. 认真检查原材料、成品和在制品的收付情况，监督管理生产成本，随时检查原材料的库存和供应情况；d. 根据成本报表准备产品销售价格报告，以预测成本并向财务主管提供必要的信息。④出纳的岗位职责。a. 购买保管各种票据，并检查所购票据的完整性；b. 登记现金日记账、银行日记账；c. 处理和货币资金相关的业务；d. 协助会计完成财务部门的相关工作。

（2）货币资金内部控制制度。①B 公司库存现金内部控制现状。现金报销的程序：首先填写请购付款报销单，再交由部门经理和会计进行审核，审核无误后加盖财务印章，由财务总监签章，最终出纳付款。出纳每周退款一次，每周五受理，将一次性支付退款。②B 公司银行存款内部控制现状。a. B 公司银行账户的开立、变更、注销将严格按照适用的法律法规办理。b. 出纳员不得开空头支票或过期支票。没有人可以借出或出租 B 公司的银行账户。严格遵守中国人民银行的结算纪律。c. 出纳在银行结算时严格遵守 B 公司财务制度，根据发票、采购合同印章名称开具支票。支票收件人不能随意更改。③B 公司票据及印鉴管理现状。a. B 公司财务部负责购买、收取及妥善保管银行汇票，包括支票、电汇、入境汇票、现金缴款单、银行汇票等。B 公司要求的银行票据应由出纳员购买并登记保管。购买钞票时要一张一张地检查，检查号码要检查连续的、有缺陷的页面是否损坏，是否加盖银行专用印章，如有缺页、损坏或序列号不连续的问题，应当当场更换。在收取、使用银行票据时，应进行记录、登记，防止空白票据遗失、被挪用。b. 被注销的支票应当盖有"被注销"印章，并单独保管。一年后，出纳员和主管会一起销毁它们。c. B公司财务部门严格加强银行保管印章的管理。出纳员和财务总监分别保管财务专用章和公司章。然而，为了方便，有必要由一个人支付，以保持所有的印章。

（3）货币资金控制流程。①库存现金控制流程。a. 在销售与收款循环中，现销收入的取得和赊销货款的回收都会增加货币资金；b. 在购货与付款循环中，赊购货款和购买固定资产款项的支付都会减少货币资金；c. 在生产与存货循环中，应付工资和某些制造费用的支出会引起货币资金的减少；d. 在募筹资金与再投入循环中，募筹这一环节是在补充货币资金，而再投入这一行为势必导致货币资金的减少。②银行存款控制流程。a. 银行存款收入流程：先是收到现金，再由出纳开具收款收据（收据需注明业务内容、收款时间、金额、出纳及会计签名），确认金额是否大于2 000元；如果金额大于2 000元，则出纳需要登记现金日记账并把现金存入银行，同时登记银行存款日记，与此同时，当银行收到款项时，则出纳开具收款收据、登记银行存款日记账（收据需注明业务内容、收款时间、金额、出纳及会计签名），最后将收款收据、银行回执交会计做记账凭证。如果金额并没有大于2 000元，则出纳直接登记现金日记账。b. 银行存款支出流程：进行支付申请，按资金审批、支付流程，交由财务总监审核，总经理审批。通过银行支付的，有两种支付方式，一种是现金支付，则出纳登记现金日记账；另一种是个人银行存款支付，则出纳登记银行存款日记账，再将支付证明单（银行回执单）交给会计做记账凭证。③其他货币资金控制流程。B公司财务部负责购买、收集和储存银行汇票，包括支票、电汇、汇票、现金缴款单、银行汇票等。B公司要求银行票据应由出纳员购买并登记保管。购买钞票时，一张一张检查，检查号码是否连续，页面是否有瑕疵损坏，是否有银行特有的印章，如有缺页、损坏或序列号不连续的问题，应当当场更换。为防止空白票据遗失或者被盗用，在收款时要做好空白票据的记录和登记。

（摘自：侯嘉仪. 货币资金内部控制研究——以A公司为例 [J]. 商场现代化，2021，23.）

【分析】

对B公司内部控制存在问题及原因分析如下。

（1）货币资金不相容岗位未分离。B公司存在的严重现象之一是一个人持有所有的印章。会计法禁止一个人保存所需的所有印章。但在B公司，会计师只是将印章交给一人保管，以便出纳可以快速找到印章。当出纳需要找印章时，直接打电话给会计批准获取印章，也可以通过互联网获得会计意见。这些行为在为出纳提供便利的同时，也带来了较大的财务安全风险，导致出纳可以自行处理付款，影响B公司资金安全。此外，在某些情况下，公章、法人章和财务章在管理时都集中在一个人身上，使货币资金流失的风险大大增加。

（2）货币资金管理未设置岗位轮换制度。B公司尚未设置定期岗位轮换制度。有一些领导认为，长时间在同一岗位工作，会熟悉这个岗位的业务流程，能更好地胜任此岗位。当实行定期岗位轮换制度，员工被调到新岗位时，他们不可避免地无法充分发挥本职员工的作用。因此，B公司财务人员自加入B公司以来一直在其岗位上工作，随着时间的推移，这些员工很清楚他们角色的差异，一旦有了坏主意，必然会对B公司的资产造成巨大的损失。

（3）货币资金授权批准控制存在问题。根据企业的规章制度，大额货币资金的收支以及使用情况均需要上级主管领导部门专职人员审核查验，确认无误之后签字审批才能执行。付款凭证经核准后，由总账会计师填写。出纳在得到收款收据以及原始凭证时，一定要仔细核对，并确认是否按照企业正常规章制度流程有签字审批这一过程，如果符合规定，才可以进行转账付款的业务。但是，具体实施起来还是存在诸多问题，比如，由于企业内部上下级等级的差异，出纳在核查后发现并没有上级主管负责人的签字，仍然进行了付款业务。产生这种问题的根本原因是总账会计师有出差等业务时，不在公司内部，无法实行规章流程，但又由于情况紧急，出纳一般请示过总经理或者生产部门/财务部门的相关负责人就直接进行下一阶段的程序。

（4）内部审计机构监督力度不足。①B公司对资源的使用尚未得到验证，行动也未经过资格审查。这主要是因为B公司欠缺劳动力，而审计业务繁复细致，需要专业的审计人员处理。另外，审计人员与财务部门人员属于同事关系，可能出现私交甚好的情况，从而影响审计结果的真实性。②审计范围不全面，只是在每年年初对上年年度报表进行审计，并没有对银行存款、库存现金、其他货币资金等内容进行审查合计。③每年年初只进行一次审计，审计次数太少，给财务人员徇私舞弊提供了机会。同时一次审计全年业务，工作量太大。

【学中做】

【任务导学】中的互联网企业货币资金内部控制存在以下缺陷。

（1）法人治理结构存在缺陷。该企业管理者对企业内部人员岗位设置很不合理，对各岗位具体职责认知程度有所欠缺，同时对企业内部控制管理也不重视，无法以身作则，带动全体员工共同遵守内部控制制度。

（2）内部岗位设置及人员权责分配存在问题。该企业的运营主管、采购负责人、仓库负责人，甚至后来的兼职出纳几个职位全部委任同一名员工。销售与出纳、采购与仓管、采购与出纳、销售与采购的岗位设置和职责授权方式严重违背了不相容职务相互分离的原则，造成货币资金在内部控制上存在很大的管理漏洞。

（3）货币资金风险管理机制存在缺陷。负责该项目的会计人员的专业技术水平有限，且没有定期核对平台销售情况及收款记录，未及时跟进订单货款到账的情况，对营运资金管控松散，缺乏责任心及风险管理意识，从而导致兼职出纳可利用这种操作模式侵占公司资金。

（4）收款监督机制不严谨。互联网企业是以订单预收款的形式进行业务的，订单从发货到消费者确认收货有一定时间的锁定期，期间订单货款收款确认的具体时间视消费者个人喜好而定。在货物已发出而客户拒收的情况下，部分平台不显示该笔订单的交易记录，这与传统企业销售结算模式有所不同，故在销售收款的环节上更应认真核实对待。在本案例中，销售出库及采购等相关数据均为该运营主管转发，会计人员对相关数据没有按月做汇总比对，未能确保库存、采购、销售数据的准确性，表面上虽然按规定的采购、销售、收付款流程审批操作，但实际上数据的准确性有待核实。

（5）内控制度及流程仅限于形式。会计人员与销售人员、采购人员的每月对账限于形式，实际上都是以采购主管的数据为准，会计人员对于数据是怎样计算出来的根本没办法解释清楚。负责该项目的会计人员每月仅按采购或销售报表上的汇总数据编制记账凭证，无法确保相关数据的准确性，对内部控制制度方面的知识相对缺乏，内部控制制度及相关流程形同虚设。

改进措施如下。

（1）加强管理决策者内部控制意识，完善法人治理结构。公司管理决策者对货币资金内部控制起决定性的作用，而提高企业经营管理者的内部控制意识是关键因素。只有管理层重视并加强企业内部管理，不搞特殊审批制，同时带动员工严格遵守并执行企业货币资金内控制度，在企业经营过程的各个环节积极配合财务部做好相关工作，同时增强各部门员工的风险管理意识，才能不断完善货币资金内部控制。

（2）合理设置岗位职责，对不相容职务进行分离控制。应将原运营主管、采购主管、出纳职位全部撤掉，对这些不相容职务重新调整分配，同时明确各岗位职责权限，使不同岗位员工能够各司其职，相互监督、制约，形成有效的制衡机制，使企业的业务流程更为规范。将仓库数据管理权限移交给财务部，由财务人员直接与各相关部门人员对接，对各项目店铺的销售数据、采购数据进行收集整理；先由出纳与运营部门核对收款记录，再由会计核对各项销售及收款、采购及付款的明细数据，并分别整理后按科目入账，以确保各项购销数据的完整性，同时保证货币资金的准确性以及收款的及时性。

（3）优化货币资金风险管理。可利用现金流量测算对当期销售收款进行监督管理，或对各平台上待确认数据进行倒推，计算出当期应收货款大概金额，以确保企业货币资金安全。

（4）加强货币资金收款控制，确保资金收付的及时性。通过不相容职务相分离，让各相关人员互相监督、互相制约，避免销售人员直接接触销售现款，以减少差错的发生及舞弊行为。

（5）严控实物资产，保护企业财产安全。会计必须每月对采购与销售的产品名称及数量严格进行比对，对于采销数据比对差异超过一定比率的，必须及时查明差异产生的原因，避免采购货物已入库，实际货物已出库，但实际销售订单上却无相关销售记录，防范经办人员侵占企业资产的行为。每月月底由财务部门派一名财务人员会同仓库保管员一同前往仓库盘点，并将盘点结果反馈给财务人员进行比对核实，属盘亏的须列明原因。

（6）强化货币资金内部监督机制。财务人员要按照公司内部控制制度及流程的规定，对各项支付及费用报销严格按照规定的标准进行审单，包括审核采购合同、发票、送货单、出/入库单，检查各种费用报销单据及发票、相关附件单据是否齐全，金额是否在规定范围内以及审批手续是否符合规定等，只有符合相关手续及标准且单据全部齐全的才允许审核支付。

在任务一的【任务导学】中，小丽作为一家中小型生产销售型企业的出纳，利用职务之便和企业内部控制中的漏洞，挪用公款近120万元，最后不得不向公安局投案自首，受到法律的制裁。

【育人启示】

在上述案例中，小丽利用职务上的便利侵吞公款，给企业带来巨大的经济损失，最终受到法律的制裁。小丽违反了《会计法》《会计基础工作规范》和《会计人员职业规范条例》等国家有关法律法规的规定。作为会计人员要具有政治思想好、业务能力强、职业道德好的良好素质，自觉遵守会计职业道德，提高自我要求，做到廉洁自律。

 项目小结

本项目知识结构图如图2-1所示。

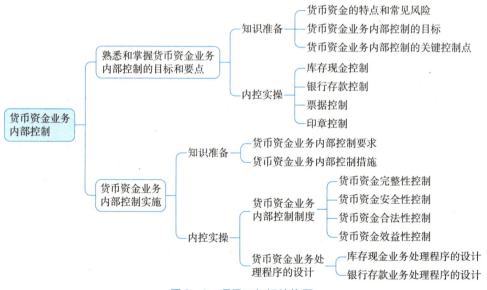

图2-1　项目二知识结构图

项目训练

【职业知识测试】

一、单项选择题

1. 下列不属于货币资金特点的是（　　）。

A. 流动性强   B. 业务量大

C. 控制风险最高　　　　　　　　D. 不容易发生差错

2. 企业应根据业务需要，按规定授权有关业务人员办理涉及银行存款收支的经济业务事项，这是（　　　）。

A. 授权审批控制　　B. 预算控制　　C. 凭证记录控制　　D. 票据控制

3. 根据《现金管理暂行条例》的规定，企业库存现金的限额应为（　　　）的日常零星开支所需的数额。

A. 3 ~ 5 天　　　　B. 1 ~ 2 天　　　　C. 5 ~ 8 天　　　　D. 5 ~ 10 天

4. 下列不属于银行存款控制的是（　　　）。

A. 银行存款账户控制　　　　　　B. 结算控制

C. 网上交易控制　　　　　　　　D. 验收控制

5. 下列哪些人员可以办理货币资金的收付业务？（　　　）

A. 采购员　　　B. 保管员　　　C. 会计　　　D. 出纳

6. 下列不属于货币资金业务内部控制关键控制点的是（　　　）。

A. 货币资金收付的审批控制

B. 货币资金保管与记录的职务分离控制

C. 货币资金定期盘点控制

D. 库存现金预算控制

二、多项选择题

1. 货币资金内部控制的目标主要包括（　　　）。

A. 确保货币资金的安全性

B. 保证货币资金的完整性

C. 保证货币资金的合法性

D. 提高货币资金的效益性

2. 货币资金业务的不相容岗位至少应当包括（　　　）。

A. 审批与执行　　　　　　　　　B. 保管与盘点清查

C. 记录与审计　　　　　　　　　D. 收支与记账

3. 货币资金授权制度和审核批准制度应包括（　　　）。

A. 支付申请　　　　　　　　　　B. 支付审批

C. 支付复核　　　　　　　　　　D. 办理支付

4. 货币资金业务内部控制的关键控制点包括（　　　）。

A. 货币资金收付的审批控制

B. 货币资金保管与记录的职务分离控制

C. 货币资金定期盘点控制

D. 库存现金、银行存款日记账的登记控制

5. 与货币资金相关的票据在下列哪些环节需要专设登记簿进行记录？（　　　）。

A. 购买　　　　B. 保管　　　　C. 领用　　　　D. 背书

6. 下列属于货币资金安全性控制的有（　　　）。

A. 账实盘点控制　　　　　　　　B. 库存限额控制

C. 实物隔离控制　　　　　　　　D. 往来账核对控制

学习笔记

学习笔记

三、判断题

1. 货币资金收支业务具有业务量大、发生范围广的特点，最容易发生差错。

（　　）

2. 企业日常货币资金的收支和记账可以由出纳一人完成。　（　　）

3. 为了确保货币资金的安全性，应通过良好的内部控制，确保企业库存现金安全，预防被盗窃、诈骗和挪用。　（　　）

4. 根据《现金管理暂行条例》的规定，企业无权确定本企业的库存现金开支范围和库存现金支付限额。　（　　）

5. 开户单位支付给个人的款项，超过使用现金限额的部分，应当以支票或者银行本票支付；确需全额支付现金的，经开户银行审核后，予以支付现金。

（　　）

6. 银行账户的开立应当符合企业经营管理实际需要，可以随意开立多个账户，企业内设管理部门可以自行开立银行账户。　（　　）

【职业能力训练】

请同学们以 4~5 人为一组，以小组为单位对以下案例进行分组讨论，按要求完成训练任务，并以 Word 文档提交任务成果，课堂上由一名同学为代表汇报任务成果。

资料：中信会计师事务所在对大华公司的审计中，发现货币资金业务中有以下情况。

（1）出纳人员未能对库存现金经常进行不定期盘点。

（2）通过查看支票登记本发现，领用的票据号码不连续，存在领用支票不登记的现象。

（3）对现金和银行存款的支付基本能坚持审批制度，但审批的职责权限划分不够明确，对相同业务的审批有时是财务经理签字，有时是业务经理签字。

要求：大华公司的货币资金业务的内部控制制度存在哪些问题？应如何改进其内部控制制度？

【职业素养提升】

阅读资料

货币资金常见内控漏洞的识别与应对——典型漏洞之一：
资金管理职责分配违背"不相容职责分离"要求

资金管理涉及资金收入、资金支出、审批、保管、记录、对账、盘点等诸多职责，稍不注意，可能导致同一人兼任不相容职务，给资金安全带来隐患。资金管理职责分配的内控漏洞通常有：出纳领取银行对账单、出纳负责银行对账、同一人保管所有支付印鉴、印鉴和票据由同一人保管、多个网银 U 盾由同一人保管、网上银行业务交易的执行与审核授权由同一人操作、负责收款的人兼任会计记录、负责收款的人同时负责核对收款、出纳兼任收付款凭证制单、缺乏独立于保管职责

（如现金、票据、印鉴）的人员对资金保管情况进行监督等。

特别要提醒注意的是出纳人员领取银行对账单这个问题，从媒体曝光的大量出纳人员挪用资金案例中，可以看到很多出纳利用领取银行对账单的机会，伪造银行对账单，掩盖资金舞弊。究其原因，企业主要从工作方便的角度出发，认为出纳经常跑银行，办理各种收付款业务，于是便"顺理成章"地让其领取银行对账单、编制银行余额调节表。殊不知这种习惯做法存在巨大风险隐患。其实要防范这种风险并不难，只要改由出纳以外的人来负责银行对账单领取和账面银行存款余额核实工作即可，关键是要从思想意识上重视起来。

漏洞识别：梳理资金管理，尤其是财务部门职责分配情况，检查职责分配中是否存在不相容职务未分离现象。同时，关注和检查在岗位人员休假、出差或离开的情况下，职务如何交接；在岗位人员发生临时变动的情况下，相关工作安排是否符合不相容职务分离原则。

（摘自：微信公众号"内控与内审".马军生）

课程拓展

关于数字货币

一、定义及特征

数字货币（Digital Currency，DC）是电子货币形式的替代货币。数字金币和密码货币都属于数字货币。

数字货币是一种不受管制的、数字化的货币，通常由开发者发行和管理，被特定虚拟社区的成员所接受和使用。欧洲银行业管理局将虚拟货币定义为价值的数字化表示，其不由央行或当局发行，也不与法币挂钩，但由于被公众所接受，所以可作为支付手段，也可以电子形式转移、存储或交易。

可以认为数字货币是一种基于节点网络和数字加密算法的虚拟货币。数字货币的核心特征主要体现在三个方面：①由于来自某些开放的算法，数字货币没有发行主体，因此没有任何人或机构能够控制它的发行；②由于算法解的数量确定，所以数字货币的总量固定，这从根本上消除了虚拟货币滥发导致通货膨胀的可能；③由于交易过程需要网络中各个节点的认可，因此数字货币的交易过程足够安全。

比特币的出现对已有的货币体系提出了一个巨大挑战。虽然它属于广义的虚拟货币，但却与网络企业发行的虚拟货币有着本质区别，因此称它为数字货币。可从发行主体、适用范围、发行数量、储存形式、流通方式、信用保障、交易成本、交易安全等方面将数字货币与电子货币和虚拟货币进行对比。

二、类型

根据数字货币与实体经济及真实货币之间的关系，可以将其分为以下三类。

一是完全封闭的、与实体经济毫无关系且只能在特定虚拟社区内使用的数字货币，如魔兽世界黄金。

二是可以用真实货币购买但不能兑换回真实货币，可用于购买虚拟商品和服务的数字货币，如Facebook信贷。

学习笔记

三是可以按照一定的比率与真实货币进行兑换、赎回，既可以购买虚拟的商品服务，也可以购买真实的商品服务的数字货币，如比特币。

三、交易模式

现阶段数字货币更像一种投资产品，因为缺乏强有力的担保机构维护其价格的稳定，其作为价值尺度的作用还未显现，无法充当支付手段。数字货币作为投资产品，其发展离不开交易平台、运营公司和投资者。

交易平台起到交易代理的作用，部分则充当市商，这些交易平台的盈利来源于投资者交易或提现时的手续费用和持有数字货币带来的溢价收入。交易量较大的平台有 Bitstamp、Gathub、Ripple Singapore、SnapSwap 以及昔日比特币交易最大的平台日本 Mt. Gox 和中国新秀瑞狐等。

数字货币通过运营公司交易的模式如下。以瑞波币为例，瑞波币由专业运营公司 OpenCoin 运营，Ripple 协议最初是基于支付手段设计的，设计思路是基于熟人关系网和信任链。要使用 Ripple 网络进行汇款或借贷，前提是在网络中收款人与付款人必须是朋友（互相建立了信任关系），或者有共同的朋友（经过朋友的传递形成信任链），否则无法在该用户与其他用户之间建立信任链，转账无法进行。

四、交易特点

（1）交易成本低。与传统的银行转账、汇款等方式相比，数字货币交易不需要向第三方支付费用，其交易成本更低（特别是相较于向支付服务供应商提供高额手续费的跨境支付）。

（2）交易速度快。数字货币所采用的区块链技术具有去中心化的特点，不需要任何类似清算中心的中心化机构来处理数据，交易处理速度更快。

（3）具有高度的匿名性。除了实物形式的货币能够实现无中介参与的点对点交易外，数字货币相比于其他电子支付方式的优势之一就在于支持远程的点对点支付，它不需要任何可信的第三方作为中介，交易双方可以在完全陌生的情况下完成交易而无须彼此信任，因此具有高度的匿名性，能够保护交易者的隐私，但同时也给网络犯罪创造了便利，容易被洗钱和其他犯罪活动所利用。

五、应用

数字货币可实现快捷、经济和安全的支付结算。跨境支付助力人民币国际化。2015 年全国涉及经常类项目跨境支付的结算量约为 8 万亿元人民币，加速人民币国际化需要低成本、高效率、低风险的跨国支付与结算产品和方案。根据麦肯锡的测算，从全球范围看，区块链技术在 B2B 跨境支付与结算业务中的应用将可使每笔交易成本从约 26 美元下降到 15 美元，即区块链应用可以帮助跨境支付与结算业务交易参与方节省约 40% 的交易成本，其中约 30% 为中转银行的支付网络维护费用，10% 为合规、差错调查以及外汇汇兑成本。未来，利用数字货币和区块链技术打造的点对点支付方式将省去第三方金融机构的中间环节，不但可 24 小时实时支付、实时到账、无隐性成本，还有助于降低跨境电商资金风险及满足跨境电商对支付清算服务的及时性、便捷性需求。

2021 年 12 月，我国自主研发的"中国芯"数字货币钱包已通过相关测试。该产品可通过指纹识别解锁，支持数字货币收付款、余额查询、交易信息显示、加载健康码等功能。

　　2022 年 7 月 9 日，中国香港特别行政区行政长官李家超在参加一个活动时表示，未来，中国香港会推进探索央行数字货币（CBDC）在零售层面的应用场景，推动跨境支付的"多种央行数字货币跨境网络"，丰富离岸人民币产品和工具，扩大人民币计价产品体系。

（资料来源：互联网）

项目三

采购业务内部控制

 学习目标

知识目标：

◎了解采购业务的特点及常见风险；

◎理解采购业务内部控制的目标；

◎熟悉采购业务内部控制的关键控制点；

◎掌握采购业务内部控制措施；

◎掌握采购业务内部控制要点。

能力目标：

◎能够找出采购业务内部控制的关键控制点；

◎能够识别采购业务的不相容岗位；

◎能够确定采购业务内部控制的关键控制点；

◎能够制定采购业务内部控制相关措施；

◎能够完成采购业务内部控制制度的设计。

素质目标：

◎培养职业判断能力、应对瞬息万变的市场环境的风险分析能力；

◎培养谨慎细致、精益求精的工作作风；

◎建立规则意识，培养遵守法规制度的良好职业道德。

任务一 熟悉和掌握采购业务内部控制的目标和要点

视频：熟悉
和掌握采购
业务内部控
制的目标和
要点

 **任务导学**

　　深圳某超市的采购经理刘某因收受了 A 品牌大量的"好处费"，大额采购 A 品牌产品并压缩其竞争对手 B 品牌产品的采购量，被 B 品牌产品供应商揭露而引致超市高层的盘底调查，最后东窗事发。调查发现，该超市采购的归口管理权由采购

经理刘某一人全权执掌。如果超市高层看出了品类结构或库存积压苗头不对劲，他就会找很多理由来搪塞：说这个时期市场情况有变，A 品牌产品销售走势非常强劲，远远超过了 B 品牌产品；或者说 B 品牌产品最近在质量上出了一些问题，为了等待问题的进一步澄清，现在暂缓 B 品牌产品的采购。而在超市未出现特别重大的事故时，高层是不会对采购经理进行盘底调查的，企业在制度上并没有这个规矩，高层也不想多耗精力在这一方面兴师动众，这就给企业的采购造成了黑洞。

（资料来源　互联网）

任务与思考：

（1）该超市采购的归口管理权由采购经理全权执掌是否合理？

（2）该超市在采购业务内部控制中存在哪些缺陷？

（3）为了设计科学合理的采购业务内部控制制度，避免案例中的情况出现，企业应当围绕哪些方面制定采购业务内部控制制度？

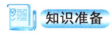

一、采购业务的特点和常见风险

采购业务是企业支付货币资金，取得生产所需物资或劳务的过程。其中，物资主要包括企业的原材料、商品、工程物资、固定资产等。采购是企业生产经营的起点，既是企业的"实物流"的重要组成部分，又与"资金流"密切关联。众所周知，采购物资的质量和价格、供应商的选择、采购合同的订立、物资的运输、验收等供应链状况，在很大程度上决定了企业的生存与可持续发展。采购流程的环节虽然不是很复杂，但蕴藏的风险却是巨大的。为了规范企业的采购业务行为，促进企业合理采购，满足生产经营需要，防范采购环节的舞弊风险，企业应设计合理的采购业务内部控制制度，实施对采购环节的有效监督。

采购业务的常见风险如下。

（1）采购计划安排不合理，市场变化预测不准确，造成库存短缺或积压，可能导致企业生产停滞或资源浪费。

（2）供应商选择不当，采购定价机制不科学，可能导致采购物资质次价高，出现舞弊或遭受欺诈。

（3）采购验收不规范，付款审核不严格，可能导致采购物资、资金损失或信用受损。

二、采购业务内部控制的目标

（1）保证采购与生产、销售要求一致。

（2）保证货款支付或负债增加的真实性与合理性。

（3）合理揭示购货折扣与折让。

（4）防止采购环节差错及违法行为的发生。

（5）确保提供准确的会计信息。

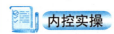

一、构建和优化采购业务流程

企业应依据《企业内部控制应用指引第 7 号——采购业务》，充分结合自身业务特点和管理要求，对采购的主要流程进行梳理，构建和优化本企业采购业务流程，明确采购业务的主要风险点，针对性地提出相应的控制措施，建立完善的采购业务内部控制制度。

在此过程中，企业应当对采购业务管理现状进行全面分析与评价，既要对照现有采购管理制度，检查相关管理要求是否落实到位，又要审视相关管理流程是否科学合理，是否能够较好地保证物资和劳务供应顺畅，物资采购是否能够与生产和销售等供应链其他环节紧密衔接。在此基础上，要着力健全各项采购业务管理制度，落实责任，不断提高制度执行力，确保物资和劳务采购按质按量按时和经济高效地满足生产经营的需求。

采购业务流程主要包括编制需求计划和采购计划、请购、选择供应商、确定采购价格、订立框架协议或采购合同、管理供应过程、验收、退货、付款、会计控制等环节。该采购流程适用于各类企业的一般采购业务，具有通用性。

二、明确采购业务内部控制要点

采购业务内部控制的关键控制点如图 3-1 所示。

图 3-1　采购业务内部控制的关键控制点

（一）请购与审批

企业应当建立采购申请制度，依据购置商品或服务的类型，确定归口管理机构，授予相应的请购权，明确相关部门或人员的职责权限及相应的请购和审批程序。

企业的采购权限应当集中，避免多头采购或分散采购，以提高采购业务效率，堵塞管理漏洞。对办理采购业务的人员定期进行岗位轮换。对于重要和技术性较强的采购业务，应当组织相关专家进行论证，实行集体决策和审批。不得由同一机构办理采购业务全过程。

例如：企业生产部门或其他物资需求部门提出采购申请，由有关部门或人员根据需求申请、生产计划和采购预算对采购申请审批后，再将采购的相关信息通知采购部门。

【风险提示3-1】采购方式不明确或多头采购的表现形式通常有：未明确采购权限，各部门可自行采购；重要物资分散采购，导致效率低下、成本失控；针对不重要采购事项过度控制（如不管金额大小，都采用招标方式）。

案例3-1

某家公司电脑采购权限不明确，发现办公室、信息技术部、资产管理部都有权限采购电脑，办公室认为电脑属于办公用品，而公司办公用品是由办公室负责采购的；信息技术部认为电脑是 IT 资产，公司 IT 资产和服务是由信息技术部牵头采购的；资产管理部则认为电脑是一种固定资产，公司的固定资产是由资产管理部负责的。

【分析】

该公司的办公室、信息技术部、资产管理部都有权限采购电脑，属于多头采购，容易出现个别部门或员工利用采购权限进行不当行为的现象，同时也降低了采购效率。企业应明确采购职责分工，对不同种类物资、不同金额的采购明确采购方式。此外，对于大型集团公司，对于重要物资或服务，如果由集团总部建立统一采购平台，无疑可以提升采购的专业性，降低采购成本。

（二）采购决策

1. 供应商管理

供应商管理是采购业务中的重要一环，包括供应商准入、供应商日常合作、供应商评估、供应商退出等。企业应建立完善的供应商管理体系；建立科学的供应商评估和准入制度，确定合格供应商清单，与选定的供应商签订质量保证协议；建立供应商管理信息系统，对供应商提供物资或劳务的质量、价格、交货及时性、供货条件及其资信、经营状况等进行实时管理和综合评价，根据评价结果对供应商进行合理选择和调整；制定例外紧急需求的采购处理程序，选定备用供应商，以便在首选供应商发生突发情况时保证采购的连续性。此外，企业对于新增供应商，可委托具有相应资质的中介机构进行资信调查。

【风险提示3-2】供应商管理环节常见的内控漏洞有：未建立公司层面的合格供应商名录；供应商在使用前缺乏对供应商资质的审核；供应商档案不完整；未建立供应商评估机制；供应商评价体系和标准不完善；对不合格供应商缺乏淘汰机制等。

企业在确定供应商时，首先应组织采购员进行询价，确定备选供应商；然后，组织请购部门、生产部门、财会部门、仓储部门等相关部门对供应商进行评价，主要围绕商品的质量、价格、交货及时性、付款条件及供应商的资质、经营状况等进行综合评价；最后，根据评价结果确定供应商。

2007年8月2日，某国最大玩具商向该国消费者安全委员会提出召回佛山利达公司生产的96.7万件塑胶玩具，理由是：回收的这批玩具表漆含铅量超标，对儿童的脑部发展会造成很大影响。某国环保组织"塞拉俱乐部"认为这会危及儿童安全。事发前，佛山利达公司的产量已居佛山玩具制造业第二。一夜之间，这家拥有十多年良好生产记录的合资企业成为众矢之的。在某国奥论的不断声讨下，玩具厂商及其上下游供应、检验链上的问题被一一曝光和放大。最终，佛山利达公司被出入境检验检疫部门要求整改，中国国家质量监督管理总局宣布暂停其产品的出口。佛山利达公司被迫停产，2 500名工人几乎无事可做，佛山利达公司合伙人张某承受巨大压力。

【分析】

造成这次事件最大的原因在于玩具所使用的有毒油漆，而向佛山利达公司提供不达标油漆的供应商，是与佛山利达公司仅有一墙之隔的东兴公司，该公司老板恰是佛山利达公司老板张某多年的好友梁某。2007年4月初，东兴公司生产油漆的黄色色粉短缺，为尽快采购，东兴公司在网上查找到东莞众鑫色粉厂。该厂向东兴公司提供了无铅色粉证书、认证资料、相关执照等，东兴公司便于同年4月10日进货。按规定，采购的色粉要到检测机构认定，但佛山没有相关的检测机构，只有到广州检验，并需要5~10个工作日才能得到检测结果。东兴公司为了尽快给佛山利达公司供货，就省略了检测的环节。但没料到的正是这批色粉含铅量超标，众鑫色粉厂当初提供的无铅色粉证书、认证资料等都是假的。回顾整个事件，可以看出，佛山利达公司和东兴公司在供应商管理方面都存在严重缺陷，导致最后质量事故的发生，给企业带来灭顶之灾。

2. 合理选择采购方式

企业应当根据市场情况和采购计划，对不同种类物资、不同金额的采购合理选择采购方式。一般情况下，大宗采购应当采用招标方式，合理确定招投标的范围、标准、实施程序和评标规则；一般物品或劳务等的采购可以采用询价或定向采购的方式并签订合同协议；小额零星物品或劳务等的采购可以采用直接购买等方式。

招标采购是提高采购质量和效率并且降低采购成本的有效方式之一，但从实践来看，一些企业招标采购未起到预期的控制效果，分析其原因，从外部环境来说，是由于我国招投标市场还很不规范，存在投标围标、陪标、串标、恶意低价接标、收买评委等不正常现象，损害了招标采购方的利益；而从内部原因来分析，则是由于招标采购方招标流程存在缺陷，招标流程不够严密、规范和有效。

【风险提示3-3】招标环节内控漏洞有：招标各重要环节都由采购部门完成，职责分离不够；未按规定发标；未编制标底，对恶意低价接标和围标的风险防范不足；评标方式和过程存在缺陷；招投标缺乏"保密制度""回避制度"等规定，不能真正发挥投标的竞争作用；招标流程缺乏操作时限规定；规避招标程序，对于本应通过招标方式采购的项目，采用化整为零或紧急采购等名义，不按规定进行招标。

案例 3-3

在西门子贿赂门松原案中，松原中心医院的每次招标，给人的感觉都公开透明，甚至有很多次，院长侯英山主动邀请市里主管该院的相关多部门一同出席招标会，力推外部监督。在核磁共振成像系统的招标过程中，无论是前期市场调研数据的院内公开，中心医院的班子形成意见报卫生局待批，举行专家听证会论证，主管部门批复，还是举行公开招标，直至西门子中标，"这一切都是在我们眼前发生的"。中心医院的那位中层管理者，至今仍然想不通侯英山的受贿行为出现在哪一个环节。

（资料来源：新浪财经.经济观察报记者　刘长杰，王林）

【分析】

事实上，因为医院的器械采购必须通过招投标方式才能完成，所以几乎所有的贿赂行为都是在招投标流程之前发生的。吉林油田医院的一位知情人士透露，如果是在 2005 年进行招投标，那么供求双方可能在 2004 年就私下达成价格协议，而一旦院长在之前就认定采购哪一家的器械，医院招标条件就是根据达成私下协议的供应商量身定制的，那么上述所有的招投标环节就成了摆设。

此外，对于大型集团公司的重要物资或服务采购，可由集团总部建立统一采购平台进行采购，这可以提升采购的专业性和采购效率，有效降低采购成本。

案例 3-4

中国铝业推行的集中采购的一个特点是采用"年度合同、季度定价、月度定量"模式。季度定价时，把大量分散的重复劳动集中在一起，通过向供应商询价，供应商报价，汇总，对供应商提供商品的质量、价格、服务、保障度、美誉度、应对突发事件的能力等方面做出评价，结合总部和各分公司所作的市场调研，作出季度采购草案，提交集中采购领导小组讨论通过，整个过程主要依靠电话和传真交流沟通，日程安排紧凑，占用时间较少，能够大大减少交易费用。2004 年，中国铝业全年集中采购的金额近 10 亿元人民币，共节约采购成本 5 000 多万元，集中采购能使采购成本降低5%左右。

【分析】

集中采购遵循市场经济的规律，具有招标采购的部分特点。一方面，集中采购能够在供应商之间挑起"背靠背"竞价，各供应商为了达到其竞争目标，会竞相以优惠的价格出卖产品。另一方面，由于集中采购的规则由买方制定，买方可以更

学习笔记

加方便地采用有利于己方的方案确定交易，实现最佳资源配置的目标，而且还可大大节约采购费用。

（三）签订购货合同或订货单

企业应当根据确定的供应商、采购方式、采购价格等情况拟订采购合同，准确描述合同条款，明确双方的权利、义务和违约责任，按照规定权限签订采购合同。根据生产建设进度需要和采购物资特性，选择合理的运输工具和运输方式，办理运输、投保等事宜。

为了简化手续，加快进货速度，对某些采购数量不大、不经常购买的材料，也可以不签合同而直接购买。

（四）验收入库

验收是指企业对采购物资和劳务的检验接收，以确保其符合合同相关规定或产品质量要求。为了加强验收管理，企业应制定明确的采购验收标准，结合物资特性确定必检物资目录，规定此类物资出具质量检验报告后方可入库。企业应当建立严格的采购验收制度，由专门的验收机构或验收人员对采购项目的品种、规格、数量、质量等相关内容进行验收，出具验收证明。涉及大宗和新、特物资采购的，还应对其进行专业测试。

对于验收过程中发现的异常情况，负责验收的机构或人员应当立即向企业有权管理的相关机构报告，相关机构应当查明原因，及时处理。无采购合同或采购数额超出采购合同的物资、超采购预算采购的物资、毁损的物资等，验收机构或人员应当立即向企业有权管理的相关机构报告，相关机构应当查明原因并及时处理；对于不合格物资，采购部门依据检验结果办理让步接收、退货、索赔等事宜；对延迟交货造成生产建设损失的，采购部门要按照合同约定索赔。

> 【风险提示3-4】采购物资未经验收即入库或付款；验收标准不明确；验收程序不规范；验收人员未经清点即予认可；验收未采购货品；对验收中存在的异常情况不作处理；验收人员与请购、采购人员不独立。

案例3-5

A公司建设了一座涉外商务大厦，由于当时A公司自身并不具备直接管理大厦的经验和能力，便聘用专业机构F公司负责项目的物业管理工作。F公司是以低价中标的，因此财务压力很大，在实际管理运作中经常偷工减料，对管理成本进行非正常压缩，造成客户大量投诉，大厦形象受到影响。随即A公司决定提前一年终止委托合同，自己组建机构接管。项目交接时双方分别就项目现状进行了逐项检查和记录，在检查到空调机组时，因正值冬季，环境温度无法达到开机条件，在粗略看过机房后，接收人员便在"一切正常"的字样下签了名。春夏之交，在进行空调运行准备过程中发现，前管理公司对空调机组的维护保养工作做得很差，竟然在过去的一年里从未给空调机组加过油，有的机头已不能启动，需要更换部分零件。

F公司要求A公司支付双方约定的提前终止委托管理的补偿费用，而A公司则认为F公司在受委托期间未能正常履行其管理职责，造成设备受损，补偿费用要扣除相当部分。这时F公司的律师出场，手里拿着有A公司工作人员"一切正常"签字的交接验收单的复印件向A公司提出了法律交涉。

【分析】

A公司未对空调机组进行验收，就签署了"一切正常"的交接验收单，造成企业损失。

（五）结算支付货款

企业应当加强采购付款的管理，完善付款流程，明确付款审核人的责任和权力，严格审核采购预算、合同、相关单据凭证、审批程序等相关内容，审核无误后按照合同规定，合理选择付款方式，及时办理付款，防范付款方式不当带来的法律风险，保证资金安全。同时，加强预付账款和定金的管理，对于涉及大额或长期的预付款项，应当定期进行追踪核查，综合分析预付账款的期限、占用款项的合理性、不可收回风险等情况，若发现有疑问的预付款项，应当及时采取措施，尽快收回款项。

【风险提示3-5】付款给错误供应商；支付了未经核准的采购款；重复付款；付款金额差错；付款未及时入账；付款记录发生错误；未定期与供货商核对账目。

企业应当重视采购付款的过程控制和跟踪管理，发现异常情况时，应当拒绝付款，避免出现资金损失和信用受损。

案例3-6

某单位工作人员黄某利用支付正常的施工费，涂改了工时付款会签单，虚加了1.95万元的金额，在假冒总经理签名后，他将单子分别交给公司近10个部门的负责人审批。或许是见总经理签了名，整个审批过程就像一条顺畅的流水线，无遮无拦。凭着这张"手续全备"的会签单，黄某堂而皇之地从公司财务部开取了支票，又到自己朋友开的一家装潢公司套取了现金1.95万元。不过，这1.95万元在他投进地下赌场后没多久就被输光了，于是失去理智和判断力的黄某如法炮制，先后套取现金80余万元，且数额一次比一次大，其中最大的一笔达40万元。

【分析】

黄某利用支付正常的施工费，涂改了工时付款会签单，又假冒总经理签名，但在审批过程中没有发现问题，这体现出企业审批环节不严格会给企业带来损失。

案例3-7

山西证监局通过对ST（600408）安泰进行现场检查，发现该公司关于采购业务的内控问题：该公司对关联方的付款管理不到位。公司关联采购未能严格按照合同约定或货物入库金额付款，期间存在大额预付款项的情况。此外，该公司还有其他关联交易不规范的情形，如关联销售和关联采购政策不对等、关联交易协议约定内容不明确等。山西证监局于 2020 年 11 月 5 日对该上市公司责令改正。

（资料来源：新浪财经，2020 年 12 月 5 日）

【分析】

上述情形违反了《企业内部控制应用指引第 7 号——采购业务》第十三条第四款的相关规定："企业应当合理选择付款方式，并严格遵循合同规定，防范付款方式不当带来的法律风险，保证资金安全。"上市公司对关联方存在大额预付款项，容易影响公司营运资金正常流转，且极易构成关联方经营性资金占用，对公司日常经营活动产生重大不利影响。

2018 年，接到上海 JJ 工程公司实名邮件举报"我公司 W 项目总经理李某答应帮助其中标，谋取中标价 2% 的回扣"。纪检监察部收到这张盖有举报单位公章的投诉信后，通过对举报线索的分析评估，确认了线索的价值，立即对该项目的招标过程展开调查，在调查中获取了该项目投标单位的考察资料、标书、评定标资料。调查人员对这些资料进行了详尽的审查，在三轮报价中，发现上海 JJ 工程公司的投标报价均低于其他 4 家单位的报价，且接近标底。因为一些客观因素，该项目最终没有进行。

调查人员立即联系了举报单位，并与参与该项目投标的经办人员取得了联系，从经办人员手中获取了项目总经理李某索要中标回扣的聊天记录。经办人表示，该项目总经理李某还要求其进行高消费的娱乐宴请，期间送了他最新苹果手机两部及现金 2 万元。在获取证据之后，调查人员对该项目总经理李某进行了讯问，在铁证面前，项目总经理李某交代了贪腐事实，最终受到了法律的制裁。

【育人启示】该案例中项目总经理李某利用职务便利索取他人财物，构成索贿罪，最终受到了法律的制裁。面对市场经济大潮，要时刻保持警惕，保持廉洁自律的操守。

任务二 采购业务内部控制实施

视频：采购
业务内部
控制实施

 任务导学

某动漫制作公司内审人员在审计过程中发现，动漫制作人员抱怨公司电脑经常死机、质量差，内审人员询问公司采购流程，发现公司并未专设采购部，所有电脑都由行政部采购，行政部根据员工需求进行采购，供应商送货到行政部，行政部通知员工领用。根据员工反映的情况，内审人员打开部分电脑机箱抽检，发现部分品牌机并非原装，而是翻新机。因为所有电脑送货后并无专门的检验人员进行验收，仅由行政部部长说了算，相当于行政部部长兼任采购与验收职责，这导致行政部部长与供应商勾结，以次充好。

任务与思考：

（1）该动漫制作公司由行政部部长兼负采购与验收职责是否合理？

（2）企业在采购业务内部控制中应采取哪些内部控制措施？

📖 知识准备

一、采购业务内部控制要求

根据《企业内部控制应用指引第 7 号——采购业务》的规定，企业应当结合实际情况，全面梳理采购业务流程，完善采购业务相关管理制度，统筹安排采购计划，明确请购、审批、购买、验收、付款、采购后评估等环节的职责和审批权限，按照规定的审批权限和程序办理采购业务，建立价格监督机制，定期检查和评价采购过程中的薄弱环节，采取有效控制措施，确保物资采购满足企业生产经营需要。

二、采购业务内部控制措施

（一）不相容职务分离控制

企业应该建立采购业务的岗位责任制，明确相关部门和岗位的职责、权限，确保办理采购业务的不相容职务相互分离、制约和监督。不得由同一部门或个人办理采购业务的全过程。配备合格的业务人员并视具体情况进行岗位轮换。

采购业务不相容岗位如下。

（1）请购与审批；

（2）询价与确定供应商；

（3）采购合同的订立与审计；

（4）采购与验收；

（5）采购验收与相关会计记录；

（6）付款审批与付款执行。

（二）授权审批控制

采购业务的授权审批控制要求包括以下几个方面。

（1）明确审批人对采购业务的授权批准方式、权限、程序、责任和相关控制措施，审批人应当在授权范围内进行审批，不得超越审批权限。

（2）规定经办人办理采购业务的职责范围和工作要求，经办人应当在职责范围内按照审批人的批准意见办理采购业务。对于审批人超越授权范围审批的采购业务，经办人有权拒绝办理，并及时向审批人的上级授权部门报告。

（3）对于重要和技术性很强的采购业务，应当实行集体决策和审批，必要时组织专家论证，防止出现决策失误而造成严重损失。

（4）严禁未经授权的机构或人员办理采购业务。

学习笔记

（三）会计记录控制

企业应按照请购、审批、采购、验收、付款等规定的程序办理采购业务，并在各环节设置相关的记录，填制相应的凭证，建立完整的采购登记制度。详细记录供应商情况、请购申请、采购合同、采购通知、验收证明、入库凭证、商业票据、款项支付等情况，确保会计记录、采购记录与仓储记录核对一致。

📖 **内控实操**

一、需求计划和采购计划控制

采购计划应根据需求计划制定，一般由需求部门根据生产经营需要向采购部门提出物资需求计划，采购部门根据该需求计划归类汇总平衡现有库存物资后，统筹安排采购计划，并按规定的权限和程序审批后执行。

> 【风险提示3-6】需求或采购计划不合理，不按实际需求安排采购或随意超计划采购，甚至与企业生产经营计划不协调等。

主要控制内容如下。

（1）生产、经营等部门应当根据实际需求准确、及时地编制需求计划。需求部门提出需求计划时，不能指定或变相指定供应商。

（2）根据企业发展目标和实际需要，结合库存和在途情况，科学安排采购计划，防止采购过量或不足。

（3）应将采购计划纳入预算管理。经审批后，作为重要的执行依据。

二、请购控制

请购是指企业生产经营部门根据采购计划和实际需要，提出的采购申请。企业应当建立采购申请管理制度，明确请购相关部门或人员的职责权限及相应的请购程序。

> 【风险提示3-7】缺乏采购申请制度，请购未经适当审批或超越授权审批，可能导致采购物资过量或不足，影响企业正常生产经营。

主要控制内容如下。

（1）建立采购申请制度，依据购买物资或接受劳务的类型，确定归口管理部门，授予相应的请购权，明确相关部门或人员的职责权限及相应的请购程序。企业可以根据实际需要设置专门的请购部门，对需求部门提出的采购需求进行审核，并进行归类汇总，统筹安排企业的采购计划。

（2）具备相应审批权限的部门或人员审批采购申请时，应重点关注采购申请内容是否准确、完整，是否符合生产经营需要，是否符合采购计划，是否在采购预算范围内等。对不符合规定的采购申请，应要求请购部门调整请购内容或拒绝批准。

（3）"请购单"控制。各物资需求部门，或者仓库在货物储备量不足时，应当通过填写"请购单"的方式，申请购货。"请购单"是通知供应部门进行采购活动的一种业务通知凭证。一般采用两联复写方式，由请购部门详细填写材料的名称、规格、数量、质量标准、要求到货日期及用途等内容。先由申请购货的有关部门负责人签字后，送交供应部门负责人审批，并授权采购人员办理购货手续，并将其中一联退回请购部门，以示答复。采用这种方式，使采购业务有计划地进行，可以防止盲目采购，节约使用资金，同时明确各有关部门和个人的责任。

【小提示3-1】企业应当加强采购业务的预算管理。对于预算内采购项目，具有请购权的部门应当严格按照预算执行进度办理请购手续；对于超预算和预算外采购项目，具有请购权的部门应当对需求部门提出的申请进行审核后，再行办理请购手续。

三、供应商控制

选择供应商，就是确定采购渠道。它是企业采购业务流程中非常重要的环节。

【风险提示3-8】供应商选择不当，可能导致采购物资质次价高，甚至出现采购人员收受贿赂等舞弊行为。

主要控制内容如下。

（1）建立科学的供应商评估和准入制度，对供应商资质信誉情况的真实性和合法性进行审查，确定合格的供应商清单，健全企业统一的供应商网络。企业新增供应商的市场准入、供应商新增服务关系以及调整供应商物资目录，都要由采购部门根据需要提出申请，并按规定的权限和程序审核批准后，纳入供应商网络。

（2）采购部应当按照公平、公正和竞争的原则，择优确定供应商。在切实防范舞弊风险的基础上，与供应商签订质量保证协议。

（3）建立供应商管理信息系统和供应商淘汰制度，对供应商提供物资或劳务的质量、价格、交货及时性、供货条件及其资信、经营状况等进行实时管理和考核评价，根据考核评价结果，提出供应商淘汰和更换名单，经审批后对供应商进行合理选择和调整，并在供应商管理系统中作出相应记录。

四、采购价格控制

如何以最优"性价比"采购到符合需求的物资，是采购部门永恒的主题。

学习笔记

【**风险提示3-9**】采购定价机制不科学，采购定价方式选择不当，缺乏对重要物资品种价格的跟踪监控，导致采购价格不合理，可能造成企业资金损失。

主要控制内容如下。

（1）健全采购定价机制，采取协议采购、招标采购、询比价采购、动态竞价采购等多种方式，科学合理地确定采购价格。对标准化程度高、需求计划性强、价格相对稳定的物资，通过招标、联合谈判等公开、竞争方式签订框架协议。

（2）采购部门应当定期研究大宗通用重要物资的成本构成与市场价格变动趋势，确定重要物资品种的采购执行价格或参考价格。建立采购价格数据库，定期开展重要物资的市场供求形势及价格走势商情分析并加以合理利用。

五、采购合同控制

框架协议是企业与供应商之间为建立长期物资购销关系而作出的一种约定。采购合同是指企业根据采购需要、确定的供应商、采购方式、采购价格等情况与供应商签订的具有法律约束力的协议，该协议对双方的权利、义务和违约责任等情况作出明确规定，企业按照支付合同规定的结算方式向供应商支付规定的金额，供应商按照约定的时间、期限、数量、质量、规格交付物资给采购方。

【**风险提示3-10**】框架协议签订不当，可能导致物资采购不顺畅；未经授权对外订立采购合同，合同对方主体资格、履约能力等不能达到要求，合同内容存在重大疏漏和欺诈，可能导致企业合法权益受到侵害。

主要控制内容如下。

（1）对拟签订框架协议的供应商的主体资格、信用状况等进行风险评估；框架协议的签订应引入竞争制度，确保供应商具备履约能力。

（2）根据确定的供应商、采购方式、采购价格等情况拟订采购合同，准确描述合同条款，明确双方权利、义务和违约责任。按照规定权限签署采购合同。对于影响重大、涉及较高专业技术或法律关系复杂的采购合同，应当组织法律、技术、财会等专业人员参与谈判，必要时可聘请外部专家参与相关工作。

（3）建立订货控制制度。企业除零星物品的采购可随时办理外，大宗采购业务应尽可能签订合同并采用"订货单"制度，以保证采购活动的规范化。"订货单"是供应部门进行采购活动的一种业务执行凭证，它能使采购业务得到有效地控制。"订货单"通常采用三联复写方式，其中：一联送交供货单位，请求发货；一联交仓库保管部门，作为验收货物的依据；一联留作存根，在供应部门归档保存，以便对订货与到货情况进行查对、分析。

六、采购合同跟踪控制

企业应建立严格的采购合同跟踪制度，科学评价供应商的供货情况，并根据合理选择的运输工具和运输方式，办理运输、投保等事宜，实时掌握物资采购供应过程的情况。该环节的主要风险是：缺乏对采购合同履行情况的有效跟踪，运输方式选择不合理，忽视运输过程保险风险，可能导致采购物资损失或无法保证供应。

主要控制内容如下。

（1）依据采购合同中确定的主要条款跟踪合同履行情况，对有可能影响生产或工程进度的异常情况，应出具书面报告并及时提出解决方案，采取必要措施，保证需求物资的及时供应。

（2）对重要物资建立并执行合同履约过程中的巡视、点检和监造制度。对需要监造的物资，择优确定监造单位，签订监造合同，落实监造责任人，审核确认监造大纲，审定监造报告，并及时向技术部门通报。

（3）根据生产建设进度和采购物资特性等因素，选择合理的运输工具和运输方式，办理运输、投保等事宜。

（4）实行全过程的采购登记制度或信息化管理，确保采购过程的可追溯性。

 **案例 3 - 8**

百成公司采购合同舞弊

百成化学工业公司（以下简称"百成公司"）是一家在新加坡上市的外商独资企业，该公司的治理结构和内部控制在近几年的发展中不断完善，有一整套内控流程和操作规范。百成公司采购时按照填制请购单、评审订购单合同、填制验收单、取得卖方发票、填制付款凭单、编制付款凭证及向卖方发出对账单等内部控制流程进行。

（1）从百成公司请购单→询比价→选择供应商→合同评审→合同签订的过程中发现如下问题。

①当初在询比价的过程中，采购员要求各供应商报价的产品规格、型号不一致，从而使该公司询比价的作用不能发挥，由该采购员最终确定的供应商的产品价格最高；同时通过运用电话和网上询价，此采购员所选供应商价格比同类厂家价格高出近10万元。

②该采购员在合同报告中没有说明该供应商提供增值税票的要求，从而使该供应商以偷逃税款的方式降低报价，没有全面真实反映实际情况，却告知领导此为最低价采购，造成主管审核、批准失误。

③签订合同时原合同报告中的供应商名称变成没有法人资质的二级代理商，该二级代理商不具有一般纳税人资质，为百成公司以后对卖方发票的抵扣不足留下隐患。

④抽查该采购员所签合同，没有要求供应方提供13%的增值税票（百成公司

是外企，对购买国内设备享有退税政策）。

（2）生产部门的使用情况和反馈意见显示，此采购员所购8台该供应商的设备经常出现跑、冒、滴、漏现象，其中5台已返还供应商检修，有2台在仓库，现在使用的只有1台。

（3）在编制付款凭证和取得卖方发票的过程中经过查看验收单、卖方发票、付款凭单、付款凭证及卖方对账单发现如下问题。

①在采购入库的过程中此采购员违反百成公司物品验收管理制度的规定，没有通过仓库保管员验收，就分3次在3个星期日把原材料直接送到生产使用部门。

②百成公司供应商对账工作一直未开展，同时卖方的付款由采购处负责，这使该采购员一直未将2003年客户开具的增值税票到公司财务部入账且未被发现，近1万元的进项税额超过税法规定的90天抵扣时效，又造成公司1万元的税款损失。

【分析】

从百成公司采购作业制度来看，请购单、订购单合同评审、验收单、卖方发票、付款凭单、付款凭证及卖方对账单等内部控制流程比较完善，但在合同协议的内部控制方面仍存在不足之处，导致在执行过程中，部分采购人员投机取巧，为谋求个人利益铤而走险，给百成公司造成了不该有的损失。

（1）百成公司签约前没有对供应商的签约主体资格进行调查。企业应当对拟签约对象的民事主体资格、注册资本、资金运营、技术和质量指标保证能力、市场信誉、产品质量等方面进行资格审查，以确定其是否具有对合同协议的履约能力和独立承担民事责任的能力，并查证对方签约人的合法身份和法律资格。本案例中供应商是没有法人资质的二级代理商，应当调查其是否按照法律规定登记并领取营业执照，对于未经核准登记，也未领取营业执照，却以非法人经济组织的名义签订合同协议的当事人，不能与之签约。

（2）百成公司在采购过程中合同询价和合同的签订均由采购员负责，容易形成舞弊。百成公司应当建立相应的制度，规范合同协议正式订立前的资格审查、内容谈判、文本拟定等流程，确保合同协议的签订符合国家及行业有关规定和企业自身利益，防范合同协议签订过程中的舞弊、欺诈等风险。应当根据合同协议内容对供应商、价格及变化趋势、质量、供货期和市场分布等方面进行综合分析论证，掌握市场情况，合理选择合同协议对方。重大合同协议或法律关系复杂的合同协议，应当指定法律、技术、财会、审计等专业人员参加谈判，必要时可以聘请外部专家参与。对于谈判过程中的重要事项应当予以记录。

（3）百成公司应当指定专人负责拟定合同协议文本。合同协议文本原则上由承办部门起草，重大合同协议或特殊合同协议应当由企业的法律部门参与起草，必要时可以聘请外部专家参与起草。对于由对方起草的合同协议，应当进行认真审查，确保合同协议内容准确反映企业诉求。国家或行业有示范合同协议文本的，企业可以优先选用，但在选用时，对涉及权利义务关系的条款应当进行认真审查，并根据企业的实际需要进行修改。

七、验收入库业务控制

验收是指企业对采购物资和劳务的检验接收，以确保其符合合同相关规定或产品质量要求。该环节的主要风险是：验收标准不明确、验收程序不规范、对验收中存在的异常情况不作处理，可能造成账实不符、采购物资损失。

主要控制内容如下。

（1）制定明确的采购验收标准，结合物资特性确定必检物资目录，规定此类物资出具质量检验报告后方可入库。

（2）建立验收控制制度。验收机构或人员应当根据采购合同及质量检验部门出具的质量检验证明，重点关注采购合同、发票等原始单据与采购物资的数量、质量、规格型号等是否一致。对验收合格的物资，填制入库单，加盖物资"收讫章"，登记实物账，及时将入库单传递给会计部门。物资入库前，采购部门须检查质量保证书、商检证书或合格证等证明文件。验收时若涉及技术性强的、大宗的和新特物资，还应进行专业测试，必要时可委托具有检验资质的机构或聘请外部专家协助验收。

入库单是证明材料或商品已经验收入库的会计凭证，由仓库验收人员填制，在取得采购人员的签字后，一联留存，登记仓库台账，一联退给采购部门进行业务核算，一联送交会计部门。严格的验收制度有利于考核采购人员的工作质量，有利于划清采购部门与仓库之间的经济责任，保证入库材料的准确性、安全性。

（3）实行验收与入库责任追究制度。对于验收过程中发现的异常情况，如无采购合同或数额超过采购合同的物资、超过采购预算的物资、毁损的物资等，验收机构或人员应当立即向企业有权管理的相关机构报告，相关机构应当查明原因并及时处理。对于不合格物资，采购部门依据检验结果办理接收、退货、索赔等事宜。对延迟交货造成生产建设损失的，采购部门要按照合同约定索赔。

八、退货业务控制

采购部门根据企业的相关规定，结合采购货物的性质、特点及常见的供应商供货问题等编制物资采购退货管理制度，上报审批后执行。

> 【风险提示3－11】若在验收过程中发现质量、规格型号差错等问题，可能导致退货过程受阻。

根据退货原因不同，主要控制内容如下。

（1）采购人员开出退货单，并与供应商交涉退货、赔偿事宜，供应商核对信息后，取回不合格的货物并进行赔偿，采购人员重新进行采购程序。

（2）采购人员开出退货单，双方协商后，由供应商取回不合格货物后，重新发货，并赔偿由此给企业造成的损失。

九、审核付款控制

付款是指企业在对采购预算、合同、相关单据凭证、审批程序等内容审核无误后，按照采购合同规定及时为供应商办理款项支付的过程。

【风险提示3-12】付款审核不严格、付款方式不恰当、付款金额控制不严，可能导致企业资金损失或信用受损。

企业应当加强采购付款的管理，完善付款流程，明确付款审核人的责任和权力，严格审核采购预算、合同、相关单据凭证、审批程序等相关内容，审核无误后按照合同规定，合理选择付款方式，及时办理付款。

主要控制内容如下。

（1）严格审查采购发票等票据的真实性、合法性和有效性，判断采购款项是否确实应予支付，如审查发票填制的内容是否与发票种类符合、发票加盖的印章是否与票据的种类符合等。企业应当重视采购付款的过程控制和跟踪管理。如果发现异常情况，应当拒绝向供应商付款，避免出现资金损失和信用受损。

（2）根据国家有关支付结算的相关规定和企业生产经营的实际，合理选择付款方式，并严格遵循合同规定，防范付款方式不当带来的法律风险，保证资金安全。除了不足转账起点金额的采购可以支付现金外，采购价款应通过银行办理转账。

（3）建立付款审核控制制度。会计部门记录采购业务、支付货款之前，应当对采购合同约定的付款条件以及购货发票、结算凭证、入库单、订货单等相关凭证的真实性、完整性、合法性及合规性进行严格审核。不仅审查每一凭证的购货数量、金额计算是否正确，还要检查各种凭证记录内容是否一致。审核无误后，编制付款凭证，由出纳结算支付货款。同时，加强应付账款和应付票据的管理，由专人按照约定的付款日期、折扣条件等管理应付款项。定期与供应商核对应付账款、应付票据、预付账款等往来款项。如有不符，应当查明原因，及时处理。

（4）加强预付账款和定金的管理。对于涉及大额或长期的预付款项，应当定期进行追踪核查，综合分析预付账款的期限、占用款项的合理性、不可收回风险等情况，如发现有疑问的预付款项，应当及时采取措施，尽快收回款项。

十、会计记录控制

会计记录控制主要指采购业务会计系统控制。

该环节的主要风险是：缺乏有效的采购会计系统控制，未能全面真实地记录和反映企业采购各环节的资金流和实物流情况，若相关会计记录与相关采购记录、仓储记录不一致，可能导致企业采购业务未能得到如实反映以及采购物资和资金受损。

主要控制内容如下。

（1）企业应当加强对购买、验收、付款业务的会计系统控制，详细记录供应商情况、采购申请、采购合同、采购通知、验收证明、入库单、退货情况、商业票据、款项支付等情况，做好采购业务各环节的记录，确保会计记录、采购记录与仓储记录核对一致。

（2）指定专人通过函证等方式，定期向供应商寄发对账函，核对应付账款、应付票据、预付账款等往来款项，对供应商提出的异议应及时查明原因，报有权管理的部门或人员批准后，做出相应调整。

 案例3-9

百万美元的豪华水晶灯饰

2007年10月1日，国际酒店在鲜花的簇拥和鞭炮的喧嚣中正式对外营业。这是一家集团公司投资成立的涉外星级酒店，该酒店装潢豪华、设施一流。最让人感到骄傲和荣耀的是酒店大堂里天花板上如天宇星际一般的灯光装饰，和一个圆圆的、非常真实的月亮水晶灯，它们使整个酒店绚丽夺目、熠熠生光。这些天花板上装饰所用的材料以及灯饰均是由水晶材料雕琢而成，是公司王副总经理亲自组织货源，最终从瑞士某珠宝公司高价购买的，货款总价高达150万美元。开业当天，来往宾客无不对这个豪华的水晶天花板灯饰赞不绝口，称羡不已，尤其是经过媒体报道，其更成为当天的头条新闻。国际酒店在这一天也像那盏水晶灯饰一样，一举成名，当天客房入住率就达到了80%以上。

王副总经理也因此受到了公司领导的高度赞扬，一连几天王副总经理的脸上都洋溢着快乐和满足的笑容。然而，好景不长。两个月后，这些高规格、高价值的水晶灯饰就出了状况。首先是失去了原来的光泽，变得灰蒙蒙的，即使用清洁布使劲擦拭都不复往日光彩。其次，部分连接的金属灯杆出现了锈斑，还有一些灯珠破裂甚至脱落。人们看到破了相的水晶灯，议论纷纷，这就是破费百万美元买来的高档水晶灯吗？鉴于情况严重，公司领导责令王副总经理在限期内对此事做出合理解释，并停止了他的一切职务。这个时候，王副总经理再也笑不出来了。

事件真相很快就水落石出，原来这盏价值不菲的水晶灯根本不是从瑞士某珠宝公司购得的，而是通过南方某地的奥尔公司代理购入的赝品水晶灯。王副总经理在交易过程中贪污受贿，中饱私囊。虽然出事之后王副总经理不无例外地得到了法律的严惩，然而国际酒店不仅因此遭受了数千万元的巨额损失，更为严重的是酒店名誉蒙受重创，成为同行的笑柄。这对于一个新开业的酒店而言，不啻是致命的打击。

国际酒店为什么会发生这样的悲剧？在以后的企业经营中如何防范？

【分析】

这个案例虽然并不复杂，但很有代表性。国际酒店在未经过公开招标的情况下，即与奥尔公司签订了价值为150万美元的代购合同。依照合同规定，奥尔公司必须提供瑞士某珠宝公司出产的水晶灯，并由奥尔公司向国际酒店出具该公司的验证证明书，其中200万元人民币为支付给奥尔公司的代理费。然而，交易发生后，奥尔公司并未向国际酒店出具有关水晶灯的任何品质鉴定资料，国际酒店也始终没

学习笔记

有同奥尔公司办理必要的查验手续。

　　经查实，这笔交易都是由王副总经理一人操纵的，从签订合同到验收入库再到支付货款都是由他一个人说了算，而他之所以会这样做，正是因为收受了奥尔公司的巨额好处费。这样简单的过程真实地发生了，这样一笔交易毁了整个企业。一笔采购业务，特别是金额较大的采购业务通常涉及采购计划的编制、物资的请购、订货或采购、验收入库、货款结算等。本案例中，价格高昂的赝品水晶灯堂而皇之地挂在豪华的酒店大厅中，没有技术证明资料，没有必要的查验手续，就慷慨大方地支付货款，这反映了该公司整个材料采购环节内部控制中存在着巨大漏洞以致让不法分子有利可图，有机可乘。

　　因此，应当针对各个具体环节的活动，建立完整的采购程序、方法和规范，并严格依照执行。只有这样，才能防止错弊，保证企业经营活动的正常进行。本案例涉及的环节应做如下控制。

　　首先，要做到职务分离，采取集体措施。诸如采购申请必须由生产、销售部门提出，具体采购业务由采购部门完成，而货物的验收应该由其他部门进行。在本案例中，采购大权由王副总经理一人独揽，反映出该公司控制环节中权责不明；货物的采购人不能同时担任货物的验收工作，以防止采购人员收受客户贿赂，进而防止购买伪劣材料影响企业生产乃至整体利益；付款审批人和付款执行人不能同时办理寻求代理商和索价业务。付款的审批通常经过验货或验单后执行（预付款除外），以保证货物的价格、质量、规格等符合标准。

　　其次，要做好入库验收控制。应根据购货单及合同规定的质量、规格、数量以及有关质量鉴定书等技术资料核查收到的货物，只有两者相符才予以接受；对于所有已收到的货物，应定期完整填写收货报告，将货物编号并登记明细账簿，对验收中所出现的问题要及时向有关部门反映；货物入库和移交时，经办人之间应有明确的职责分工，要对所有可能接触货物的途径加以控制，以防调换、损坏和失窃。本案例中王副总经理主管验货，那么验货查假自然只是走走过场。

　　最后，必须做好货款支付控制。发票价格、运费、税费等必须与合同符合无误，凭证齐全后才可办理结算、支付货款；除了向不能转账支付和不足转账金额的单位、个人支付现金外，货款一般应办理转账。

知识拓展

采购业务的后评估制度

　　由于采购业务对企业的生存与发展具有重要影响，所以企业应当建立采购业务后评估制度。企业应当定期对物资需求计划、采购计划、采购渠道、采购价格、采购质量、采购成本、协调或合同签约与履行情况等物资采购供应活动进行专项评估和综合分析，及时发现采购业务的薄弱环节，优化采购流程。同时，将物资需求计划管理、供应商管理、储备管理等方面的关键指标纳入业绩考核体系，促进物资采购与生产、销售等环节的有效衔接，不断防范采购风险，全面提高采购效能。

 项目小结

本项目知识结构图如图 3－2 所示。

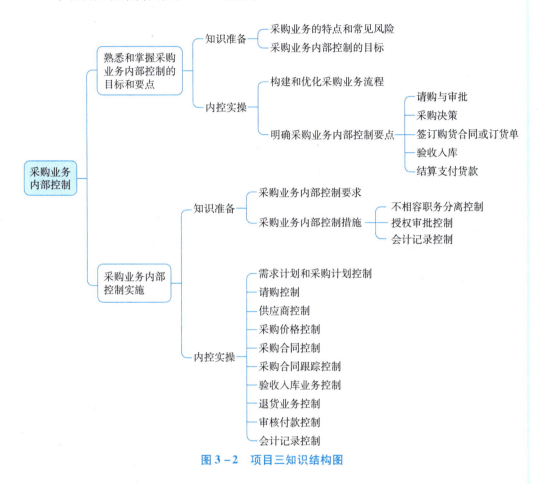

图 3－2　项目三知识结构图

项目训练

【职业知识测试】

一、不定项选择题

1. 采购是企业生产经营循环中的（　　）阶段，是企业生存发展的基础。

A. 第一个　　　　　B. 第二个　　　　　C. 第三个　　　　　D. 第四个

2. 采购业务内部控制的目标包括（　　）。

A. 保证采购与生产、销售要求一致

B. 保证货款支付或负债增加的真实性与合理性

C. 合理揭示购货折扣与折让

D. 防止采购环节差错及违法行为的发生

3. 请购与审批控制要求为（　　）。

学习笔记

A. 企业的采购权限应当集中，避免多头采购或分散采购，以提高采购业务效率

B. 对办理采购业务的人员定期进行岗位轮换

C. 重要和技术性较强的采购业务，应当组织相关专家进行论证，实行集体决策和审批

D. 由同一机构办理采购业务全过程

4. 供应商管理是采购业务中的重要一环，其供应商管理应包括（　　）。

A. 公司应建立完善的供应商管理体系

B. 建立科学的供应商评估和准入制度，确定合格供应商清单，与选定的供应商签订质量保证协议

C. 建立供应商管理信息系统，对供应商提供物资或劳务的质量、价格、交货及时性、供货条件及其资信、经营状况等进行实时管理和综合评价，根据评价结果对供应商进行合理选择和调整

D. 制定例外紧急需求的采购处理程序，选定备用供应商，以便在首选供应商发生突发情况时保证采购的连续性

5. 企业应当根据市场情况和采购计划，对不同种类物资、不同金额的采购合理选择采购方式，一般情况下（　　）。

A. 大宗采购应当采用招标方式，合理确定招投标的范围、标准、实施程序和评标规则

B. 一般物品或劳务等的采购可以采用询价或定向采购的方式并签订合同协议

C. 小额零星物品或劳务等的采购可以采用直接购买等方式

D. 所有采购都应采用招标采购方式

6. 对于大型集团公司的重要物资或服务，可由集团总部建立统一采购平台进行采购，从而（　　）。

A. 提升采购的专业性　　　　　　　B. 提高采购效率

C. 有效降低采购成本　　　　　　　D. 节约人力

7. 对于验收过程中发现的异常情况（　　）。

A. 无采购合同或数额超过采购合同的物资、超过采购预算采购的物资、毁损的物资等，验收机构或人员应当立即向企业有权管理的相关机构报告，相关机构应当查明原因并及时处理

B. 对于不合格物资，采购部门依据检验结果办理让步接收、退货、索赔等事宜

C. 对延迟交货造成生产建设损失的，采购部门要按照合同约定索赔

D. 负责验收的机构或人员应当立即向企业有权管理的相关机构报告，相关机构应当查明原因，及时处理

8. 下列属于采购付款风险的是（　　）。

A. 支付了未经核准的采购　　　　　B. 付款金额差错

C. 付款未及时入账　　　　　　　　D. 未定期与供货商核对账目

9. 下列不属于采购业务不相容岗位的是（　　）。

A. 请购与审批　　　　　　　　B. 询价与确定供应商

C. 询价与采购　　　　　　　　D. 采购合同的订立与审计

10. 采购计划根据需求计划制定，一般由需求部门根据生产经营需要向（　　）提出物资需求计划。

A. 销售部门　　　B. 采购部门　　　C. 生产部门　　　D. 财务部门

二、判断题

1. 企业应充分结合自身业务特点和管理要求，构建和优化本企业采购业务流程，并按照采购业务流程进行风险分析建立内部控制制度。（　　）

2. 为了简化手续，加快进货速度，对某些采购数量不大、不经常购买的材料，也可以不签合同而直接购买。（　　）

3. 对于重要和技术性很强的采购业务，应当由企业负责人决策和审批，防止出现决策失误而造成严重损失。（　　）

4. 企业所有采购业务都应签订合同并采用"订货单"制度，以保证采购活动的规范化。（　　）

5. 采购部门根据企业的相关规定，结合采购货物的性质、特点及常见的供应商供货问题等编制物资采购退货管理制度并执行。（　　）

6. 企业应当加强采购付款的管理，完善付款流程，明确付款审核人的责任和权力，严格审核采购预算、合同、相关单据凭证、审批程序等相关内容，审核无误后按照合同规定，合理选择付款方式，及时办理付款。（　　）

7. 企业应健全采购定价机制，采取协议采购、招标采购、询比价采购、动态竞价采购等多种方式，科学合理地确定采购价格。（　　）

8. 企业应建立科学的供应商评估和准入制度，对供应商资质信誉情况的真实性和合法性进行审查，确定合格的供应商清单，健全企业统一的供应商网络，确定的供应商清单不得更改。（　　）

9. 企业生产经营部门根据采购计划和实际需要提出采购申请，采购部门按照采购申请执行采购业务。（　　）

10. 对于影响重大、涉及较高专业技术或法律关系复杂的采购合同，应当组织法律、技术、财会等专业人员参与谈判，必要时可聘请外部专家参与相关工作。

（　　）

【职业能力训练】

请同学们以 4～5 人为一组，以小组为单位对以下案例进行分组讨论，按要求完成训练任务，并以 Word 文档提交任务成果，课堂上由一名同学为代表汇报任务成果。

【训练一】

资料：东风本田汽车零部件有限公司（以下简称"东风本田"）引进了一套 QAD 企业管理系统，业务流程的成本核算员韩某发现该系统存在漏洞，并密谋筹划窃取企业资金。与采购科稽核管理员方某设计出了虚构采购业务套取企业货款的"方案"（图3-3），并联合一家身陷资金链困境的供应商实际控股人周某，实施了以下计划。

（1）方某（采购人员）负责将生成的虚拟采购入库清单提供给周某（供应商），周某根据清单虚开增值税专用发票交给方某。

（2）方某利用QAD企业管理系统进行虚拟挂账，由韩某（财务人员）操作"审核通过"，确认虚拟存货生成采购应付账款。

（3）方某通过"复制"之前的审批签字字迹，伪造虚假付款审批单据，并与入库清单等资料一起交由韩某处理，进入财务审批付款环节。

（4）收到"货款"的供应商周某扣除税点后以现金或转账方式将非法所得分发给韩某、方某二人，完成计划。

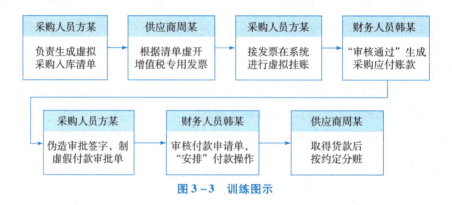

图3-3 训练图示

三人内外勾结，虚构业务骗取公司资金2 500余万元，经人民法院审理，判处韩某有期徒刑11年6个月，判处方某有期徒刑11年，包括周某在内的其他涉案人员均被判处3~6年有期徒刑。

要求：

（1）请找出本案例中该企业采购业务管理上存在的内部控制缺陷。

（2）请为该企业采购与付款的内部控制制定补救措施。

【训练二】

资料：薛某作为常州某公司采购员，为公司的两个子公司采购生产原料。总部的采购部监管不足，精力有限，公司领导常会将薛某的个人意见作为决策的主要依据来选定供货商。供应商沈某特别"交代"薛某多用自己公司的产品，薛某拒绝不了诱惑答应了。沈某根据采购量，以每米隔热带两分钱的"结算标准"，向薛某"上供"。时间一长，薛某每隔两三个月便"积极主动"地向供货商"催收"。薛某的犯罪行为后来被他人举报，被经理查实并报警。多年来薛某利用职务便利，"贪吃"回扣共计44万元左右，因涉嫌非国家工作人员受贿罪，薛某被人民检察院依法批捕。其主要作案手段如下。

（1）薛某发现总部的采购部受人手、精力等方面的制约，仅将监督的目光集中于主材和部分价值较高的辅材，便在隔热条这种并不是很重要的辅材上明目张胆地收受回扣。

（2）生产原料的价格洽谈、询价比价、签合同以及向公司财务申请付款都是由薛某具体负责，"公司领导常会将薛某的个人意见作为决策的主要依据来选定供货商"。虽然看似询比价结果有申请与审批，采购付款也有申请与审批，且申请与审批均非同一人，但询比价的过程全部由薛某一人完成，他完全可以将其他单位的报价情况泄露给提供其好处的供应商，从而达到选中指定供应商的目的。

（3）虽然采购的最终审批人并非薛某，但是薛某却具有比公司领导"更高的权限"，可在采购管理方面做主，进行暗箱作业。

要求：

1. 请找出本案例中该公司采购业务管理上存在的内部控制缺陷。
2. 请为该公司采购与付款的内部控制制定补救措施。

【职业素养提升】

阅读资料

【范例】

长江公司采购业务内部控制制度

一、采购的请购控制

（一）请购的类别控制

（1）材料或零配件的请购一般首先由生产部门根据生产计划或即将签发的生产订单提出请购单。材料保管人员接到请购单后，应将材料保管卡上记录的库存数和生产部门需要的数量进行比较。当材料保管人员认为生产所需的数量超过库存数量时，就应签字同意请购。

（2）临时性物资的采购需要通常由使用部门直接提出。请购单须由使用部门的主管审批同意，并须经资金预算的负责人员签字同意，或经董事会或厂长经理办公会议同意后，采购部门才能办理采购手续。

（二）请购单的开立与呈请

（1）请购单的开立必须以年初采购计划为前提，按计划采购。

（2）请购经办人员应依存量管理基准、用料预算，同时参考库存情况开立请购单，并注明材料的品名、规格、数量、需求日期及注意事项。

（3）经主管审核后，依请购权限审核并编号，呈送采购部门及资金预算部门。

（4）采购部门在接到请购单时，立即办理询价、议价，并将议价结果记录于请购单，然后将请购单第二联呈准，必要时须事先送请购部门签注意见。

（5）请购单呈核后送回采购单位向供应方办理订购，应与供应方签订采购合约书一式四份，第一份正本存采购企业，第二份正本存供应方，第三份副本存请购单位，第四份副本及暂付款申请书第二联送财务部门，如不需要支付定金，第四份副本免填。

（三）请购单的核准权限

不同类别存货的请购单要由不同的主管核准，不同大小的请购金额要由不同管

学习笔记

理层次的主管核准。各项采购业务的批准权限一般按照采购金额的大小来制定，但属于政策性采购的一些存货无论金额大小通常由总经理（或）厂长核准。

二、采购决策的控制

（一）采购数量的确定

企业应根据资金的周转率、储存成本、物料需求计划等综合计算出最经济的采购量。对采购量的控制，采购部门首先应对每一份请购单审查其请购数量是否在计划控制限额的范围内，其次是检查使用部门主管是否在请购单上签字。对于需大量采购的原材料、零配件等，必须做各种采购数量对成本影响的成本分析，并指定专人对是否实施成本分析进行监督。

（二）采购方式的确定

（1）电子采购。物资采购管理部门采购管理岗选择供应商、编制采购订单，经主管领导审批确认，实行电子采购。

（2）招标采购。招标单位的业务经办人员编制招标文件，经过处室领导审核。组织评标委员会，评标委员会按规定进行评标，对整个投标、封标、开标、评标过程进行签字确认。

（3）传统（谈判）采购。物资采购管理部门协同业务相关部门组织技术交流及商务谈判，将谈判纪要报主管业务处室和主管领导审批。

（三）供应商控制

采购部门应根据已获批准的采购计划，广泛收集采购物资的质量、价格等市场信息，选择两个以上的供货单位，对具有招标条件的企业和大宗的基建或技改项目的主要物资，尽量实行招标采购。

（四）购货单的控制

（1）预先应对每份订单进行编号，以确保日后订单能被完整地保存，并能够在会计上对所有购货订单进行处理。

（2）在向供应商发出订单前，必须由专人检查该订单是否得到授权人的签字，以及是否以经请购部门主管批准的请购单作为支持凭证，以确保购货订单的有效性。

（3）由专人复查订单的编制过程和内容，包括复查有关供应商的主要文件资料、价格数量和金额的计算等。其中，价格须与根据过去经验确定的标准或平均价格比照，以保证购货订单的正确性。如果购货订单的金额较小或属于零星购货的性质，此项复查可以简略一些。

（4）订购手续办完后，应填写订单一式三联，并将第一、二联送请购单位登记，以便让购货人证实购货订单的内容是否符合请购单的要求，以及让验收部门在收到货物时有验收的标准。

三、采购合同签订

（1）传统采购方式。按照物资采购管理办法，采购部门的合同管理岗位依据经领导审批签发的谈判纪要，编制采购合同，经采购部门负责人审核，报相关处室和公司主管领导审批，法律事务部门审核并加盖合同章。

（2）招标采购方式。按照物资采购管理程序，采购部门根据招标结果，编制物资采购合同，依据管理权限进行审核审批，法律事务部门进行法律审查并加盖合同章。

（3）应根据合同金额的大小，规定不同的审批权限。

（4）在物资采购过程中，下述岗位须实施职责分离：采购计划编制与审批、询价与供应商的审定、采购合同的签订与审批、供应商管理与采购业务。

（5）对入选供应商资料和信息的修改必须经过严格的审批程序。

（6）法律事务部门对采购合同进行独立的法律审查。

四、采购物资的验收

（1）采购物资的验收按照存货验收程序执行。对于特殊物资的验收，按照物资采购管理办法，要经相关部门出具验收报告并签字盖章。

（2）在物资采购过程中，下述岗位须实施职责分离：采购、验收与相关会计记录。

五、结算付款

（1）依据结算审批程序，由财务部门的材料核算岗位依据经财务部门负责人签批后的结算资料，按照合同条款，对物资入库单、采购合同、结算票据和相关原始单据审核（审批、签字、印鉴、金额）无误后编制记账凭证，对于暂时没有支付的款项，确认为应付账款。稽核管理岗稽核后，出纳岗根据审核后的记账凭证办理结算付款业务。

（2）财务部门往来款项管理岗位审核与往来单位款项的支付情况，对债权人要求签认的应付账款，填制应付账款签认表，并报请财务部门领导审核签字确认，加盖公章后确认债务。

（3）财务部门会计核算岗位依据经财务部门领导签批的预付款申请审批表，按照合同规定对预付款申请进行审核无误后编制记账凭证，稽核岗位稽核后，出纳根据审核无误的记账凭证支付预付款项。

（4）结算支付的其他审批程序按"支付结算"的相关控制执行。

课程拓展

企业物资采购招标审计的常见问题及改进策略

招标方式在企业物资采购活动中的广泛运用，在提高采购质量、降低采购成本、促进廉政建设方面发挥了重要作用。但由于招标采购是一项融合技术、法律、经济等多方面知识的综合性工作，企业在采购过程中也产生了一些问题，加强招标方式下的物资采购监督，规范企业采购管理行为，帮助企业实现降本增效，是企业内审部门的重要职责。

一、招标采购中的常见问题

（一）招标前未充分开展市场调研

开展招标前的市场调研，目的是科学合理地确定采购需求，了解市场供求状况，为编制采购方案、确定评审办法做好准备。审计发现一些采购项目未经充分市场调研，对拟采购标的物的功能、规格不清，材质、物理性能不明，招标文件中对采购需求的描述不明确，招标控制价的确定也缺乏佐证依据。

（二）评标人员的能力亟待提高

对于依法必须招标的项目，评标委员会的组建和评委的产生执行《招标投标法》及其法律规范的规定。对于企业自愿采用招标方式的项目，评标委员会的组建和评委的产生方式按照企业采购管理规定执行。评委应熟悉国家招标采购的相关法律规定和企业的采购管理制度，并具有与采购业务相关的实践经验。鉴于多方面的原因，企业评标成员基本从内部员工中产生，大部分对招标采购方面的法律规定和企业采购制度不熟悉，能力有待提高。

（三）招标采购合同签订环节不规范

1. 不按约定递交履约保证金签订合同

履约保证金是招标人为约束中标人履行合同义务要求其提供的担保，一般在收到中标通知书之后签订合同前按招标文件约定的方式交给招标人，招标人要求中标人递交履约保证金的，其行为为签订合同的前提条件。审计工作中发现，有的项目招标文件中明确约定了中标人应按中标金额提交一定比例的履约保证金，中标人的投标文件也已经进行承诺，但在合同审核时发现中标人并未递交履约保证金就启动内部合同审核程序的现象。

2. 不按法定的时间签订合同

一些采购单位（部门）人员法律意识淡薄，错误认为已经产生了中标人，合同想什么时候签就什么时候签，不影响合同履行。加上有的代理机构工作不负责任，不及时提醒招标人按时发出中标通知书，也影响了合同的及时签订。

3. 改变实质性条款订立合同

部分采购合同的实质性条款不符合招标文件、中标人投标文件内容，具体表现在对合同金额、数量、供货期、款项支付方式和违约责任等实质性内容进行随意更改，这其中有经办部门不了解招投标法律规范规定的原因，也不排除通过变更合同实质性条款达到谋取个人私利的目的。

二、负面影响

（一）影响采购质量和采购效率

由于事前未充分进行市场调研，采购需求无法在招标文件中全面、明确地描述，往往造成企业想采购的是A，但买到的却是B，造成物非所求的现象。要么采购需求定得过高，不买对的，只买贵的，买来的东西很多功能用不上，造成浪费。有的事前没有对采购数量进行仔细测算，在合同履行过程中发现数量不够，追加的数量又超出采购管理规定比例，只能重新立项，影响采购效率。在确定中标人后，不按照规定时间及时订立合同，采购周期被延长，造成采购效率低下。

（二）采购成本难以控制，存在舞弊风险

在缺乏有效市场调查材料的基础上，招标控制价的合理性未免要打上问号。由于缺乏内部控制或未制定规范的程序和标准，需求部门在确定招标控制价时过于随意，在没弄清楚物资的规格、材质、功能和售后服务等情况下，就将经销商的报价或网站上的挂牌价作为控制价，不但难以控制采购成本，而且价格的虚高容易为内外勾结，权力寻租等舞弊行为留下空间。

（三）法律风险

《招标投标法》第二条规定："在中华人民共和国境内进行招标投标活动，适用本法。"无论是依法必须招标的项目，还是自愿招标的项目，一旦采用招标方式采购，招标人的行为就受到《招标投标法》及其法律规范的约束。文中提到的不按法定时间订立合同、改变招标文件及中标人投标文件实质性条款订立合同的行为，均涉嫌违反《招标投标法》的有关规定，存在承担民事赔偿责任和其他法律责任的风险。

三、改进策略

（一）完善内部控制制度

企业应充分认识到科学合理地确定采购需求是加强采购源头管理的重要内容，尽快制定采购需求确认制度，将市场调研工作作为物资采购立项申请的前置程序和招标控制价确定的依据，同时明确具体操作流程和标准。没有确认采购需求的项目，不得进入下一个采购环节。明确采购需求的确认为需求部门的职责，并对采购需求的完整性、全面性负责，通过制度建设堵塞管理漏洞。

（二）加强招标采购人员培训工作

选择招标方式订立合同，其缔约过程远比供求双方直接协商方式复杂得多，招标过程涉及大量的专业知识。企业应加强招标采购管理部门、监督部门及评标库成员的系统培训工作，强化法律意识和风险意识。通过制定长期培训规划，按年度有计划地组织实施，循序渐进，从招标采购理论、实务上进行全方位培训。同时创造良好的外部环境，将通过考试，取得招标师证书的员工纳入专业技术职务评聘范围，提高薪酬待遇，增强员工学习的主动性，逐步建立一支企业自己的招标采购专业队伍，不断提高企业招标采购管理工作规范水平。

（三）界定责任，严格追责

企业应按照物资采购招标工作环节涉及的部门和人员确定责任主体，对存在的问题根据职责分工分别对责任人进行追责。对于采购需求、合同订立与履行方面的问题，应追究需求部门责任；对于不履行管理职责的问题，追究管理部门的管理责任；对于监督部门不作为、乱作为的问题，应追究其监督责任；对于评委违反规定评审的问题，应追究其当事人的责任。要防止发现的问题反弹，关键是要严格问责追责，对违反规定的责任人必须依规处罚，不打折扣，让违纪违规者付出沉重的代价，使制度真正成为"高压线"，保障企业招标采购工作规范运行。

项目四

实物资产业务内部控制

 学习目标

知识目标：

◎了解存货、固定资产业务的特点及常见风险；

◎理解存货、固定资产业务内部控制的目标；

◎熟悉存货、固定资产业务内部控制的关键控制点；

◎掌握存货、固定资产业务内部控制措施；

◎掌握存货、固定资产业务内部控制要点。

能力目标：

◎能够根据企业经营特点和管理要求，梳理存货、固定资产业务流程；

◎能够找出存货、固定资产业务内部控制的关键控制点；

◎能够制定存货、固定资产业务内部控制相关措施；

◎能够完成存货、固定资产业务内部控制制度的设计。

素质目标：

◎培养忠于职守、精益求精的工作作风；

◎培养遵纪守法、廉洁自律的职业素养；

◎培养良好沟通交流、团队协作的职业能力；

◎增强风险防范、保护资产安全、提高使用效率的意识。

任务一　熟悉和掌握实物资产业务内部控制的目标和要点

视频：熟悉
和掌握实物
资产业务内
部控制的目
标和要点

 任务导学

　　TCL 集团股份有限公司于 1981 年成立，是全球化的智能产品制造及互联网应用服务企业集团。在 1999 年之后，该企业，进行大胆的突破，为 TCL 集团股份有限公司全球架构和竞争力开创先河，为"走出去"的中国企业提供了借鉴。然而，

多年以来，TCL 集团股份有限公司在固定资产的内部控制方面依然处在相对较低的水平，并且没有紧跟形势的变化。TCL 集团股份有限公司对本企业固定资产的管理是从三个方面入手的，分别是：取得、日常管理和处置。在取得层面，由采购部门负责。在使用部门提供固定资产规格和性能要求后，由采购部门寻求符合规定条件的供应商，编写合同，接收供应商发票并提交财务，跟踪付款环节。在日常管理层面，财务控制部门需要准确了解该项固定资产的定义、使用寿命年限、折旧方法和净残值等相关的财务核算标准；维修维护部门则负责固定资产的最终验收和安装等工作，不定期地对固定资产进行维修和盘点。在处置层面，由综合管理部门负责固定资产的处置，包含销售和销毁。虽然该企业在固定资产的各个方面都可以做到由专门的岗位来负责，但是固定资产数量和种类都比较庞大，在资产管理方面又牵扯到多个部门，这使企业的内部管理仍然存在缺陷。

（摘自：刘月皎．TCL 集团固定资产内部控制研究［J］．商场现代化，2020，22.）

任务与思考：

TCL 集团股份有限公司固定资产内部控制存在哪些缺陷？应如何改进？

 知识准备

一、实物资产业务的特点和常见风险

实物资产主要包括企业拥有或控制的存货和固定资产，它是企业进行生产经营活动的基础。

（一）存货的特点

存货是指企业在日常活动中持有以备出售的产成品或商品、处在生产过程中的在产品、在生产过程或提供劳务过程中耗用的材料和物料，包括原材料、在产品、半成品、产成品、商品、周转材料等。存货具有以下特点。

（1）流动性较强。在企业中，存货经常处于不断销售、耗用、购买或重置中，具有较快的变现能力和明显的流动性。

（2）在流动资产中所占比重较大。存货计价是否正确、存货资金占用量、存货采购是否合理，对企业的财务状况和经营成果有较大影响。

（3）存货的种类、数量繁多，存放地点分散。存货的盘点比较困难，会计记录工作量大，容易出现记账错误。若保管不善容易出现毁损、变质、短缺、被盗窃的现象。

（4）存货的计价方法较多。存货的计价方法有实际成本计价法和计划成本计价法，企业要根据管理需要采用不同的方法。其中，实际成本计价法又包括先进先出法、一次加权平均法、移动加权平均法和个别计价法。

（5）对净利润的影响较大。对于已销售的存货，企业在确认收入的同时，要按照存货的实际成本结转确认销售成本，因此存货价值的计量是否准确会直接影响企业当前的净利润。

（二）固定资产的特点

固定资产是指企业为生产商品、提供劳务、出租或经营管理而持有的、使用年限超过一年、单位价值较高的资产。固定资产具有实物形态，一般表现为房屋建筑物、机器、机械、运输工具以及其他与生产经营有关的设备、器具、工具等。固定资产具有以下特点。

（1）固定资产的价值一般比较大，使用时间比较长。在购置和建造固定资产时，需要支付相当数量的货币资金。若固定资产长期地、重复地参加生产过程，为了维持其使用效能，需要对固定资产进行维修保养投入，或进行更新改良，这种费用一般较高。

（2）固定资产的价值随着其在使用过程中的损耗逐步转移到产品成本中。固定资产的价值转移是通过计提折旧实现的。计提折旧是否合理、计算是否正确，会在很大程度上影响企业的营运成本。

（三）实物资产业务的常见风险

（1）存货请购依据不充分，采购批量不合理，相关审批程序不规范，可能导致企业资产损失、资源浪费或发生舞弊。

（2）存货积压或短缺，可能导致流动性不足、存货价值贬损或生产中断。

（3）固定资产购买、建造、处置决策失误，可能造成企业资产损失或资源浪费；

（4）固定资产更新改造不够、使用效能低下、维护不当，可能导致企业缺乏核心竞争力、资产价值贬损、发生安全事故或停产。

（5）存货、固定资产会计处理和相关信息不合法、不真实、不完善，可能导致存货、固定资产账实不符或资产损失。

二、实物资产业务内部控制的目标

（一）存货业务内部控制的目标

（1）保护存货的安全；

（2）提高存货的营运效率；

（3）保证存货价值确定的合理性；

（4）防止并及时发现和纠正存货业务中的各种差错和舞弊。

（二）固定资产业务内部控制的目标

（1）保证固定资产取得的合理性；

（2）保证固定资产确认和计量的准确性；

（3）保证固定资产的安全完整；

（4）保证固定资产折旧、处置的合理性。

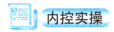内控实操

一、存货业务内部控制的要点

企业应当规范存货管理流程，明确存货取得、验收入库、仓储保管、领用发出、盘点处置等环节的管理要求，充分利用信息系统，强化会计等相关记录，确保存货管理全过程的风险得到有效控制。

存货业务流程如图 4-1 所示。

图 4-1　存货业务流程

存货业务内部控制的关键控制点如下。

（一）存货验收入库控制

（1）企业应当重视存货验收工作，规范存货验收程序和方法，对入库存货的质量、数量、技术规格等方面进行查验，验收无误方可入库。

（2）外购存货的验收，应当重点关注合同、发票等原始单据与实物的一致性。涉及技术含量较高的货物，必要时可委托具有检验资质的机构或聘请外部专家协助验收。

（3）自制存货的验收，应当重点关注产品质量，通过检验合格的半成品、产成品才能作为存货办理入库手续，对不合格品应查明原因、落实责任、报告处理。

（4）由其他方式取得存货的验收，应当重点关注存货来源、质量状况、实有价值是否符合有关合同或协议的约定。

（二）存货仓储和保管控制

企业应当建立存货保管制度，定期对存货进行检查，重点关注下列事项。

（1）存货在不同仓库之间流动时应当办理出入库手续。

（2）应当按仓储物资所要求的储存条件贮存，并建立和健全防火、防盗、防潮、防病虫害和防变质等措施。

（3）应当加强生产现场的材料、低值易耗品、半成品等物资的管理，防止浪费、被盗和流失。

（4）对代管、代销、暂存、受托加工的存货，应单独存放和记录，避免与本企业存货混淆。

案例 4-1

MC 包装公司的存货种类繁多，具有质量大、易损坏、易受潮和受虫蛀等特点，该公司虽然制定了存货管理制度，要求将相同种类的存货集中放置，但在具体执行中，由于仓库未提前规划存货放置位置，导致存货在入库时没有适当的存放地

学习笔记

点，不能将相同种类的存货放在一起，只能随意放在仓库的空余地带，存货入库时摆放混乱。仓库货物摆放顺序混乱，新鲜的存货与陈旧存货之间的分类不清；有缺陷的存货混杂在优质存货之中且没有标识；过期的存货既没有标识，也没有及时清理；使用过的存货和未使用的存货混杂在一起，使用过的存货也没能及时更新存货条码。

原材料发出时，仓库管理人员应当按照"先进先出"原则发放原材料。但是，由于仓储材料的混乱，仓库管理人员很难遵循"先进先出"的原则，而是选择最近的方便拿取的原材料，导致一些原材料因无法及时被取用而长期储存导致变质，给该公司造成不必要的损失。

【分析】

原材料入库时需要分类别摆放，仓库管理人员要保证仓库货物摆放整齐，坚持做到来货时及时分门别类按统一标准和高度摆放，避免物料遭到挤压、损坏。

（三）存货领用和发出控制

（1）企业应当明确存货发出和领用的审批权限，大批存货、贵重商品或危险品的发出应当实行特别授权。

（2）企业仓储部门应当根据经审批的销售（出库）通知单发出货物。

（3）企业仓储部门应当详细记录存货入库、出库及库存情况，做到存货记录与实际库存相符，并定期与财会部门、存货管理部门进行核对。

（四）存货盘点和处置控制

（1）企业应当建立存货盘点清查制度，结合本企业实际情况确定盘点周期等相关内容。

（2）企业至少应当于每年年度终了开展全面盘点清查，盘点清查结果应当形成书面报告。

（3）盘点清查中发现的存货盘盈、盘亏、毁损、呆滞以及存货时需要报废，应当查明原因、落实责任，按照规定权限批准后处置。

案例4-2

广州市浪奇实业股份有限公司（以下简称"广州浪奇"）的前身是广州油脂化工厂，始建于1959年，是华南地区早期日化产品定点生产企业。1993年，该公司在深圳证券交易所正式上市，是中国轻工业百强企业，同时也是我国洗涤用品生产的大型骨干企业。50年来，浪奇人坚持"创造生活无限美"的企业精神，以"浪尖搏击、奇兵制胜"的奋斗精神艰苦奋斗，该公司已成长为年销售收入近10亿元，拥有以"浪奇""高富力"为商标的三个中国名牌产品的大型企业。

2020年9月28日，广州浪奇发布关于部分库存货物可能涉及风险的提示性公告，称该公司储存在江苏辉丰石化公司（辉丰仓）的1.19亿元存货和存放在鸿桑公司（瑞丽仓）的4.53亿元存货均无法正常开展货物盘点及抽样检测工作，也无法办理提货。广州浪奇发函要求两家仓储公司配合办理货物盘点及抽样检测，但两家公司均否认保管有广州浪奇存储的货物。江苏辉丰石化公司更是直接回函表示没有货物存储在其公司，没有配合盘点的义务。三方当事人各执一词，关于存货丢失的真相尚未确定。

（摘自：蒋秋菊. 存货内部控制缺陷及改进建议——基于广泛浪奇的案例研究[J]. 会计之友，2021，16. ）

【分析】

可以看出广州浪奇存货内部控制存在漏洞，导致存货丢失这一局面的出现。对该企业存货现状及其管理模式分析如下。

根据 2020 年 10 月 30 日的回函可知，2019 年年末广州浪奇存放在外部仓库的存货占比超过 80%，同时贸易类存货占比高达 79.55%，由此得知，至少有 63.61% 的存货是存放在外部仓库的贸易类存货。截至 2020 年 9 月 30 日，广州浪奇 75.98% 的贸易类存货存放在辉丰仓、瑞丽仓、广东仓等 9 个外部仓库中，其中出现账实不符的情况，累计金额达 866 817 704.03 元，占 2020 年广州浪奇半年报中披露存货总额的 55.16%，这说明存货丢失事件与外部仓库紧密相关。

通过对广州浪奇《存货管理制度》的研究得知，外部仓库存货管理内容包括存货采购与销售、仓库供应商的开发、仓库供应商的风险评估、外部仓库盘点表的索取及账实核对、外部仓库存放存货的定期盘点。在 2020 年 3 月之前，商务拓展部负责以上所有的存货管理工作。此后，广州浪奇新增供应链管理部和审计内部控制部来进行外部仓库存放存货的管理。其中，商务拓展部负责存货采购与销售、仓库供应商的开发；供应链管理部负责盘点表的索取、账实核对、定期盘点；审计内部控制部负责仓库供应商的风险评估。

广州浪奇存货管理内部控制的问题及改进策略如下。

（1）内部控制的问题。

①存货管理模式存在缺陷。

一般情况下，存货的采购与保管应该由相互独立的部门或人员分别负责，然而，通过对广州浪奇存货管理模式的分析发现，在 2020 年 4 月以前，广州浪奇的外部仓库货物的管理一直由商务拓展部业务人员负责，没有第三方人员参与其中，未形成有效的监督机制，存在相关人员利用职务之便进行舞弊的风险。在没有监督的情况下，单一部门或人员对存货流动的各个环节都有操作空间。

②盘点控制落实不到位。

一方面，具有特殊化学属性的存货未实现盘点。大多化学材料有严格的储存规定，如密封、防火、防潮、使用专门储罐，这使正常存货盘点的取样和计数变得困难。甚至对于许多存放危险化学材料的仓库，盘点人员无法进入其中进行实地盘点。如广州浪奇存储于瑞丽仓的三氯乙酰氯由于具有腐蚀性、强刺激性等特点，因此需要密封储存，在存货盘点时因储罐无取样口而无法取样，也就无法对其进行管理控制。另一方面，广州浪奇与外部仓库相距甚远，未能及时盘点。广州浪奇的业务涉及全国各地，为了降低运输成本，便在全国各地建立外部仓库。遥远的距离加大了员工差旅费的成本，可能导致该公司为了降低成本而减少盘点人员数量，同时，外部仓库盘点程序比自由仓库复杂，这也可能使该公司减少盘点次数，降低盘点频率以降低时间成本。

（2）改进策略。

①使不相容职务分离，明晰职责划分。存货伴随着广州浪奇整个生产经营活动过程进行流转，应保证不相容职位分离，各岗位间权责明晰，确保员工的职责相互独立。

②对储存条件严格、盘点困难的存货加强管控，管控措施包括提高盘点工作的频率、派遣更负责任的人员进行盘点等。

③加强对外部仓库存货的控制，可以选择派遣自有员工到外部仓库参与相应存货的管理。

二、固定资产业务内部控制的要点

企业为实现对固定资产的有效管理，应建立健全固定资产业务内部控制制度，以确保固定资产的安全完整。

固定资产业务主要包括固定资产的取得与验收、日常保管、后续支出、盘点、报废处置等内容。固定资产业务流程如图 4 - 2 所示。

图 4 - 2   固定资产业务流程

固定资产业务内部控制的关键控制点如下。

（一）固定资产取得与验收的控制

1. 固定资产取得的控制

（1）固定资产取得属于企业的投资项目，必须在增加固定资产之前进行科学决策，建立固定资产预算制度。

（2）固定资产建造通常规模大、耗资多，应根据企业发展战略和投资计划，对固定资产建设或改造开展可行性研究，提出项目方案，报经批准后确定工程立项。

2. 固定资产验收的控制

（1）企业外购固定资产应当根据合同、供应商发货单等对所购固定资产的品种、规格数量、质量、技术要求及其他内容进行验收，出具验收单，编制验收报告。不需要安装的固定资产，经验收合格后即可交付有关部门投入使用；需要安装的固定资产，收到固定资产经初步验收后进行安装调试，安装完成后必须进行第二次验收，合格的才可交付使用。

（2）企业自行建造的固定资产，应由建造部门、固定资产管理部门、使用部门等联合验收，编制书面验收报告。验收合格的，填制固定资产移交使用单，移交使用部门投入使用。

（3）未通过验收的不合格的固定资产，不得接收，必须按照合同等有关规定办理退换货或实施其他弥补措施。

（4）对于具有权属证明的固定资产，取得时必须有合法的权属证书，比如房产证。对于需要办理权属登记的固定资产，应及时办理权属关系的手续及相关证明材料。固定资产权属证书或证明材料等须妥善保管，并设立登记簿记录备查。

（5）按企业会计准则相关规定，确定固定资产初始成本、类别、使用年限、折旧率等，并登记固定资产卡片。

（二）固定资产日常保管的控制

1. 制定固定资产目录

（1）企业资产管理部门应制定适合本企业的固定资产目录，对每项固定资产进行编号，这有利于企业了解固定资产使用情况的全貌。

（2）在固定资产目录的基础上，按照单项资产建立固定资产卡片，固定资产卡片应在资产编号上与固定资产目录保持对应关系，详细记录各项固定资产的来源、验收、运转、维修、改造、折旧、盘点等相关内容，以便于固定资产的有效识别。

（3）固定资产目录和卡片均应定期或不定期复核，保证信息的真实和完整。

2. 严格执行固定资产投保政策

（1）企业应重视和加强固定资产的投保工作。通盘考虑企业固定资产状况，根据其性质和特点，确定其投保范围和政策。

（2）严格执行既定的投保范围和政策，投保金额与投保项目力求适当。对应投保的固定资产项目按规定程序进行审批，办理投保手续，规范投保行为，应对固定资产损失。

（3）对于重大固定资产项目的投保，应考虑采取招标方式确定保险人，防范固定资产投保舞弊。

（4）已投保的固定资产发生损失时，应及时调查原因及受损金额，向保险公司办理相关的索赔手续。

（三）固定资产后续支出的控制

1. 固定资产定期维护保养

企业应当严格执行固定资产日常维修和大修理计划，切实消除安全隐患。

（1）固定资产使用部门应会同资产管理部门负责固定资产日常维修、保养，制定和完善固定资产维护和安全防范制度，将固定资产日常维护流程体制化、程序化、标准化，定期检查，及时消除风险，提高固定资产的使用效率，切实消除安全隐患。

（2）固定资产使用部门及管理部门应建立固定资产运行管理档案，据以制定合理的日常维修和大修理计划，并经主管领导审批。固定资产修理需分类管理：①对于固定资产的简单维护，可以由操作人员或内部技术人员完成；②对于尚在保修期内的固定资产，一旦发生故障，应及时联系厂商维修或退换货；③对于固定资产大修理，必须由内部专业技术人员负责，必要时聘请外部技术人员或专机构完成。固定资产大修理结束后，经验收合格的才能投入运行。

（3）企业生产线等关键设备的运作效率与效果将直接影响企业的安全生产和产品质量。操作人员上岗前应由具有资质的技术人员对其进行充分的岗前培训，特殊设备实行岗位许可制度，必须持证上岗，必须对固定资产运转进行实时监控，保证固定资产使用流程与既定操作流程相符，确保安全运行，提高使用效率。

2. 固定资产更新改造管理

（1）企业应定期对固定资产技术的先进性进行评估，结合盈利能力和企业发展可持续性，由固定资产使用部门根据需要提出更新改造方案，与财务部门一起进行预算可行性分析，并且经过固定资产管理部门的审核批准。

（2）为了实现企业的可持续发展，企业应当充分利用国家有关自主创新政策，加大更新改造投入，淘汰落后设备，不断促进固定资产技术升级，切实做到本企业固定资产技术的先进性。

（3）固定资产更新分为部分更新与整体更新两种情形。部分更新的目的通常包括：局部技术改造、更换高性能部件、增加新功能等方面，需权衡更新活动的成本与效益综合决策；整体更新主要指对陈旧设备的淘汰与全面升级，更侧重于固定资产技术的先进性，符合企业的整体发展战略。企业应根据更新的目的不同确定是部分更新还是整体更新。

（4）相关管理部门应对技术改造方案的实施过程适时监控、加强管理，有条件的企业应设立技术改造专项资金并定期或不定期审计。

（四）固定资产盘点的控制

（1）企业应建立固定资产清查制度，至少每年全面清查，对于清查中发现的问题，应当查明原因，追究责任，妥善处理。

（2）财务部门需组织固定资产使用部门和管理部门定期进行清查，明确固定资产权属，确保实物与财务账簿相符，在清查工作实施之前制定清查方案，经过管理部门审核后进行相关的清查工作。

（3）在清查结束后，清查人员需要编制清查报告，相关管理部门需要就清查报告进行审核，确保真实性、可靠性。

（4）对在清查过程中发现的盘盈、盘亏，应分析原因，追究责任，妥善处理，报告审核通过后应及时调整固定资产账面价值，确保账实相符，并上报备案。

（五）固定资产报废处置的控制

（1）对使用期满、正常报废的固定资产，应由固定资产使用部门或管理部门填制报废单，经授权部门或人员批准后进行报废清理。

（2）对使用期限未满、非正常报废的固定资产，由使用部门提出报废申请，注明报废理由，估计清理费用和可回收残值，预计处置价格等。企业应组织有关部门进行技术鉴定，按规定程序审批后进行报废清理。

（3）对拟出售或投资转出及非货币交换的固定资产，应由有关部门或人员提出处置申请，对其价值进行评估，并出具资产评估报告，报经授权部门或人员批准后予以出售或转让。企业应特别关注固定资产处置中的关联交易和处置定价，固定资产的处置应由独立于固定资产管理部门和使用部门的相关授权人员办理；固定资产处置价格应报经企业授权部门或人员审批后确定。对于重大固定资产处置，应当考虑聘请具有资质的中介机构进行资产评估，采取集体审议或联签制度；涉及产权变更的，应及时办理产权变更手续。

（4）出租、出借的固定资产应由相关管理部门提出出租或出借的申请，写明申请的理由和原因，并由相关授权人员和部门对申请进行审核。审核通过后再签订出租或出借合同。

【任务导学】中 TCL 集团股份有限公司固定资产内部控制存在以下缺陷。

（1）在取得环节。TCL 集团股份有限公司每年实际与预算的固定资产支出有很大的差异。各个部门在计算固定资产需求量时，普遍会多计算出一部分，与实际所需要的有一定差距，往往会有富余，从而在采购申请过程中增加了审核难度。这样会导致在实际购买交易中固定资产的年度预算失控。

（2）在日常管理环节。固定资产采购入厂后，在验收时会存在采购的固定资产和预期要购买的固定资产不符，从而存在验收方面的推迟，进而有可能影响企业的生产。固定资产由于品种较多，数量较大，存放地点分散，盘点工作难免会流于形式，无法真正做到一一核对。

（3）在处置环节。对固定资产的处理没有一个确定的制度和程序。在固定资产无法使用的情况下，由部门自行决定是销售还是销毁，并且对于销售的固定资产，也没有统一的价格标准。

TCL 集团股份有限公司应当补充并完善固定资产内部控制的管理制度。

（1）在固定资产的预算管理方面，要规范预算的管理制度和程序，做到各部门权责清晰，各负其责。

（2）在审批的权限上应该加强管理，对于固定资产的审批金额和品种等各方面因素，有一个确切的标准和规范。一方面，精简部门结构，整合不必要的权限。另一方面，对于重大的固定资产的采购、管理和处置，应当进行集体决议，协商进行抉择。

（3）建立有效的信息与沟通制度。由于 TCL 集团股份有限公司规模较大，固定资产较多，存放地点又比较分散，信息的沟通和交流也比较困难，所以企业内部应该建立一个信息共享平台，达到信息共享的目的，使企业信息可以被职工掌握，达到相互合作，信息畅通的目的，从而提高工作效率。

（4）建立内部监督机制。TCL 集团股份有限公司应该建立专门的内部监督部门，培养监管人员，以此对企业的固定资产进行定期或不定期的监督和检测。

2019 年 4 月 23 日，国家发布了《关于扩大固定资产加速折旧优惠政策适用范围的公告》（2019 年第 66 号），以支持制造业企业加快技术改造和设备更新，自 2019 年 1 月 1 日起，适用《财政部 国家税务总局关于完善固定资产加速折旧企业所得税政策的通知》（财税〔2014〕75 号）和《财政部 国家税务总局关于进一步完善固定资产加速折旧企业所得税政策的通知》（财税〔2015〕106 号）规定固定资产加速折旧优惠的行业范围，扩大至全部制造业领域。在该公告发布前，制造业企业未享受固定资产加速折旧优惠的，可自该公告发布后在月（季）度预缴申报时享受优惠或在 2019 年度汇算清缴时享受优惠。

【育人启示】这一政策的实施，不仅进一步完善了我国企业固定资产加速折旧政策，而且给企业注入了新的发展理念，对增强我国经济发展的动力与活力具有重要的现实意义。它可以扶持某些特殊地区、产业、企业和产品的发展，促进产业结构的调整，推动我国经济的发展。

任务二　实物资产业务内部控制实施

任务导学

JG 酒店是一家由地方国有企业投资的、全权委托给国内知名酒店管理公司管理的高端酒店。JG 酒店的日常经营管理采取"总经理负责制"，业主方不干涉酒店的日常经营管理。

目前，JG 酒店的存货有一套完整的管理体系。在组织机构设置方面，JG 酒店的存货管理主要由财务部负责，其下设出纳组、会计组、内审组、成本组、采购组 5 个班组。其中，采购组主要负责采购 JG 酒店生产经营所需的各项物资；成本组主要负责存货的出入库、成本核算等工作。在存货管理流程方面，JG 酒店设置了一套管理流程，并制定了相应内部控制制度。在计划环节，JG 酒店根据销售需求按月制定采购计划，财务部对采购计划的合理性进行审核并交采购组执行；在采购环节，JG 酒店遵循"货比三家，择低采购"的原则，对限额以上的采购寻找三个以上的供应商进行询价，选择最低报价的供应商采购；在收货环节，食材等原材料由使用部门直接派人收货，财务部派员工监督收货，其他物资由仓库进行验收，验收合格后办理入库手续；在存货领用存方面，存货使用部门根据需要填写领用单，仓库按照符合流程的领用单发货，期末财务部对流动性较大的存货进行盘点，根据盘点结果进行成本核算。

对比行业平均值可以发现，近三年 JG 酒店存货占流动资产比和存货周转率远高于行业均值。JG 酒店存货大量积压，占用大量资金，增加了运营成本和经营风险，严重影响了 JG 酒店的盈利能力并极易引发经营风险，甚至会降低 JG 酒店的服务质量和客户满意度，成为 JG 酒店可持续发展的障碍。由此可见，JG 酒店虽然制定了存货内部控制制度和控制流程，但其存货管理效率低下。

JG 酒店在存货管理方面缺乏风险意识，管理层把主要精力放在了直接创造利润的销售上，在日常工作中只评估销售环节的风险，甚至认为对属于二线部门的存货管理部门的风险评估工作是毫无意义的。开业初期，管理层对经济形势转变所产生的风险认识不足，对市场的估计过于乐观，盲目扩张，大量购入"参鲍翅"等贵重食材，而库房贵重食材耗用缓慢，导致占用大量流动资金。在采购活动中，经办部门未能真正领会"货比三家"采购方案的实质，只考虑价格因素，而忽视了供应商资质、售后服务等价格以外的因素。因此，"货比三家"的采购方案并没有为 JG 酒店成本控制产生实质的影响。在入库环节，收货员工作责任心不强，未能严格遵照使用部门的情况需求验收入库，因称重环节工作烦琐，常常敷衍了事，产生大量不必要的浪费。盘点是存货内部控制活动的最后环节，JG 酒店的盘点工作却常常流于形式，盘点工作并没有达到预期目标。尤其是对存货流动频繁的"二级库"管理一直处于一个"边缘化"状态，盘点工作没有实质性地开展，导致有"二级库"的部门存货成本核算不及时，资料不完整，无法做到"账账相符、账证相符、账实相符"。JG 酒店采用"总经理负责制"的经营模式，总经理对 JG 酒店的一切经营性事务均有决定权，对总经理缺乏相应的监督机制。JG 酒店没有专门的内部审计部门，业主方因其为全权委托模式也未进行过多的监督。

（摘自：金国建，酒店业存货内部控制存在的问题及优化措施分析——以 JG 酒店为例 [J].企业改革与管理，2021，7.）

任务与思考：

JG 酒店在存货内部控制中存在哪些缺陷？应如何改进？

知识准备

实物资产业务内部控制措施如下。

一、存货业务内部控制措施

（一）建立岗位责任制

企业应当建立存货业务的岗位责任制，明确内部相关部门和岗位的职责、权限，确保办理存货业务的不相容岗位相互分离、制约和监督。存货业务的不相容岗位至少包括如下几项。

（1）存货的请购、审批与执行；

（2）存货的采购与验收、付款；

（3）存货的保管与相关会计记录；

（4）存货发出的申请与审批，申请与会计记录；

（5）存货处置的申请与审批，申请与会计记录。

企业应当配备合格的人员办理存货业务。办理存货业务的人员应当具备良好的业务知识和职业道德，遵纪守法，客观公正。企业要定期对员工进行相关的政策、法律及业务培训，不断提高他们的业务素质和职业道德水平。

（二）授权审批控制

企业应当对存货业务建立严格的授权审批制度，明确审批人对存货业务的授权批准方式、权限、程序、责任和相关控制措施，规定经办人办理存货业务的职责范围和工作要求。审批人应当根据存货授权审批制度的规定，在授权范围内进行审批，不得超越审批权限。经办人应当在职责范围内，按照审批人的批准意见办理存货业务。

企业内部除存货管理部门及仓储人员外，其余部门和人员接触存货时，应由相关部门特别授权。例如，贵重物品、危险品或需保密的物品，应当规定更严格的接触限制条件，必要时，存货管理部门内部也应当执行授权接触。

（三）凭证控制

在存货管理中应使用不同的原始凭证进行记录，以便使存货的收、发都有据可依。例如，存货入库时需填制"入库单"，出库时需填制"出库单"等。

二、固定资产业务内部控制措施

（一）岗位分工控制

各企事业单位应当建立固定资产业务的岗位责任制，明确相关部门和岗位的职责、权限，确保办理固定资产业务的不相容岗位相互分离、制约和监督。不得由同一部门或个人办理固定资产的全过程业务。固定资产业务的不相容岗位至少包括如下几项。

（1）固定资产投资预算的编制与审批；
（2）固定资产的取得、验收与款项支付；
（3）固定资产投保的申请与审批；
（4）固定资产的保管与清查；
（5）固定资产处置的申请与审批、审批与执行；
（6）固定资产业务的审批、执行与相关会计记录。

各企事业单位应当配备合格的人员办理固定资产业务。办理固定资产业务的人员应当具备良好的职业道德和业务素质。

（二）授权审批控制

各企事业单位应当建立固定资产业务的授权审批制度，明确授权审批的方式、程序和相关控制措施，规定审批人的权限、责任以及经办人的职责范围和工作要求。严禁未经授权的机构或人员办理固定资产业务。例如，企业闲置的固定资产对外租赁，需经总经理或授权资产管理部门负责人审批；企业正常报废的固定资产处置由归口的管理部门审批。

【小提示4-1】审批人应当根据固定资产业务授权审批制度的规定，在授权范围内进行审批，不得超越审批权限。经办人应当在职责范围内，按照审批人的批准意见办理固定资产业务。对于审批人超越授权范围审批的固定资产业务，经办人有权拒绝办理，并及时向审批人的上级授权部门报告。

（三）凭证记录控制

各企事业单位应当制定固定资产业务流程，明确固定资产的取得与验收、日常保管、处置与转移等环节的控制要求，并设置相应的记录或凭证，如实记载各环节业务的开展情况，确保固定资产业务全过程得到有效控制。

 案例 4-3

吴某是原苏州某技术工程公司轻纺工程部经理。2018 年 11 月，山东某公司向该公司求购精疏机一套，但当时该公司没有购买此类机械的配额，吴某就利用其他公司的配额到上海纺机总厂定购。随后，吴某将本公司的 45 万余元划入上海纺机总厂。然而，2019 年年初，他代表公司到上海纺机总厂核账时发现，上海纺机总厂财务出错：把已提走的设备当作其他公司购买的设备，而他划入的 45 万余元却变为该公司的预付款。于是，一场偷梁换柱的把戏开始上演。

2019 年 3—4 月，吴某派人到上海纺机总厂以公司的名义购买混条机等价值 60 余万元的设备。因为有了 45 万余元的"预付款"，吴某仅向上海纺机总厂支付了 15 万元。随后，他找到了亲戚经营的大发纺织器材公司，开出了其所属公司以 67 万元的价格购得这批设备的发票。而该公司不知内情，向大发纺织器材公司支付了全部购货款，吴某从中得利 52 万元。同年 7—10 月，吴某又以相同手段骗得公司 11 万余元，占为己有。

2020 年上半年，上海纺机总厂发现 45 万元被骗，向公安机关报案，吴某随后被捕。法院认定吴某贪污公款 64 万余元，构成贪污罪，判处吴某有期徒刑 15 年。吴某身为国有企业工作人员，利用职务便利，骗取国有财产 64 多万元。面对法院的终审判决，被告人吴某不得不低下头，等待他的是 15 年的牢狱生活。

【分析】

一个普通的轻纺工程部经理，利用手中的职权和企业内部控制的漏洞，采用相同的手法两次贪污公款共 64 万多元，这个给企业带来沉痛教训的案例不能不引起我们的反思，是公司内部控制的缺陷给了犯罪分子以可乘之机。

（1）该公司采购业务的相关职务未分离。健全的采购业务控制制度中，采购员、审批人和执行人、记录人应分离。轻纺工程部经理吴某利用手中的职权，未经审批程序就私下决定向上海纺机总厂购买价值 60 万元的设备，这已经暴露出了授权审批控制的弱点。该公司应该由第三方执行付款，并与上海纺机总厂核账，但令人惊讶的是，核账竟然也是吴某一人亲手所为。因此，采购、审批、执行和记录的职务未分离的漏洞给了吴某可乘之机，使其掩盖了同上海纺机总厂的交易，进而上演了后来"偷梁换柱"的把戏。

（2）该公司的验收和付款流程存在漏洞。付款员将 67 万元款项划给了大发纺织器材公司，这纯粹是吴某利用其亲戚的关系虚构的交易，如果验收员按照同大发纺织器材公司签订的购货合同上写明的条款以及发货发票来仔细验货，是不难发现吴某冒用大发纺织器材公司的名义购进了上海纺机总厂价值 60 万元设备的"偷梁换柱"的把戏的。会计部门应该在按购货协议划出款项之后将购货单和购货发票转到验收部门，而验收部门应该对会计部门转来的购货单和购货发票副联仔细查验发货单位、收到货物的数量和质量后签收。但是该公司没有做到这一点，验收部门根本没有仔细查验发货单位，以至于吴某的把戏得以蒙混过关，使该公司支付了67万元买进了价值60万元的设备，白白损失7万元落入了吴某的腰包。

内控实操

一、存货业务控制制度设计

（一）存货验收入库控制制度

企业应当对入库存货进行质量检查与验收，保证存货符合采购要求。其中，外购存货入库前一般应经过以下验收程序。

（1）检查订货合同、入库通知单、供货企业提供的材质证明、合格证、运单、提货通知单等原始单据与待检验货物是否相符。

（2）对货物进行数量复核和质量检验，必要时可聘请外部专家协助进行。对验收后数量相符、质量合格的货物办理相关入库手续，对验收不符合要求的货物，应及时办理退货或索赔。

对于已加工完成，准备入库的自制存货，生产部门应组织专人对其进行检验，只有检验合格的产成品才可以作为存货办理入库手续。

【小提示4-2】对于采购后不经仓储而直接投入使用的外购存货，以及由生产车间直接发出给客户的产成品，也应当采取适当的方法进行验收，并办理入库手续。

（二）存货保管控制制度

企业应当建立存货保管控制制度，加强存货的日常保管工作。

（1）建立存货保管的岗位责任制。存货的存放和管理应指定专人负责，严格限制其他无关人员接触存货。定期对存货进行检查，确保及时发现存货损坏、变质等情况。

（2）建立存货的分类管理制度，对重要存货如贵重物品、危险品、精密仪器等，采取特别控制措施。其保管、调用、转移都要经过严格的特殊授权。

（3）存货管理部门对入库的存货应当建立存货明细账，详细登记存货的类别、编号、名称、规格型号、数量、计量单位等内容，并定期与财会部门就存货的品种、数量、金额等进行核对。入库记录不得随意修改。如确需修改入库记录，应当经有效授权批准。

（4）对于已售商品退货的入库，仓储部门应根据销售部门填写的产品退货凭证办理入库手续，经批准后，对拟入库的商品进行验收。因产品质量问题发生的退货，应分清责任，妥善处理，对于劣质产品，可以选择修复、报废等措施。

此外，仓储部门应按物资所要求的储存条件贮存，并建立和健全防火、防潮、防鼠、防盗和防变质等措施。

（三）存货领用与发出控制制度

企业应当建立严格的存货领用和发出控制制度。

（1）企业生产部门、基建部门领用材料时，应当持有生产管理部门及其他相关部门批准的领料单。超出存货领料限额的，应当经过特别授权。

（2）库存商品的发出需要经过相关部门批准，大批商品、贵重商品或危险品的发出应当得到特别授权。仓库应当根据经审批的销售通知单发出货物，并定期将发货记录同销售部门和财会部门核对。

（3）企业应当明确发出存货的流程，落实责任人，及时核对有关票据凭证，确保其与存货的品名、规格、型号、数量、价格一致。

（四）存货盘点控制制度

盘点控制是通过对存货实施定期盘点清查，并将盘点结果与会计记录进行比较以确定是否相符的控制方法。

（1）企业应当制定并选择适当的存货盘点制度，明确盘点的范围、方法、人员、频率、时间等。

（2）通过盘点、清查、检查等方式全面掌握存货的状况，及时发现存货的残、次、冷、背等情况，并选择有效的处理方式，经相关部门审批后作出相应的处置。

（3）对存货的盘盈、盘亏应当及时编制"盘点表"，分析原因，提出处理意见，经相关部门批准后，在期末结账前处理完毕。

（4）存货的会计处理应当符合国家统一的会计制度的规定。企业应当结合自身实际情况，确定存货计价方法。计价方法一经确定，未经批准，不得随意变更。

【小提示4-3】存货发出的计价方法包括先进先出法、加权平均法或个别计价法。

（5）仓储部门与会计部门应结合盘点结果对存货进行库龄分析，确定是否需要计提存货跌价准备。经相关部门审批后，进行会计处理。

 学中做

【任务导学】中JG酒店的存货内部控制存在以下缺陷。

（1）JG酒店在经营管理模式和组织机构设置方面存在缺陷。日常经营管理模式采用"总经理负责制"，总经理权限过大，没有设置相应的牵制部门；存货管理部门存在一人兼数职的情况，部分岗位设置违反不相容职务相分离的原则，重要岗位轮岗不及时。

学习笔记

（2）存货的采购、验收、盘点等环节的内部控制活动不规范。

（3）存货风险管理意识薄弱。

应采取以下改进策略。

（1）应设立独立的内审部门，建立内部约束机制，部门岗位设置应符合不相容职务相分离的原则，实行重要岗位轮换制度。同时，改变经营管理模式，用行政管理委员会集体决策制度代替"总经理负责制"，限制总经理的权限。

（2）应优化存货管理各环节的流程，确保存货内部控制活动有效执行。在采购环节，应编制合理可行的采购计划，采购的数量、品种应符合JG酒店的市场定位，避免物料、食材等出现滞压，加快存货周转速度，提高资金使用效率；完善供应商评估、准入和退出机制，确定合格供应商清单，与供应商签订质量保证协议，对供应商提供的货物和服务进行实时管理和综合评价，根据评价结果对供应商进行合理选择和调整，达到降低采购成本、提高服务质量的目的。在存货管理环节，应当建立存货管理制度，规范存货验收程序和方法，对入库的质量、数量、技术规格等方面进行查验，验收无误方可入库；建立存货盘点清查制度，结合JG酒店的实际情况确定盘点周期、盘点流程，盘点结果应形成书面报告，做到"账账相符、账证相符、账实相符"。

（3）应建立有效的存货风险评估和处理机制，实时监控JG酒店的日常经营活动，当出现重大风险时，管理层能及时识别风险并制定有效的应急预案，提高抵抗风险的能力。同时，JG酒店还可以委托专业机构，适时对其进行风险分析，以便及时规避存货管理中存在的风险，避免给企业造成更大的损失。

二、存货业务处理程序设计

（一）材料领发业务处理程序

（1）领用部门编制一式四联领料单，并经本部门负责人审核批准。

（2）供应部门接单后审核，在符合领料条件的单证上签字后，转交仓库。

（3）仓库根据批准的领料单发料，并将领料单第一联随料交给领用部门。

（4）领料单第二联退还供应部门，据以登记材料明细账。

（5）仓库依据领料单第四联登记材料吊卡。

（6）会计部门收到领料单后，暂时保存，月末与领用部门转来的领料单核对后编制发料汇总表，并编制记账凭证后进行总分类核算。

材料领发业务程序中关键的控制点是要对用料、发料、记录、核对等工作进行分离。

（二）委托加工材料发料业务程序

（1）生产计划部门根据生产情况需要与外单位签订加工合同，并编制一式五联的委托加工领料单，一并送供应部门审批。

（2）供应部门审批后在领料单上签字，将第一至第三联送仓库部门发料，第五联退还生产计划部门，第四联留存据以记录材料明细账。

（3）仓库发料，并将第一联随料交给运输部门，第二联送会计部门，第三联留存据以记录材料卡。

（4）运输部门将材料交付加工单位后，并由加工单位在第一联上签收，回单位后交给会计部门。

（5）会计部门在月末将第一联、第二联、第五联核对后编制发出材料汇总表，并编制记账凭证，进行总分类核算。

委托加工材料业务处理程序中关键的控制点是将材料领用、运输、发料、记账等过程进行分离，使其相互牵制。

（三）委托加工材料完工验收付款业务程序

（1）供应部门收到完工收料通知单和加工费发票后，经过核对无误后编制委托加工收料单一式三联，送仓库，通知收料。

（2）仓库依据收料单验收加工材料，并将收料单第一联送会计部门，第二联留存记录材料吊卡，第三联送供应部门。

（3）供应部门将第三联与发票核对无误后，在发票上签章并送会计部门，并根据第三联记录材料明细账。

（4）会计部门对发票审核后通知出纳付款，月末将依据收料汇总表和付款凭证进行总分类核算。

（四）产品生产完工交库业务处理程序

（1）生产部门对经质量部门检验合格的完工产品编制产品交库单一式三份，并随产品交给仓库。

（2）仓库依据交库单验收产品并在交库单上签章，其中：第一联送会计部门，第二联返回生产部门，第三联留存记录存货吊卡及存货明细账。

（3）月末生产部门依据交库单第二联汇总编制生产产品汇总表送会计部门。

（4）会计部门月末将交库单汇总编制产品入库汇总表，并与生产产品汇总表核对，编制记账凭证，进行总分类核算。

 **范例 4-1**

<h3 align="center">MD 公司存货内部控制制度</h3>

一、适用范围

本程序适用于存货入库管理业务，入库成本核算业务，存货盘点业务，存货出库、发出成本核算业务及其存货跌价准备业务。

学习笔记

二、控制点

（1）存货入库控制。

（2）存货盘点控制。

（3）存货出库控制。

（4）存货跌价准备控制。

三、部门职责

（1）仓储部门负责存货入库的业务管理、存货出库实物管理和计量工作。

（2）会计部门负责入库成本的核算、库存升损的账务处理、出库存货的会计核算、存货减值准备的审查和上报、账务处理和管理工作。各下属单位采购、销售部门负责物资管理的制度建设工作和明确盘点管理制度。

（3）仓储部门牵头，会计部门和采购部门相关人员参加，共同实施库存存货盘点。

（4）采购、销售部门或仓储部门负责实物存货减值的初步判断，并提出减值意见。

四、关键控制程序

（一）存货入库控制

（1）仓储部门根据存货入库管理规定，按照合同或相关规定由具有一定资质的质量检验人员对入库存货的质量进行检验，检验合格后方可入库。

（2）仓储部门根据存货入库管理规定，由计量人员或仓储保管员对入库存货的数量进行计量验收，并办理数量交接手续。如出现超定额损耗，查明原因并进行处理。

（3）入库情况审核。

①仓储部门的负责人或指定人员，对记载入库存货的质量、数量、规格、型号和材质的入库单进行审核并签字（包括：入库的存货是否属于本公司管理的存货，检验和计量准确性，质量不合格、数量短少情况）。

②仓储部门对于直达物资，各分/子公司按各自的出入库管理程序执行，仓储稽核岗进行审核。

（4）入库凭证的交接。

①仓储部门的票据传递人员，将存货入库的相关资料的不同联次（存货入库单、质量检定报告等），每日/周/月送达相关部门（财务部门、采购部门等），确保当月的入库单在月末结账前送达财务部门，并在"仓储部门票据交接记录"上签字。

②仓储管理岗每月对入库单是否连续编号进行审核，对于不连续的入库单进行重点检查，并将检查情况以书面形式向领导报告。财务稽核岗对入库单不定期审核。

（5）入库成本核算。

①会计部门存货核算岗审核采购合同、验收单、入库单、发票，审核入库存货的数量、计价是否准确无误，根据《企业会计制度》的规定，确定存货的入库数量和入库成本，及时编制记账凭证。会计稽核岗对记账凭证进行审核。

②会计部门月末审核暂估材料统计表的准确性、完整性。

③财务管理部门月末对各下属单位内部购销业务，与对方单位进行数量和金额的核对，每季度出具书面签认单。

（二）存货盘点控制

1. 盘点准备

（1）各下属单位应建立存货盘点管理办法。

（2）会计部门定期将存货明细账记录与仓储部门存货明细账记录进行核对。

2. 存货质量检验

存货盘点小组由具有质量鉴定资质的人员参加，对库存实物中有质量变化的存货进行鉴定和残次评估，出具质量鉴定评估报告，并经相关责任人员（保管员、仓储部门的负责人）审核签字确认。

3. 实物数量计量

存货盘点小组必须由具有计量资质的人员参加，对库存实物数量进行计量（计量器具必须经计量检验部门定期检验，并出具检验合格证书），填写实物盘点计量表/单，并经相关责任人员（保管员、仓储部门的负责人）审核签字确认。

4. 编制盘点表

（1）存货盘点小组编制存货盘点表，计算存货升损情况。存货盘点表应包括：存货数量，存货变质、报废、毁损情况，计提跌价准备的原始依据，残次评估报告等。

（2）保管员、仓储部门负责人和盘点小组的其他相关人员审核存货盘点表并签字。

5. 盘点结果的处理

（1）仓储部门根据存货定期盘点中发现的盘盈、盘亏、毁损、报废，填制"待处理财产盘盈、盘亏、毁损、报废审批表"，上报财务部门和相关业务部门进行审核确认。

（2）仓储部门、会计部门根据审批确认后的"存货损耗计算单""存货盘盈、盘亏、报废审批表"，分别进行账务处理。

（3）会计部门会计核算岗依据有效的"存货盘盈、盘亏、报废审批表"对超定额损耗和非正常损耗涉及的增值税、进项税予以转出，作相应财务处理，并经会计稽核岗进行审核。

（三）存货出库控制

1. 存货出库

（1）业务人员依据需求开具出库单或内部调拨单，领料员（客户）签字，并经主管领导审批；保管员确认手续完备后，按出库单发货。

（2）出库单或内部调拨单必须是多联单据。多联单据必须是连续编号，一次填制完成，不得分联次填写，并由不同的部门分别保存。多联单据的保管部门要定期对账。

（3）仓储部门的票据传递人员将存货出库的相关资料的不同联次（存货出库

单、质量检定报告等），每日/周/月送达相关部门（会计、采购、销售部门等），确保当月的出库单在月末结账前送达财务部门，并在"票据传递登记簿"上签字。

（4）仓储管理岗每月对出库单是否连续编号进行审核，财务稽核岗对出库单不定期审核。

2.发出成本核算

（1）会计部门存货核算岗对销售的、调拨的、内部领用的有关票据的数量、金额、审批手续进行审核。

（2）会计部门与销售部门、仓储部门对当月出库存货进行核对，并对核对结果进行签字确认。

（3）会计部门稽核财务处理的正确性，内容包括是否根据规定的成本结转方法正确结转成本，按照计划价格进行存货核算的单位是否按照规定正确计算并结转存货成本差异。

（四）存货跌价准备控制

（1）各单位会计部门会同相关部门每季度对存货进行全面检查，填写"存货跌价准备检查表"，如需要计提跌价准备，另填写"计提存货跌价准备申请表"，经各下属单位负责人审核后报集团公司审批。

（2）公司会计部门依据各下属单位上报的"计提存货跌价准备申请表"填写"计提存货跌价准备审核表"，按公司规定的程序会同会计部门共同审核。

（3）公司会计部门将会审后的"计提存货跌价准备审核表"报会计部门负责人、总经理审核，报总会计师审批。

三、固定资产业务内部控制制度设计

（一）固定资产增加的控制制度

1. 加强对固定资产投资的预算管理

明确固定资产投资预算的编制、调整、审批、执行等环节的控制要求。企业编制固定资产投资预算，应当符合企业发展战略和生产经营实际需要，综合考虑固定资产投资方向、规模、资金占用成本、预计盈利水平和风险程度等因素，在对固定资产投资项目进行可行性研究和分析论证的基础上，合理安排投资进度和资金投放量。

2. 建立固定资产验收制度

（1）由固定资产管理部门、使用部门和财会部门参与固定资产验收工作。

（2）区别固定资产的不同取得方式，对外购、自行建造、投资者投入、接受捐赠、外单位调入以及通过其他方式获取的固定资产进行验收，办理验收手续，出具"固定资产验收报告"（验收单），并与购货合同、供应商的发货单及投资方、捐赠方等提供的有关凭据、资料进行核对。

（3）对于验收合格的固定资产，应当填制"固定资产交接单"，登记固定资产账簿。

（二）固定资产日常保管的控制制度

（1）建立固定资产归口分级管理制度，授权具体部门或人员负责固定资产的日常使用与维修管理，保证固定资产的安全与完整。确保固定资产管理权责明晰、责任到人。

（2）企业应根据国家及行业有关要求和自身经营管理的需要，确定固定资产分类标准和管理要求，并制定和实施固定资产目录制度。依据企业会计准则，确定固定资产计提折旧的范围、折旧方法、折旧年限、净残值率等折旧政策。折旧政策一经确定，除符合国家统一的会计制度规定的情况以外，未经批准，不得随意变更。

（3）企业应当根据国家统一的会计制度的要求，结合企业经营管理特点，建立健全固定资产账簿登记制度和固定资产卡片管理制度，确保固定资产账账、账实、账卡相符。企业财会部门、固定资产管理和使用部门应当定期核对相关账簿、记录、文件和实物，若发现问题，应及时报告。

（三）固定资产后续支出的控制制度

1. 建立固定资产维修保养制度

（1）对固定资产进行定期检查、维修和保养，及时消除安全隐患，降低固定资产故障率和使用风险。

（2）制定固定资产维修保养计划，并按计划规定的步骤和方式实施固定资产的日常维修和保养。需要大修的，应由财会部门、固定资产管理和使用部门共同组织评估，提出修理方案，经企业负责人或其授权人员批准后实施。

（3）固定资产维修保养费用应当纳入企业预算，并在经批准的预算额度内执行。

2. 建立固定资产投保制度

为了防范和控制固定资产的意外风险，由固定资产管理部门会同财会部门等拟订投保方案，明确投保固定资产的范围和标准，经单位负责人或其授权人员批准后办理投保手续。

（四）固定资产盘点的控制制度

企业应当建立固定资产定期盘点制度。

（1）明确固定资产清查盘点的范围、期限和组织程序，成立"固定资产清查小组"对固定资产进行定期或不定期的清查、盘点。

（2）根据盘点结果详细填写"固定资产盘点报告表"，并与固定资产账簿和卡片核对。发现账实不符的，应编制"固定资产盘盈、盘亏表"并及时编制盘点报告。

（3）固定资产管理部门、使用部门应当查明固定资产盘盈、盘亏的原因，提出初步处理意见，经企业负责人或其授权人员批准后作出相应处理。

（4）企业应至少在每年年末由固定资产管理部门和财会部门对固定资产进行检查、分析。包括定期核对固定资产明细账与总账，并对差异及时进行分析与调整。对可能发生减值迹象的固定资产，应当计算其可收回金额，可收回金额小于账

学习笔记

面价值的，应当计提减值准备，避免资产价值高估。

（五）固定资产处置的控制制度

固定资产处置包括固定资产转让、出售、报废、毁损等，主要由固定资产管理部门负责，还涉及固定资产使用部门和财务部门。固定资产处置控制制度以"审批"为关键控制点，具体内容如下。

（1）明确固定资产处置的范围、标准、程序、审批权限和责任。对重大固定资产处置，应当实行集体审议联签。

（2）对使用期满正常报废的固定资产，应由固定资产管理部门填制"固定资产报废单"，经企业授权部门或人员批准后进行报废清理。对未使用、不需用的固定资产，应由固定资产管理部门提出处置申请，经企业授权部门或人员批准后进行处置。对拟出售或投资转出的固定资产，应由有关部门或人员填制固定资产清理单，经企业授权部门或人员批准后予以出售或转作投资。

（3）组织相关部门或人员对固定资产的处置依据、处置方式、处置价格等进行审核。重点审核处置依据是否充分、处置方式是否适当、处置价格是否合理。

（4）及时、足额地收取固定资产处置价款，并及时入账。

四、固定资产业务处理程序设计

（一）设备更新申请批准程序

（1）由设备部门编制设备更新计划交总工程师审批。

（2）总工程师审批后，属外购设备的，编制购买通知单一式三份；属于自制设备的，编制制造任务书，交有关部门购买或自制。

（3）设备部门根据购买通知单与供货单位签订合同，并将合同副本、购买通知单和自制任务书交财会部门留存，以作结算附件用。

设备更新程序的关键控制点是计划、批准、采购、自建和结算分别交由不同的部门或个人去处理，以防止盲目采购与自建。

（二）设备采购、验收、付款程序

（1）供货单位将设备购买发票、运输单、提货单等函寄给设备部门。

（2）设备部门根据原购买通知单及合同对发票和提货单进行审核，并开出入库单一式三份，然后通知运输部门提货和设备仓库接货。

（3）运输部门提货后交由设备部门进行数量和质量验收，登记设备库存账。

（4）设备部门持发票、入库单等到财会部门办理结算手续，财会部门对合同副本、购买通知单、发票、入库单进行核对后办理货款结算。

设备采购、验收、付款程序的关键控制点是由部门、仓库、财会部门分别办理采购、验收、付款等事项，形成相互牵制的格局。

（三）设备清理报废程序

（1）设备使用部门提出报废申请。

（2）设备部门组织技术鉴定后审核批准。

（3）设备部门注销固定资产卡片，并登记固定资产簿。

（4）申请部门注销固定资产卡片，清理部门清理报废的设备，财会部门登记有关账户和注销有关明细账或固定资产卡片。

设备报废业务处理程序的控制点是由设备使用部门、设备管理部门、设备清理部门和财会部门分别办理申请、鉴定、批准、清理、销账工作，以形成相互牵制的格局。

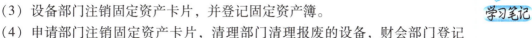

案例 4-4

机电学院为某高校二级学院，下设机构有管理单位、教学单位、实验中心、研究单位等。其经费来源主要为预算拨款和对外服务收入提成。日常财务工作由学校财务处集中核算和管理。所有经费支出实行项目责任人"一支笔"的审批制度。受学校组织部委托，审计处成立审计组对该二级学院负责人进行离任经济责任审计，其中对该学院 2008—2009 年新增固定资产及 2009 年年底固定资产总额进行了审核和重点抽查，发现存在以下问题：

（1）涉及固定资产的三方（资产管理部门、财务部门、学院）协调不够，未定期进行实地盘点，如资产管理部门提供资料中有"图书，金额 3789 元"，在财务部门提供账上未查到相关数据，同时审计在实地盘点中也未查到相关资料和实物，涉及的三方给出的解释也不一致。

（2）该二级学院对固定资产的购进、报废、使用、保管及存放地点没有详细记录。

【分析】

该高校实行会计集中核算结算后，财务部门根据支出票据、入库单据登记单位固定资产，而固定资产仍由二级学院保管、使用，财务部门未参与管理，资产部门未定期组织清产核资，二级学院未建立固定资产台账等，很容易造成账实不符，资产流失。因此，该高校应建立健全固定资产管理制度，资产管理部门要定期与财务部门对账，做到账账相符，二级学院应建立固定资产台账，资产管理部门应定期组织清产核资，做到账实相符，确保国有资产管理的安全完整。

范例 4-2

MD 公司固定资产内部控制制度

一、适用范围

本程序适用于固定资产日常管理，包括：折旧管理，后续支出管理，调剂与调拨管理，租赁管理，计算提取减值准备，固定资产清查、报废、处置，固定资产评估等业务。

二、关键控制点

（1）固定资产调剂调拨。

（2）固定资产租赁。

(3) 固定资产折旧。

(4) 固定资产后续支出。

(5) 固定资产清查。

(6) 固定资产报废。

(7) 固定资产处置。

(8) 固定资产评估。

(9) 固定资产减值准备。

三、部门职责

(1) MD 公司资产管理部门是本程序的归口管理单位，负责实物资产验收、固定资产的评估，组织资产清查、报废和处置工作。

(2) MD 公司财务部门负责计提折旧、计提（转回）资产减值准备业务的归口管理，负责固定资产清查结果、固定资产报废和处置的账务处理及相关财务管理工作。

(3) MD 公司所属建设管理部门负责后续支出的实施。

(4) 相关专业管理部门（资产管理、设备管理、生产、技术等）对相关资产的减值情况进行专业性判断，并签署意见。

四、控制措施

（一）固定资产调剂与调拨

(1) 资产管理部门是否及时办理"资产调拨单"并经主管领导审批、签字；资产管理委员会是否审批、签字。

(2) 资产调出单位是否凭"资产调拨单"与资产调入单位办理实物移交手续。资产管理岗是否根据审批后的"资产调拨单"和实物移交手续及时入账，核对调入、调出相关账务处理及所属单位资产管理报表。

(3) 资产管理部门是否组织相关业务部门对调剂申请进行鉴定，确定是否确属闲置并可调剂资产，并是否由相关业务部门在相应调剂申请表上签字盖章。

(4) 相关部门资产管理岗登录财务系统或与资产会计岗核对资产管理系统与财务信息系统的记录是否一致。

（二）固定资产租赁

(1) 资产管理部门负责人是否审核租赁申请书。审核的主要内容应包括资产租赁的原因（理由）、性质。

(2) 财务部门负责人是否审核租赁申请书，是否按管理权限报经单位总会计师审批。

(3) 租赁合同是否经法律顾问、业务主管部门及财务部门审查。

(4) 财务部门管理岗对租赁业务账务处理的科目、金额在记账期间是否正确进行审核。

（三）固定资产折旧

(1) 折旧计算表是否经财务部门负责人审核，资产管理岗是否根据审核后的折旧计算表进行账务处理。

(2) 财务部门相关岗位每月是否对折旧情况进行分析性复核，是否对异常情况进行记录并向财务部门主管领导汇报。

（四）固定资产后续支出

（1）相关部门对固定资产的修理及改造实施情况是否按规定的权限和程序进行审核、审批。

（2）项目管理部门审核后续支出项目原始依据是否完整、合规。

（3）项目管理部门是否审核后续支出项目的相关工程量、造价及其他支出项目，是否审查后续支出项目的金额并上报 MD 公司相关部门。

（4）付款程序是否合规，付款金额是否准确。

（5）财务部门资产管理岗会同设备管理部门不定期对已发生的修理及改造项目进行跟踪检查。

（6）财务部门稽核管理岗复核记账凭证，财务部门负责人审核记账凭证。

（7）稽核管理岗每月将资产管理系统相关数据与会计报表（或财务信息系统）相关数据（月初数、月末数）进行核对，编制"资产核对情况表"并签字确认。

（五）固定资产清查

（1）资产清查小组每年至少对资产进行一次盘点。

（2）所属部门定期进行全面的资产盘点，出具盘点清单和清查报告。

（3）财务部门资产管理岗出具清查报告、盘点统计表，财务负责人审核签字，并报 MD 公司资产管理委员会审查。

（4）资产管理部门组织相关部门对盘亏、毁损、闲置、待报废原因进行核实和分析，并提出具体资产处理意见，按规定程序上报 MD 公司审批。

（5）财务部门在收到有关批复后当月内进行账务处理。

（六）固定资产报废

（1）资产管理部门根据资产使用部门提供的待报废资产情况，按照固定资产的报废条件，组织相关部门对申请报废的固定资产进行审核和技术鉴定，确定是否应该报废，确定正常报废和非正常报废，分别编制待报废资产明细表。

（2）所属单位资产报废需经本单位相关业务部门负责人、主管领导审核，审核通过后上报 MD 公司相关部门。

（3）正常报废资产由资产管理委员会审批，非正常报废资产上报 MD 公司财务部门资产管理岗审批。

（4）待报废固定资产实物在批准报废前由固定资产使用单位负责保管或由固定资产使用单位负责送交指定库房存储；批准报废后，资产管理部门负责对报废固定资产实物登记造册，配合报废资产处置部门移交报废资产，由交接人员在报废资产移交清册上签章确认。实物资产管理部门定期对库存报废资产进行实物盘点。

（七）固定资产处置

（1）是否按照《实物资产管理办法》的有关规定出具资产处置意见书并签字评审。

（2）对需进行评估的固定资产是否由有资质中介机构进行资产评估。

（3）固定资产的调出和报废是否按规定程序取得有关部门的批准，有无未经适当批准擅自调出或报废固定资产的情况。

（4）固定资产调出或报废的原因是否正常，经济技术鉴定理由是否充分，有无未进行任何鉴定就调出固定资产的情况。

（5）实际调出的固定资产是否与经批准的呈批单上填写的内容一致，有无利用经批准的呈批单调出其他未经批准调出固定资产的情况。

（6）调出固定资产的附属设备是否随同调出，有无借调出之机被人窃为已有或变卖的情况，特别要注意调出固定资产附属设备是否齐全。

（7）调出固定资产是否按账面原值销账，有无按净值或变卖价值销账的情况。

（8）对于有偿调出或变价出售的固定资产，应检查其作价是否合理，有无作价过低或削价赠送等情况，注意所得价款是否足额入账，有无截留、挪用的情况。

（八）固定资产评估

（1）财务部门和资产管理部门收集需要进行固定资产评估的事项，按照相关规定（或专题会议）审定评估事项和固定资产范围（包括：处置、以物抵债、诉讼、资产重组、投资等），并上报 MD 公司相关业务部门进行审议。

（2）是否聘请具有评估资质的中介机构，签订协议，进行固定资产评估。

（九）固定资产减值准备

（1）所属单位财务部门每季度是否会同资产使用部门、资产管理部门和技术部门对固定资产的现状及未来效用、价值回收情况进行专业判断，是否提出减值申请，是否经相关业务部门负责人及 MD 公司领导审查后报集团公司审批。

（2）财务资产处资产管理岗汇总审核计提（转回）减值准备资料，提出处理意见，经相关处室审核后，是否报资产管理委员会审核。

 项目小结

本项目知识结构图如图 4-3 所示。

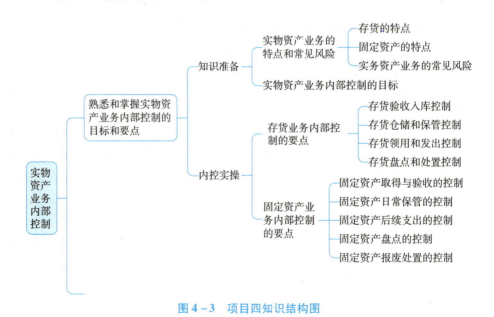

图 4-3　项目四知识结构图

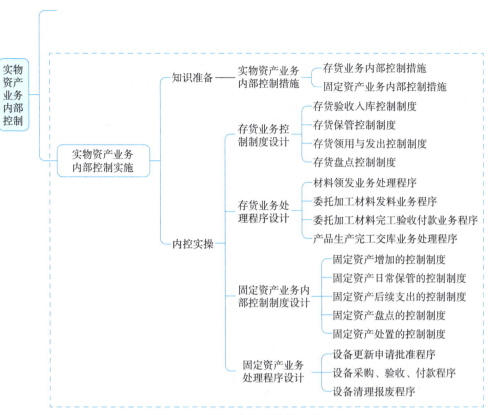

图 4 - 3 项目四知识结构图（续）

项目训练

【职业技能测试】

一、不定项选择题

1. 存货是指企业在日常活动中持有以备出售的产成品或商品、处在生产过程中的在产品、在生产过程或提供劳务过程中耗用的材料和物料，下列不属于存货特点的是（　　）。

A. 流动性较强　　　　　　　　B. 在流动资产中所占比重较小

C. 种类、数量繁多　　　　　　D. 计价方法较多

2. 固定资产具有哪些特点？（　　）

A. 单位价值较高

B. 具有实物形态

C. 使用时间比较短

D. 价值随着其在使用过程中的损耗逐步转移到产品成本中去

3. 存货内部控制目标包括（　　）。

A. 保护存货的安全

B. 提高存货的营运效率

C. 保证合理地确定存货价值

D. 防止并及时发现和纠正存货业务中的各种差错和舞弊

4. 下列不属于固定资产内部控制目标的是（　　）。

A. 保证固定资产取得的合理性

B. 保证固定资产确认和计量的及时性

C. 保证固定资产的安全完整

D. 保证固定资产折旧、处置的合理性

5. 存货业务内部控制的关键控制点包括（　　）。

A. 存货验收入库控制　　　　B. 存货仓储和保管控制

C. 存货领用和发出控制　　　　D. 存货的盘点和处置控制

6. 存货业务的不相容岗位至少包括（　　）。

A. 存货的请购、审批与执行

B. 存货的采购与验收、付款

C. 存货的保管与相关会计记录

D. 存货发出的申请与审批，申请与会计记录

7. 固定资产业务的不相容岗位包括（　　）。

A. 固定资产投资预算的编制与审批

B. 固定资产的取得、验收与款项支付

C. 固定资产投保的申请与审批

D. 固定资产的保管与使用

8. 企业应建立固定资产验收制度，由（　　）参与固定资产验收工作。

A. 管理部门　　　　　　　　B. 财会部门

C. 使用部门　　　　　　　　D. 采购部门

9. 下列关于存货日常管理的说法正确的是（　　）。

A. 建立存货保管的岗位责任制。存货的存放和管理应指定专人负责，严格限制其他无关人员接触存货。定期对存货进行检查，确保及时发现存货损坏、变质等情况

B. 建立存货的分类管理制度，对重要存货如贵重物品、危险品、精密仪器等，采取特别控制措施。其保管、调用、转移都要经过严格的特殊授权

C. 存货管理部门对入库的存货应当建立存货明细账，入库记录可以根据需要修改

D. 对于已售商品退货的入库，仓储部门应根据销售部门填写的产品退货凭证办理入库手续，经批准后，对拟入库的商品进行验收

10. 固定资产处置包括固定资产的转让、出售、报废、毁损等，主要由（　　）负责。

A. 财务部门　　　　　　　　B. 固定资产使用部门

C. 仓储部门　　　　　　　　D. 固定资产管理部门

二、判断题

1 外购存货的验收应当重点关注合同、发票等原始单据与实物核对一致。
（　　）

2. 企业至少应当于月终开展全面盘点清查，盘点清查结果应当形成书面报告。
（　　）

3. 企业应根据未来生产能力发展的实际要求和资源条件，对固定资产建设或改造进行可行性分析，编制固定资产投资计划和预算，需经企业最高管理层批准。
（　　）

4. 对使用期满、正常报废的固定资产，固定资产使用部门或管理部门可以直接进行报废清理。
（　　）

5. 企业资产管理部门应制定适合本企业的固定资产目录，对每项固定资产进行编号，这有利于企业了解固定资产使用情况的全貌。
（　　）

6. 固定资产使用部门会同财务部门负责固定资产日常维修、保养，制定和完善固定资产维护和安全防范制度。
（　　）

7. 为了实现企业的可持续发展，企业应当充分利用国家有关自主创新政策，加大更新改造投入，淘汰落后设备，不断促进固定资产技术升级，切实做到本企业固定资产技术的先进性。
（　　）

8. 企业应建立固定资产清查制度，至少每年全面清查，对于清查中发现的问题，应当查明原因，追究责任，妥善处理。
（　　）

9. 企业内部除存货管理部门及仓储人员外，其余部门和人员接触存货时，应由相关部门特别授权。
（　　）

10. 存货的会计处理应当符合国家统一的会计制度的规定。企业应当结合自身实际情况，确定存货计价方法，存货计价方法可以根据需要自行变更。
（　　）

【职业能力训练】

请同学们以 4~5 人为一组，以小组为单位对以下案例进行分组讨论，按要求完成训练任务，并以 Word 文档提交任务成果，课堂上由一名同学为代表汇报任务成果。

【训练一】

资料：合信木制品公司是一家外资企业。1999—2004 年每年的出口创汇位居全市第三，年销售额达 4 300 万元左右。2005 年以后该企业的业绩逐渐下滑，亏损严重，于 2007 年破产倒闭。这样一家中型企业，从鼎盛到衰败，探究其原因，不排除市场同类产品的价格下降，原材料价格上涨等客观因素，但内部管理的混乱是其根本原因，在税务部门的检查中发现：该企业的产品的成本、费用核算不准确，浪费现象严重，存货的采购、验收入库、领用、保管不规范，归根到底是缺乏一个良好的内部控制制度。该企业在存货的管理中存在以下问题。

（1）董事长常年在国外，材料的采购由董事长个人掌握，材料到达入库后，仓库保管员按实际收到材料的数量和品种入库，实际的采购数量和品种仓库保管员无法掌握，也没有合同等相关的资料。财务的入账不及时，会计自己估价入账，发

学习笔记

票在几个月以后，甚至有的长达一年以上才回来，发票的数量和实际入库的数量不一致，也不进行核对，造成材料的成本不准确，忽高忽低。

（2）期末仓库保管员自己盘点，盘点的结果与财务核对不一致的，不去查找原因，也不进行处理，使盘点流于形式。

（3）材料的领用没有建立规范的领用制度，车间在生产中随用随领，没有计划，多领不办理退库的手续。生产中的残次料随处可见，随用随拿，浪费现象严重。

要求：请分析该企业的存货内部控制存在哪些缺陷，应如何改进。

【训练二】

资料：2019年12月17日，C公司报案，称2019年11月20日公司仓库管理员提货时，发现材料编号为A的电子芯片缺失7 000余颗，价值约8万元。经过内部排查发现，该批货物于同年10月20日入库，于10月28日上架，于11月20日发现遗失，经反复清点，确认该批货物失窃。

自贸区公安分局接报后立即前往现场勘查，发现C公司工作间及仓库总面积逾2 000平方米，主要存放高价值电子产品，但仅安装了3个监控摄像头，且除安全通道外，还有多个出入口可供人员进出。工厂负责人表示，在9月28日、10月10日、10月23日，曾发生三次电子芯片失窃案件。其中，第一次失窃1 000颗，清点人员曾报告仓库管理员，但仓库管理员把失窃的电子芯片当作正常损耗处理。谁知后两次失窃量剧增，累计达到近3万颗，总价值90余万元。

经过调查，犯罪嫌疑人彭某浮出水面。彭某是该公司雇佣的劳务工，在近期突然离职。他曾多次邮寄快递不明物品至深圳电子产品中心。通过进一步侦查发现，其实快递来的是空箱子，然后他将空箱子带入货仓，再将电子芯片藏入其中夹带出仓库。

要求：请分析C公司在存货管理方面存在哪些管理漏洞，应如何改进。

项目五

销售业务内部控制

 学习目标

知识目标：

◎ 了解销售业务的特点及常见风险；

◎ 理解销售业务内部控制的目标；

◎ 熟悉销售业务内部控制的关键控制点；

◎ 掌握销售业务内部控制措施；

◎ 掌握销售业务内部控制的主要内容。

能力目标：

◎ 能够根据经营特点梳理企业销售业务的流程；

◎ 能够找出销售业务内部控制的关键控制点；

◎ 能够制定销售业务内部控制相关措施；

◎ 能够完成货销售业务内部控制制度的设计。

素质目标：

◎ 培养社会责任感，激发增强爱国热情；

◎ 培养对销售业务风险进行识别和分析、判断的能力；

◎ 培养谨慎细致、精益求精的工作作风；

◎ 培养自觉遵纪守法、杜绝舞弊的良好职业道德。

任务一　熟悉和掌握销售业务内部控制的目标和要点

 任务导学

　　运立达公司设有销售部，处理订单、签订合同、执行销售政策和信用政策。销售部张经理对30万元以内的赊销业务有权批准，并根据具体情况确定产品售价。由于人手紧张，大宗商品销售都是由业务员王明与客户谈判并签订合同。没有签订

视频：熟悉和掌握销售业务内部控制的目标和要点

学习笔记

合同、由购买方提货的销售业务直接由财务部收款后开具提货单据和发票，客户自行提货。货到付款的业务由销售业务员刘强负责赴外地向购买方收款，并将现金或者支票等票据转交财务部。

2020年9月该公司发生如下业务。

（1）销售部张经理凭借以前的良好印象批准向老客户长远公司赊销23.4万元的业务，后来该款项迟迟未能收到，财务部证实该企业财务状况恶化，当时已经有数笔货款没有如期支付。

（2）新客户建明公司要求与该公司签订3年期供货合同，3年中每月末按照市场价格80万元购货，提供下一批货物时清偿上一批货物款项。由于企业销售政策中没有此类情况，销售部张经理向总经理请示，总经理当即决定签署该合同。一个月后，建明公司未能还款，经调查发现建明公司并无偿还能力。

任务与思考：

运立达公司的销售业务内部控制存在哪些缺陷？应该采取哪些改进措施？

知识准备

一、销售业务的特点和常见风险

销售业务是指企业出售商品（或提供劳务）及收取款项等相关活动。它是企业生产经营活动的重要内容，也是生产经营活动的最后一个环节。根据销售业务内容的不同，其可分为主要销售业务和其他销售业务。主要销售业务，也称为主营业务，指销售产品、自制半成品或提供劳务等经济业务；其他销售业务，也称为其他业务，是企业销售不需用的材料、提供非工业性劳务、出租资产、转让无形资产等业务活动。销售业务的发生，一方面会引起存货减少，另一方面会引起收入的增加、货币资金的流入或债权的增加，与存货业务和货币资金业务都密切相关。

销售业务的常见风险如下。

（1）销售行为不符合国家有关法律法规和企业内部规章制度的规定，可能遭受外部处罚、经济损失和信誉损失，甚至危及企业生存。

（2）销售政策和策略不合理、市场变化预测不准确、销售渠道维护不够等，可能导致销售不畅、库存积压、经营难以为继。

（3）客户信用调查不到位、结算方式选择不当、账款回收不力等，可能导致销售款项不能收回或遭受欺诈。

（4）销售过程存在舞弊行为，可能导致企业利益受损。

二、销售业务内部控制的目标

（1）保证营业收入的真实性、完整性和合理性。

（2）保证销售折扣的适度性。

（3）保证销售折让与销售退回的合理处理与解释。

（4）保证销售货款及时记录和收回。

（5）杜绝销售与收款业务中可能出现的一切违法乱纪和侵吞企业利益的行为。

内控实操

学习笔记

一、构建和优化销售业务流程

企业应当结合实际情况，全面梳理销售业务流程，明确销售业务的主要风险点，查找管理漏洞，建立和完善销售业务相关的管理制度和办法，防范和化解经营风险。

销售业务主要流程包括：编制销售计划、进行客户开发与信用管理、销售定价、销售谈判、进行销售审批与订立合同、组织发货、提供服务、收款、进行会计记录、进行客户服务、进行销售折让与退回。

二、明确销售业务控制要点

（一）销售计划控制

销售计划通常是整个企业经营计划的起点，决定了生产、采购、资金等活动计划，其编制准确性对企业经营影响非常大。企业应重视销售计划编制，明确销售计划编制流程，销售计划应基于充分有效的市场调研，并在内部相关部门恰当沟通的基础上形成；销售计划应恰当分解；建立销售计划调整沟通机制以应对市场变化。

【风险提示5-1】未编制有效的销售计划；编制销售计划时未充分搜集信息；销售计划未经内部恰当沟通、讨论和审核；销售计划未能有效分解。

销售计划不符合市场实际，直接影响采购、生产等业务活动，不能满足市场需求或导致库存积压，企业资源不能得到有效安排。

案例5-1

长远电器是一家大型家电生产企业，2017年年末在对市场趋势进行深入研究的情况下，由总部制定了销售计划，然后与子公司讨价还价后定出子公司的销售目标，销售目标缺乏基础；销售计划没有针对各个片区、产品、季节、业务员进行分解，难以具体落实；没有制定与销售数量指标配套的销售资源投入计划和方案，销售业务员无从制定具体的销售活动方案；销售计划中缺乏对回款、费用的考核指标。由此带来的后果是：库存积压，销售费用高居不下，应收账款高企，销售人员积极性受到严重挫伤，次年大量离职，给公司经营带来非常不利的影响。

【分析】

长远电器的销售计划不符合市场实际，不能满足市场需求，也直接影响采购、生产等业务活动。企业应重视销售计划编制，明确销售计划编制流程，销售计划编制应基于充分有效的市场调研，销售计划经过内部部门恰当沟通；销售计划应恰当分解；具备销售计划调整沟通机制以应对市场变化。

（二）客户开发与信用管理控制

企业应积极开拓市场份额，加强对现有客户的维护，开发潜在客户，加强信用管理，对于境外客户和新开发客户，应当建立信用保证制度，采取严格有效的信用结算方式，防范销售风险。

信用管理是保障企业资产安全，减少坏账损失的最有效的方法，信用管理不当所导致的企业应收账款高、产生巨额坏账损失是销售循环中的突出问题，也是销售环节中最重要的部分。企业应该建立一套全程信用管理体系，包括：信用管理组织结构的建立、信用管理操作流程的规范和客户信用等级和信用额度的确定。信用管理应贯穿到整个销售循环中，在接触客户时就对客户信用进行评估，设定客户的信用政策（包括信用等级、信用期限和信用额度），以做好事前控制；在与客户进行具体交易的时候要时刻审视客户的信用状况，不给客户超信用发货，做好事中控制；在收款环节也要对客户的还款期限进行跟踪，并实施必要的催收，做好事后控制。

> 【风险提示5-2】缺乏对市场信用风险的有效控制；客户档案不完整，缺少合理的资信评估；没有正确地选择结算方式和结算条件；对应收账款监控不严；对拖欠账款缺少有效的追讨手段。
>
> 企业应当加强市场调查，合理确定定价机制和信用方式，根据市场变化及时调整销售策略，灵活运用销售折扣、销售折让、信用销售、代销和广告宣传等多种策略和营销方式，不断提高市场占有率。

 案例5-2

2004年7月8日，四川长虹的掌门人倪润峰因"年龄原因"辞职。然而，就在倪润峰辞职后的2004年12月28日，四川长虹发布预亏公告，公告第一项决议就是通过拟对APEX公司应收账款计提坏账准备37亿元。

四川长虹与APEX是从2001年7月展开合作的，两家企业合作之后，其销售业绩高速增长，而应收账款余额的增幅更大。四川长虹给予APEX和其他客户的信用政策有很大差别，数据显示四川长虹给其他客户的平均回款期不足20天，而对APEX应收账款的账龄却长达1年多。2003年11月，美国商务部裁定四川长虹倾销成立，倾销幅度为45.87%，这样美国市场对四川长虹彩电完全封闭。2004年倪润峰出局，APEX董事长季龙粉于2004年10月被刑事拘留，至此四川长虹欲要APEX全额支付货款已经几乎不可能。

【分析】

实际上，APEX是一家名不见经传的代理公司，它成立于1997年，董事长兼总裁季龙粉是一个美籍华人，其籍贯是江苏常州。这个代理公司的经营之道，就是通过小额交易建立信用，然后采用赊账的方式进行大额贸易。在季龙粉的运作下，先后有宏图高科、天大天财、中国五矿等多家公司上当受骗，在发出货物后无法收回货款。然而，幸运的是它们都及时终止了与 APEX 的进一步合作。

此外，APEX 与四川长虹合作之前，曾与厦华电子等大型彩电厂商联系。厦华电子为了调查 APEX 的信用额度，委托中国出口信用保险公司对它评级。评级报告让厦华电子打消了与 APEX 交易的念头，因为报告结论是 APEX 的信用额度为零。也就是说，无论你交纳多少保费，保险公司都不会为这家企业的交易保险。

四川长虹也委托中国出口信用保险公司做了同样的调查，得到了同样的报告。但四川长虹由于冒进战略的需要，将专业机构提供的评级报告弃之不顾，甘冒市场风险，追求所谓的规模，这一恶果理当由四川长虹自己承担。

（三）销售定价控制

销售定价是指商品价格的确定、调整及相应审批。企业应制定书面销售价格表，并完善销售价格表编制和维护流程，定价或调价需经具有相应的权限人员审核批准。销售折扣、销售折让等政策的制定应由具有相应权限的人员审核批准。对销售折扣、销售折让授予的实际金额、数量、原因及对象应予以记录，并归档备查。

> 【风险提示 5-3】未制定严谨的销售政策/销售价格体系；销售政策/销售价格体系执行不力；销售政策/销售价格体系的制定缺少与财务部门的沟通；销售定价权缺乏有效管理；销售折扣和折让实施缺乏控制；需要保密的销售价格信息被不当泄露，被竞争对手或客户利用。

 案例 5-3

南昌的张先生在东航售票网上发现，某航空公司部分 2010 年 2 月的航班价格低得惊人，比如：原价 700 多元的南昌至厦门航班，网上报价只需 20 元，而原价 1 980 元的南昌至北京的头等舱票居然只售 60 元，比他坐卧铺回北京还要便宜 100 元左右。于是他当即决定购买特价票，和他一起买票的还有二十多位同事，他们都决定体验廉价的头等舱服务。

据该航空公司总经理马某介绍，这次事件是分公司的一位工作人员在网上录入价格失误所致，当时该工作人员把一批机票的"折扣前价格"录入成"折扣后价格"。虽然该航空公司及时发现，并修改了错误价格，但已经有 300 张低价票被旅客订走。由于正值春运旺季，这次失误给该航空公司造成的损失预计超过 30 万元。

【分析】

和该航空公司案例类似的情况其实在不少企业中发生过，这说明相关企业在销售价格方面未能进行严格控制。

（四）订立销售合同控制

企业在订立销售合同前，应当与客户进行业务洽谈、磋商或谈判，关注客户信用状况、销售定价、结算方式等相关内容。

重要的销售业务谈判应当吸收财会等专业人员参加，并形成完整的书面记录。

学习笔记

销售合同应当明确双方的权利和义务，审批人员应当对销售合同草案进行严格的审查与核实。对于重要的销售合同，应当征询法律顾问或专家的意见。

【风险提示5-4】合同内容存在重大疏漏和欺诈；未经授权对外订立合同导致企业权益受到侵害；销售价格、收款期限等违背企业销售政策。

案例5-4

2020年度，青岛证监局在对某上市公司的现场检查中，发现该公司在开展销售业务时，存在个别业务尚未订立书面买卖合同就向客户发出货物、开具发票、确认收入的情形。2020年10月29日，青岛证监局对该上市公司采取责令改正的措施。

【分析】

上述问题反映出该上市公司的销售业务与合同管理的相关内部控制不规范，违反了《应用指引第9号——销售业务》第六条、第十二条和《应用指引第16号——合同管理》第四条、第五条的相关规定。

《应用指引第9号——销售业务》的相应条款如下。

第六条　企业在销售合同订立前，应当与客户进行业务洽谈、磋商或谈判，关注客户信用状况、销售定价、结算方式等相关内容。

重要的销售业务谈判应当吸收财会等专业人员参加，并形成完整的书面记录。

销售合同应当明确双方的权利和义务，审批人员应当对销售合同草案进行严格的审查与核实。对于重要的销售合同，应当征询法律顾问或专家的意见。

第十二条　企业应当加强对销售、发货、收款业务的会计系统的控制，详细记录销售客户情况、销售合同、销售通知、发运凭证、商业票据、款项收回等情况，确保会计记录、销售记录与仓储记录核对一致。

企业应当加强应收款项坏账的管理，应收款项全部或部分无法收回的，应当取得销售机构、购货单位等有关方面的确凿证据，查明原因，明确责任，并严格履行审批程序，按照国家统一的会计准则制度进行处理。

《应用指引第16号——合同管理》的相应条款如下。

第四条　企业应当加强合同管理，确定合同归口管理机构，明确合同拟定、审批、执行等环节的程序和要求，定期检查和评价合同管理中的薄弱环节，采取相应控制措施，促进合同有效履行，切实维护企业的合法权益。

第五条　企业对外发生经济行为时，除即时清结方式外，应当订立书面合同。合同订立前，应当充分了解对方当事人的主体资格、信用状况等有关内容，确保对方当事人具备履约能力。技术含量较高或法律关系复杂的合同，应当组织法律、技术、财会等专业人员参与谈判，必要时可聘请外部专家参与相关工作。

对于谈判过程中的重要事项和参与谈判人员的主要意见，应当予以记录并妥善保存。

学习笔记

（五）发货控制

发货是根据销售合同的约定向客户提供商品的环节。企业销售机构应当按照经批准的销售合同开具相关销售通知。发货和仓储单位应当对销售通知进行审核，严格按照所列项目组织发货，确保货物的安全发运和交货。财会机构对客户信用情况及销售通知审查无误后，根据发票管理规定开出发票。严禁开具虚假发票。企业应当加强销售退回管理，分析销售退回原因，进行妥善处理。

【风险提示5-5】遭遇欺诈提货（如伪造提单或发货单据）；发货未经适当授权审批；发货行为不符合信用政策；重复发货；将货物发给了错误的客户；货物未能及时备好发给客户；发货时未留提货人签收证据等。

仓储部门应加强发货审核，关注提货单据的真伪，确认是否已收到客户款项或是否符合信用政策，对首次交易客户或陌生客户尤其要注意风险防范。

 案例5-5

顾客挑选金条，营业员开具销货单，顾客在收银台付款结账，然后凭机打发票和提货单取走金条。金柜营业员怎么也没有想到，习以为常的销售流程里，竟藏着一个天大的漏洞——提货单可以伪造。2010年12月25日，上海市4家大型商场黄金柜台连续发生4起金条诈骗案，犯罪嫌疑人利用商户管理漏洞，先后骗得金条10根，合计2公斤，涉案总值约62.1万元。

涉嫌诈骗男子在柜台选好金条，营业员开具销货单后，男子持销货单前往收银台佯装付款，10分钟后回到柜台，将一张机打发票和一张机打提货单交给营业员确认后，拿着金条离开商场。

当天商场营业结束后，营业员和收银员对账时，发现该顾客根本没有前往收银台付款，交给营业员的机打发票和提货单都是假的。同样的一幕还在"D百货""X商厦"及"DF商厦"上演。该男子用类似手法，先后骗走10根千足金条，价值超过60万元。

【分析】

这种伪造提货单据进行欺诈的事件在其他行业企业中也曾屡次发生，这提醒企业在发货环节需加强防范。

（六）收款控制

收款安全是销售业务控制中的重要一环，企业尤其要关注销售收款问题。企业应当建立和完善应收款项管理制度，严格考核，实行奖惩。销售机构负责应收款项的催收，催收记录（包括往来函电）应妥善保存；财会机构负责办理资金结算并监督款项回收。

加强商业票据管理，明确商业票据的受理范围，严格审查商业票据的合法性和真实性，防止票据欺诈。关注商业票据取得、贴现和背书，对已贴现但仍承担收款风险的票据以及逾期票据，应当进行追索监控和跟踪管理。

学习笔记

【风险提示5-6】收款过程中存在舞弊，货币被不当挪用或贪污；结算方式选择不当，票据管理不善，账款回收不力，导致销售款项不能收回或遭受欺诈；应收账款未采取恰当催收措施等。

企业要结合货币资金管理完善收款流程，在和客户签订合同时应在销售合同中明确结算方式和公司收款账号。原则上不应由销售人员收款，如确需由销售人员收款，应取得企业授权并要求收款后及时上交企业。

案例5-6

2018年7月11日，NG公司了发布"关于销售收到假票据的公告"。其主要内容如下：NG公司销售业务接收银行承兑汇票，在回收货款过程中，发现一份银行承兑汇票是假票。2018年7月9日，NG公司为了防范风险，对该票据及其他银行承兑汇票进行了鉴别，发现还有其他假票据，合计金额为6 896万元。NG公司称，该事项可能会对2018年半年报业绩产生一定影响，但具体数据仍无法确定。NG公司今年一季度营业收入收为4.85亿元，6 896万元票据占其营业收入的14%。

公告还显示，经初步核查发现，涉及的假票据是由NG公司某业务员提供的。2018年7月10日，NG公司向警方申请立案，同时启动核查程序，核查假票据涉及的业务及往来情况，以确定存在损失的可能性。

实际上，根据NG公司2012年10月颁布的《企业内部财务管理制度》的规定：①收到购货单位交来的银行承兑汇票后，NG公司市场部应认真审核，及时填制银行承兑汇票签收单，经往来核算岗确认后移交银行，不能及时移交的交由NG公司财务部销售管理岗保管，并建立暂保管台账；②NG公司财务部与市场部共同认定可采用银行承兑汇票结算的客户名单；③建立银行承兑汇票结算手续制度，收到票据后认真审核并通过开户银行及时查询。

可以看出，NG公司对银行承兑汇票管理是有明确规定的，对银行承兑汇票结算设有两道关口，分别是市场部和财务部。但如今出现假票据，说明两道关口均已失控。对此，NG公司解释："由于假票据仿真度较高，所以没立即发现。"

【分析】

从本案例中可以看到，NG公司在制度方面对银行承兑汇票的验收和查验是有明确制度规定的，但从公告来看，有几处关键性信息，一是假票据不止一张，涉及金额巨大；二是所有假票据都是由某个业务员提供的，可见这并非偶发事件，说明NG公司内控系统存在疏漏。以下重点分析本案例中的风险及其防范措施。

（1）票据的确认。在本案例中，企业在从其业务员手中收到银行承兑汇票时，并未对票据的真实性和合法性进行查验，这就给了舞弊人员可乘之机。可以通过对方直接邮寄银行承兑汇票的方式解决业务员代领汇票的问题，如必须由业务员代领，在收到银行承兑汇票时，企业财务人员应与对方企业财务人员取得联系，确认银行承兑汇票的真实性。在收到银行承兑汇票时，财务人员与业务人员也应共同对票据的真实性与合法性进行初步审查。同时，企业可定期组织财务人员与业务人员进行培训，以帮助其能够初步辨别银行承兑汇票的真伪。

（2）定期与客户核对往来账。内部控制应用规范指引中提到："企业应当指定专人通过函证等方式，定期与客户核对应收票据、预收账款等往来款项"。因此，企业应与对方财务建立定期对账的机制，定期核实双方债务债权，避免业务员中途替换或伪造票据的风险。

（3）对于大额银行承兑汇票应及时去银行查验。案例中公告显示，该企业是在回收货款时才发现一张银行承兑汇票为假票，从而对其他票据进行查验，发现近7 000 万元巨额虚假票据。如此大额的银行承兑汇票，为何只在兑付时才去查验真实性呢？银行一般会提供票据真实性与合法性的查验服务，企业对于收到的大额银行承兑汇票，应及时联系银行进行真伪的查验，以有效防止票据欺诈，保证资金的安全。

（七）客户服务控制

企业应当制定售后服务标准，加强售后服务和跟踪，提升客户满意度和忠诚度，不断改进产品质量和服务水平。

（1）结合竞争对手客户服务水平，建立和完善客户服务制度，包括客户服务的内容、标准、方式等。

（2）设专人或部门进行客户服务和跟踪。有条件的企业可以按产品线或地理区域建立客户服务中心。加强售前、售中和售后技术服务，将客户服务人员的薪酬与客户满意度挂钩。

（3）建立产品质量管理制度，加强销售、生产、研发、质量检验等相关部门之间的沟通协调。

（4）做好客户回访工作，定期或不定期开展客户满意度调查；建立客户投诉制度，记录所有的客户投诉，并分析产生原因及解决措施。

（八）会计记录控制

企业应当做好销售业务各环节的记录，填制相应的凭证，设置销售台账，实行全过程的销售登记制度。加强对销售、发货、收款业务的会计系统控制，详细记录销售客户、销售合同、销售通知、发运凭证、商业票据、款项收回等情况，确保会计记录、销售记录与仓储记录核对一致。

加强应收款项坏账的管理，应收款项全部或部分无法收回的，应当取得销售机构、购货单位等有关方面的确凿证据，查明原因，明确责任，并严格履行审批程序，按照国家统一的会计准则和制度进行处理。

学中用

【任务导学】中运立达公司存在的问题及改进措施如下。

（1）由销售部经理根据具体情况确定售价的做法容易造成销售价格失控、销售收入流失，应根据制定好的价目表、折扣政策、付款政策等加以执行。

学习笔记

（2）在进行业务谈判时一般需要两名谈判人员，以增强谈判能力、减少作弊的可能，谈判和合同签订应由不同的人执行。

（3）开具提货单应该是销售部的职责，财务部根据销售部开具的提货单进行收款，但企业规定由财务部开具提货单，容易造成职责分工不明、收款作弊等。

（4）收款是财务部的职责，但规定由销售部业务员赴外地收款，造成同一部门和人员经办整个销售收款业务的全过程，同时也背了销售人员不得接触现款的规定。

（5）在决定是否赊销时，应进行客户资信状况的审查，而不是凭个人印象做决定；同时企业应该按客户设置应收账款账，及时反映与客户的债权债务关系，以便评价客户信用状况，做出正确的销售决策。

（6）对于企业发生的超过现有销售政策的特殊业务（如本案例中的长期供货合同），企业应进行集体决策，避免决策失误造成损失。该企业总经理当即决定签订合同的做法过于草率，应经过必要的调查，由此可见该企业对客户信用的控制不够严谨。

任务二　销售业务内部控制实施

视频：销售
业务内部
控制实施

任务导学

A 公司是江苏一家以生产电器开关为主的乡镇企业，创办于 20 世纪 80 年代末，经过近 30 多年的发展，已经成为拥有 800 多名员工、年产值近亿元的中型企业。前些年，A 公司周围陆续办起了十几家同类企业，A 公司感到前所未有的市场竞争压力。为了维持已有的市场优势，A 公司规定，允许业务部门对新老客户授予不同比例的赊销额度。同时，为了提高对市场的反应速度，A 公司将合同审批层级进行了调整，规定金额 20 万元以内的合同由业务部门经理审批即可。但是，随着竞争日趋激烈，越来越多的客户要求增加赊购比例甚至全部赊购，否则停止进货。无奈之下，A 公司对赊销的限制越来越松，许多销售人员为了多拉客户，提高销售业绩，对客户资信状况没有充分调查了解就贸然授予信用额度，并签订赊销合同。到 2016 年年底，A 公司的应收账款已经超过 5 000 万元，其中还包括大量明显已无法收回的货款。在这种情况下，销售人员为了继续维持销售规模，并未及时调整客户信用额度。对 A 公司来说，其已经无法支撑如此巨大的财务包袱，资金周转陷入困境，A 公司的生产经营难以维系。

任务与思考：
请分析是什么原因使 A 公司资金周转陷入了困境，应该如何改进。

知识准备

一、销售业务内部控制要求

根据《企业内部控制应用指引第 9 号——销售业务》，企业应当结合实际情况，全面梳理销售业务流程，建立和完善销售业务相关的管理制度和办法，确定良好的销售政策和策略，明确销售、发货、收款等环节的职责和审批权限，按照规定的审批权限和程序办理销售业务，定期检查分析销售过程中的薄弱环节，采取有效控制措施，确保实现企业销售目标。

二、销售业务内部控制措施

（一）岗位分工控制

建立销售业务的岗位责任制，明确相关部门和岗位的职责、权限，确保办理销售业务的不相容岗位相互分离、制约和监督。销售业务不相容岗位至少应当包括如下几项。

（1）客户信用调查评估与销售合同的审批签订；

（2）销售合同的审批、签订与发货办理；

（3）销售货款的确认、回收与相关会计记录；

（4）销售退回货物的验收、处置与相关会计记录；

（5）销售业务经办与发票开具、管理；

（6）坏账准备的计提与审批、坏账的核销与审批。

不得由同一部门或个人办理销售业务的全过程。应将办理销售、发货、收款三项业务的部门（或岗位）分别设立，其中：销售部门（或岗位）主要负责处理订单、签订合同、执行销售政策和信用政策、收货款；发货部门（或岗位）主要负责审核销售发货单据是否齐全并办理发货的具体事宜；会计部门（或岗位）主要负责销售款项的结算和记录、监督管理货款回收。有条件的单位应当建立专门的信用管理部门或岗位，负责制定单位信用政策，监督各部门信用政策执行情况。信用管理岗位与销售业务岗位应分设。

应当配备合格的人员办理销售业务。办理销售业务的人员应当具备良好的业务素质和职业道德。办理销售业务的人员应进行岗位轮换，以防止销售人员将企业客户资源变为个人私属资源从事舞弊活动，损害企业利益。

案例 5 - 7

某石油公司加油站站长监守自盗。陈某原是南京某石油公司加油站站长兼管账员，自 1997 年以来，他采取截留销售款、账内做假账等方式，将单位公款用于赌博，造成国家直接经济损失 70 余万元。他开始只是玩点"小来兮"，但逐步由小赌变成大赌、狂赌。1997 年他有过一个月内输掉 21 万元的记录。

陈某挪用公款的手段很简单。一是直接挪用销售款。陈某自 1997 年担任站长

起，多次从加油站油款中直接拿取现金，两年的时间里挪用公款50多万元去赌博，在兼任管账员期间，他又利用负责清理回收加油站的外欠货款的机会，将收回的外欠货款数十万元输在了赌桌上。二是做假账。陈某利用自己既是站长又是管账员的便利，一方面大力截留销售款，另一方面采取账内做假账的方式来掩盖其舞弊行为。

【分析】

陈某是加油站站长兼管账员，违反了销售业务不相容岗位分离的内部控制要求，促成其监守自盗的行为。

（二）授权审批控制

对销售业务应建立严格的授权审批制度，明确审批人员的授权审批方式、权限、程序、责任和相关控制措施，规定经办人的职责范围和工作要求。严禁未经授权的机构和人员经办销售业务。

审批人应当根据销售业务授权审批制度的规定，在授权范围内进行审批，不得超越审批权限。经办人应当在职责范围内，按照审批人的审批意见办理销售与收款业务。对于审批人超越授权范围审批的销售业务，经办人员有权拒绝办理，并及时向审批人的上级授权部门报告。

对于超过单位既定销售政策和信用政策规定范围的特殊销售业务，单位应当进行集体决策，防止决策失误造成严重损失。

（三）预算控制

企业应建立严格的预算管理制度，制定销售目标，确立销售管理责任制。

（四）凭证记录控制

任何一笔销售业务，都应开具销售单据。企业应当在销售与发货各环节设置相关的记录、填制相应的凭证，建立完整的销售登记制度，对反映销售业务的合同、发货单、发票（销货单）等要按顺序编号，严格管理，尤其是发票，应当经过非开票人的审核，以防价格、金额等方面发生差错。要加强销售订单、销售合同、销售计划、销售通知单、发货凭证、运货凭证、销售发票等文件和凭证的相互核对工作。

 内控实操

一、销售合同控制制度

（1）谈判。企业应当建立销售定价控制制度，制定价目表、折扣政策、付款政策等。在销售合同订立前，指定专门人员就销售价格、信用政策、发货及收款方式等具体事项与客户进行谈判。对谈判中涉及的重要事项，应当有完整的书面记录。

（2）合同审批。企业应当建立健全销售合同审批制度，明确说明具体的审批程序及所涉及的部门人员，并根据企业的实际情况明确界定不同合同金额审批的具体权限分配等（即权限分配表）。审批人员应当对销售合同草案中提出的销售价格、信用政策、发货及收款方式等严格审查并建立客户信息档案。对于金额重大的销售合同，应当征询法律顾问或专家的意见。有条件的企业，可以指定内部审计机构等对销售合同草案进行初审。

（3）合同订立。销售合同草案经审批同意后，企业应当授权有关人员与客户签订正式销售合同。销售合同的签订应当符合《中华人民共和国合同法》的规定。销售合同应当明确与销售商品相联系的所有权和风险与报酬的转移时点。

（4）客户信用管理与销售合同的审批、签订应互相分离。

二、销售和发货控制制度

（1）组织销售。企业销售部门应当按照经批准的销售合同编制销售计划，向发货部门下达"销售通知单"，同时编制"销售发票通知单"，并经审批后下达给财会部门，由财会部门或经授权的有关部门在开具销售发票前对客户信用情况及实际出库记录凭证进行审查无误后，根据"销售发票通知单"向客户开出销售发票。编制"销售发票通知单"的人员与开具销售发票的人员应当相互分离。

（2）组织发货。企业发货部门应当对销售发货单进行审核，严格按照"销售通知单"所列的发货品种和规格、发货数量、发货时间、发货方式组织发货，并建立货物出库、发运等环节的岗位责任制，确保货物的安全发运。

（3）销售部门按照经审核后的销售合同开具相关的"销售通知单"交仓储部门和财会部门"销售通知单"应列明购货单位、地址、产品名称、数量、单价、金额和制单人等详细信息。

（4）仓储部门落实出库、计量、运输等环节的岗位责任，对"销售通知单"进行审核，严格按照所列的发货品种和规格、发货数量、发货时间、发货方式、接货地点等，按规定时间组织发货，形成相应的发货单据，并应连续编号。为了防止仓库保管人员未经授权私自发货，企业应要求仓库保管人员只有在收到经批准的"销售通知单"时才能发货。

（5）以运输合同或条款等形式明确相关内容，包括运输方式，商品短缺、毁损或变质的责任，到货验收方式，运输费用承担，保险等，在货物交接环节应做好装卸和检验工作，确保货物的安全发运，由客户验收确认。如送货途中有任何异常，造成延误或不能送货，应及时通知销售部门业务员与客户沟通协调，确保在合同规定的时间内将货物完好无损地送达客户指定地点。

（6）做好发货各环节的记录，填制相应的凭证，建立全过程的销售登记制度。加强销售计划、销售合同、销售通知、发运凭证、销售发票等文件和凭证的相互核对工作。销售部门应当设置销售台账，及时反映各种商品、劳务等销售的开单、发货、收款情况，并由相关人员对销售合同执行情况进行定期跟踪审阅。

（7）贯彻不相容职务分离，"销售通知单"的编制与货物提取、产品包装和托运工作相分离；办理销售、发货、收款三项业务的部门（或岗位）分别设立；销售业务人员与发票开具人员相分离。

学习笔记

范例 5-1

某公司销售发货的控制制度。

(1) 生产部门应根据业务部门与客户签订的合约或订单安排生产日程，并呈报总经理（或厂长）核准。业务部门应根据合约或订单组织货源，以备按期交货。

(2) 业务部门按交货日期，填写"销售通知单"或"销售计划指令"给开具销货发票的部门。

(3) 公司开票和发货的职能分离，不能出现开票与发货由一个人包办到底的情况。

(4) 销售部门根据"销售通知单"，开具合法、合理的销货发票。销售部门开出的发票内容要与销售合同一致，并由开具发票的人员签证，同时将发票的有关联次传递给会计部门。

(5) 经会计部门的收款员审核货款结算合规后，发票的有关联次分别传递给仓储和运输部门，并据以出货。

(6) 发货前，应检查选配的商品是否与发票上注明的品种、规格、型号、牌号、款式和数量等相符，选配的商品包装是否完好。必须由复核人复核后签证，发货人与复核人的职权分离。

(7) 发出的产品应由发货人先核对（将发出的产品与发票核对），然后发货；发货时，发货人和收货人在发票（发货单）上要签证验收。如客户在外地，发运时要让运输部门的签收；如实行送货制，在货物送到后要取得购货方的收货签证或回执。

(8) 发往外地客户的，若有为客户支付代垫运费的情况，要取得代垫运费的凭证，并收回代垫款项。

(9) 凡实行提货制的，要有提货单。提货单的签发部门、签发人需签证。提货时，发货人和提货人都需有签证。

(10) 货物出库时，仓管员应将品名、规模、数量登记库货明细账和领料单。

(11) 财务部门根据记账联登记销货收入和应收账款（或现金），并根据规定将货物成本转入销货成本。

三、销售折扣和销售折让控制制度

(1) 销售折扣控制。企业为实现销售，扩大市场，给予客户一定的折扣是相当普遍的销售行为，企业应当制定详细的折扣政策或规定。销售折扣控制的关键是折扣政策必须得到有关授权人员的批准，一般为销售部门的经理。

(2) 销售折让控制。客户提出折让要求时，企业应对其提出的理由加以分析，并派专人核实理由，最后由授权人员根据客户提出的理由和调查结果，经审批给予客户特定的折让金额。

任何折扣和折让的批准文件应记录在事先连续编号的折扣折让事项备忘录上，并由专门人员定期检查此备忘录。

四、退货控制制度

企业应建立销售退回管理制度，加强销售退回控制，销售退回的商品应参照物资采购入库管理。因企业自身责任使客户对接收的货物不满意或者货物不符合销售合同规定的要求，客户提出退货时，企业应接受退货。

（一）退货审批

销售退回需经具有相应权限的人员审批，销售退回必须经销售主管审批后方可执行。

（二）验收入库

销售退回的货物应由质检部门检验和仓储部门清点后方可入库。质检部门应对客户退回的货物进行检验并出具检验证明；仓储部门应在清点货物、注明退回货物的品种和数量后填制退货接收报告。

（三）退款

销售业务员根据退货接收报告对客户的退货进行调查，确定客户索赔金额的有效性及合理性，将调查结果及意见记录在退货接收报告上，提交给销售经理、财务部门等具有相应权限的人员作为最后审核的依据。

财务部门应对检验证明、退货接收报告以及退货方出具的退货凭证等进行审核后办理相应的退款事宜。办理销售退货验收的工作人员不能负责退货记账工作。

此外，企业应对退货原因进行分析并明确有关部门和人员的责任。

五、销售收款控制制度

企业应结合销售政策，选择适当的结算方式，加快款项回收，提高资金的使用效率。对于商业票据，结合销售政策和信用政策，明确应收票据的受理范围和管理措施。

（一）现销业务

企业应当按照《现金管理暂行条例》《支付结算办法》和"货币资金内部控制制度"的相关规定，及时办理销售收款业务。销售收入应及时入账，不得账外设账。

收取的现金、银行本票、汇票等应及时缴存银行并登记入账，不得擅自坐支现金。以银行存款转账方式办理的销售收款，应当通过企业指定账户进行结算，企业应当防止由销售人员直接收取销售现款，如必须由销售人员收取，应由财会部门加强监督。

（二）赊销业务

1. 选择客户

需要赊销的商品，企业在签订合同之前要慎重选择客户，应当充分了解和考虑客户的信誉、财务状况等有关情况，由信用管理部门按客户信用等级进行审核，以便降低账款回收中的风险。

2. 赊销业务审批

对符合赊销条件的客户，应经具有相应权限的审批人员批准后方可办理赊销业务；超出销售政策和信用政策规定的赊销业务，应当实行集体决策审批。赊销商品一般应取得客户的书面确认，必要时要求客户办理资产抵押、担保等收款保证手续。

3. 应收账款记录

企业应当按客户设置应收账款台账，及时登记每一客户应收账款余额增减变动情况和信用额度使用情况。

4. 建立应收账款清收核查制度

销售部门应定期与客户对账，并取得书面对账凭证；财会部门每年至少一次向客户寄发对账函。对金额重大的客户，财务部门认为有必要时或销售部门提出申请时，派人员与客户对账，若发现不符，应及时向上级报告。财务部门负责办理资金结算并监督款项回收。

5. 应收账款催收

企业应当建立应收账款账龄分析制度和逾期应收账款催收制度。财务部门定期对应收账款进行账龄分析，编制账龄分析表，对预期账款进行提示，并建议销售部门等相关部门采取措施或其他解决措施。销售部门应当负责应收账款的催收，财务部门应当督促销售部门加紧催收。应收账款要分开管理，对不同性质的应收账款要采取不同方法和程序，对催收无效的逾期应收账款可通过法律程序予以解决。

六、会计记录控制制度

（1）企业应当加强对销售、发货、收款业务的会计系统控制，各环节设置相关的记录、填制相应的凭证，确保会计记录、销售记录与仓储记录核对一致。

①财务部门开具发票时，应当依据相关单据，如出库单、货款结算单、销售通知单等，并要经过相关岗位的审核。销售发票应遵循有关发票管理规定，严禁开具虚假发票。

②财务部门对销售报表等原始凭证进行审核，并根据国家统一的会计准则制度确认销售收入，登记入账。

③财务部门与相关部门月末应核对当月销售数量，保证各部门销售数量的一致性。

（2）销售部门应设置销售台账，及时反映各种商品、劳务等销售的开单、发货、收款情况。

销售台账应当附有客户订单、销售合同、客户签收回执等相关购货单据，并加强销售合同、销售计划、销售通知单、发货凭证、运货凭证、销售发票等文件和凭证的相互核对工作。

（3）及时收集应收账款相关凭证资料并妥善保管。

对未按时还款的客户，采取申请支付令、申请诉前保全和起诉等方式及时清收欠款。对收回的非货币性资产应经评估和恰当审批。

（4）坏账的管控方法。

①对于可能成为坏账的应收账款，按照国家统一会计准则规定计提坏账准备，并按照权限范围和审批程序进行审批。坏账准备的计提与审批相分离。

②对确定发生的各项坏账，应当查明原因，明确责任，并在履行规定的审批程序后作出会计处理。

七、监督检查控制制度

销售业务内部控制监督检查的内容主要如下。

（1）销售业务相关岗位及人员的设置情况。重点检查是否存在销售业务不相容职务混岗的现象。

（2）销售业务授权批准制度的执行情况。重点检查授权审批手续是否健全，是否存在越权审批行为。

（3）销售的管理情况。重点检查信用政策、销售政策的执行是否符合规定。

（4）收款的管理情况。重点检查单位销售收入是否及时入账，应收账款的催收是否有效，坏账核销和应收票据的管理是否符合规定。

（5）销售退回的管理情况。重点检查销售退回手续是否齐全、退回货物是否及时入库。

 **学中做**

A 公司赊销业务内部控制存在缺陷，给 A 公司造成了较大的损失，主要表现在以下四个方面。

（1）没有专门的信用管理部门负责信用管理工作，信用管理工作由业务部门负责，导致信用管理松弛。企业在签订合同之前要慎重选择客户，应当充分了解和考虑客户的信誉、财务状况等有关情况，由信用管理部门按客户信用等级进行审核，以便降低账款回收中的风险。

（2）业务人员授予客户的信用额度未经过 A 公司领导审批，使 A 公司无法控制对客户的授信额度，增加了信用风险。应经具有相应权限的审批人批准信用额度后方可办理赊销业务。

（3）合同金额在 20 万元以内时，业务部门经理可以同时审批信用额度与合同，出现业务部门经理既审批额度又审批合同的情况，不相容岗位未分离。

（4）业务人员未根据客户资信变化情况及时调整授予客户的信用额度，使授予客户的信用额度与客户资信状况不匹配，无法恰当反映客户信用风险。

36 岁的张某 2001 年大学毕业应聘某新型建材公司担任销售员一职。张某头脑灵活，工作成绩也还不错，但迷上了赌博，他就对货款打起了主意。每次收到货款他总要迟几天上报，从中扣除一些货款供自己使用。2008 年 3 月初，张某收到了某公司的货款，他将其中的 9 万余元挪到自己手里。第一次下手，张某也害怕了好几天。一个月后，他与 B 公司签订购销合同，这一次他只拿了 6 万多元。同年 6 月，他从两家客户的货款中挪用了 15 万元供自己开支，从此胆子越来越大了。

为了自己挪用公款方便，张某自己登记注册成立了一家名叫"金阳"的皮包公司。开始他以金阳公司的名义与客户谈生意，并以金阳公司与客户签合同，将新型建材公司提供给客户的各种项目，都挪到"金阳"公司名下。为了拿钱更便利，他还私刻了自己任职公司的发票专用章以及客户专用章。据检察院起诉书指控，从 2008 年到 2011 年三年间，张某利用职务之便共与十几家公司签订了购销合同，挪用新型建材公司货款共计 240 万元。

【育人启示】

张某的行为对你有哪些警示？

 项目小结

本项目知识结构图如图 5-1 所示。

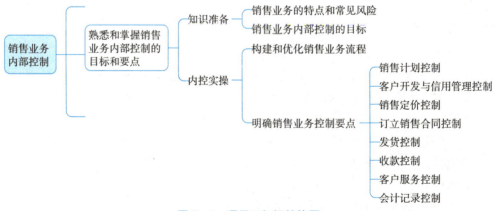

图 5-1 项目五知识结构图

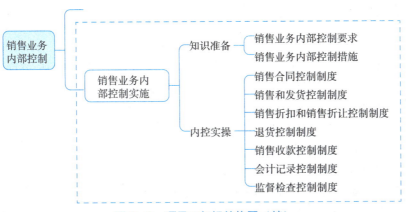

图 5-1　项目五知识结构图（续）

 项目训练

【职业知识测试】

一、不定项选择题

1. 销售业务是指企业出售商品（或提供劳务）及收取款项等相关活动。它是企业生产经营活动的重要内容，也是生产经营活动的（　　　）环节。

A. 第一个　　　　　B. 第二个　　　　　C. 第三个　　　　　D. 最后一个

2. 下列属于企业销售业务常见风险的有（　　　）。

A. 销售行为不符合国家有关法律法规和企业内部规章制度的规定，可能遭受外部处罚、经济损失和信誉损失，甚至危及企业生存

B. 销售政策和策略不合理、市场变化预测不准确、销售渠道维护不够等，可能导致销售不畅、库存积压、经营难以为继

C. 客户信用调查不到位，结算方式选择不当，账款回收不力等，可能导致销售款项不能收回或遭受欺诈

D. 销售过程存在舞弊行为，可能导致企业利益受损

3. 下列不属于销售业务内部控制目标的有（　　　）。

A. 保证投资收益的真实性、完整性和合理性

B. 保证销售折扣的适度性

C. 保证销售折让与销售退回的合理处理与解释

D. 保证销售货款及时记录和收回

4. （　　　）通常是整个企业经营计划的起点，决定了生产、采购、资金等活动计划，其编制的准确性对公司经营影响非常大。

A. 销售合同　　　　B. 销货单　　　　　C. 退货单　　　　　D. 销售计划

5. 企业在销售合同订立前，应当与客户进行业务洽谈、磋商或谈判，关注客户的（　　　）等相关内容。

A. 信用状况　　　　B. 销售定价　　　　C. 结算方式　　　　D. 经营规模

6. 发货是根据销售合同的约定向客户提供商品的环节，发货和仓储单位应当对（　　）进行审核，严格按照所列项目组织发货。

A. 提货单　　　　B. 销售发票　　　　C. 销售通知单　　　　D. 入库单

7. （　　）负责办理销售业务的资金结算并监督款项回收。

A. 财务部门　　　　B. 销售部门　　　　C. 生产部门　　　　D. 采购部门

8. 销售业务不相容岗位至少应当包括（　　）。

A. 客户信用调查评估与销售合同的审批签订

B. 销售合同的审批、签订与发货办理

C. 销售货款的确认、回收与相关会计记录

D. 销售退回货物的验收、处置与相关会计记录

9. 对符合赊销条件的客户，应经具有相应权限的审批人批准后方可办理赊销业务；超出销售政策和信用政策规定的赊销业务，应由（　　）审批。

A. 财务经理　　　　B. 销售经理　　　　C. 总经理　　　　D. 集体决策

10. 企业应当加强对销售、发货、收款业务的会计信息系统控制，各环节设置相关的记录、填制相应的凭证，确保（　　）核对一致。

A. 会计记录　　　　B. 销售记录　　　　C. 仓储记录　　　　D. 生产记录

二、判断题

1. 企业销售计划编制应基于充分有效的市场调研，并在内部相关部门恰当沟通的基础上形成。（　　）

2. 信用管理是保障企业资产安全，减少坏账损失的最有效的方法，信用管理不当导致企业应收账款高企、产生巨额坏账损失是销售循环中的突出问题，也是销售环节中最重要的部分。（　　）

3. 销售定价是指商品价格的确定、调整及相应审批。企业应制定书面销售价格表，并完善销售价格表编制和维护流程，定价或调价可由销售人员决定。

（　　）

4. 销售合同应当明确双方的权利和义务，审批人员应当对销售合同草案进行严格审查与核实。重要的销售合同，应当征询董事会的意见。（　　）

5. 仓储部门应加强发货审核，关注提货单据真伪，确认是否已收到客户款项或是否符合信用政策，对首次交易客户或陌生客户尤其要注意风险防范。（　　）

6. 财务部门负责应收款项的催收，催收记录（包括往来函电）应妥善保存；销售部门负责办理资金结算并监督款项回收。（　　）

7. 原则上不应由销售人员收款，如确需由销售人员收款，应取得企业授权并要求收款后及时上交企业。（　　）

8. 应对办理销售业务的人员进行岗位轮换，防范销售人员将企业客户资源变为个人私属资源从事舞弊活动，损害企业利益。（　　）

9. 销售折扣控制的关键是折扣政策必须得到有关授权人员的批准，一般为企业总经理。（　　）

10. 办理销售退货验收的工作人员不能负责退货记账工作。（　　）

【职业能力训练】

请同学们以 4~5 人为一组，以小组为单位对以下案例进行分组讨论，按要求完成训练任务，并以 Word 文档提交任务成果，课堂上由一名同学为代表汇报任务成果。

【训练一】

资料：蓝山股份有限公司以小家电产品生产为主，自成立以来，该公司一直重视管理制度的建设和完善。对该公司销售业务内部控制进行检查时，发现该公司的现有业务流程如下。

在销售过程中，公司销售业务按照销售合同进行，当生产车间产品完工后，填制产成品入库单，验收合格后入库。销售部门根据销售合同编制发货通知单，分别通知仓库发货和运输部门办理托运手续。产品发出后，销售部门根据仓库签发后转来的发货通知单开具发票，并据以登记产成品明细账，运输部门将其与销售发票一并送交财务部门。财务部门将其与销售合同核对后，开具运杂费清单，通知出纳人员办理货款结算，并进行账务处理。但是，该公司未设独立的客户信用调查机构，财务部门和销售部门也没有专人负责此项工作。同时发现以下情况。

（1）该厂厂长甲某可以处理与销售和收款有关的所有业务。

（2）财务科根据甲某的指令开具销售发票时，甲某说多少就是多少。

（3）仓储部门发货人员根据甲某的指令给客户发运货物。

（4）仓库里没有库存明细账及货物进出库记录，销售成本按估算的毛利率计算。

（5）从甲某担任厂长以来，销售合同、销售计划、销售通知单、发货凭证、运货凭证以及销售发票等文件和凭证从未进行核对。

（6）财务科根据销售发票确认应收账款。

要求：

（1）请运用销售业务有关知识，分析该公司的销售业务具有哪些关键风险点？

（2）应该采用何种控制措施对风险加以预防？

【训练二】

资料：吉成消防器材有限公司是一家以消防器材生产为主的企业。该公司的销售业绩在业内遥遥领先，通过不断探索和实践，该公司在销售业务内部控制建设和执行方面，逐步形成了一套适合本公司经营特点的执行体系，主要内容如下。

1. 销售风险分析

该公司结合行业特点，总结出销售环节主要存在的风险如下。

（1）销售政策和策略不当，市场预测不准确，造成销售不畅。

（2）销售后续服务管理不当，造成客户流失。

（3）客户信用管理不到位、结算方式选择不当、应收账款回收不力，导致销售款项不能收回或遭受欺诈。

（4）销售运输安全管理不到位，导致企业利益受损。

学习笔记

2. 销售业务控制

1）市场调研与销售计划制定

该公司十分重视市场前期调研，按照形势需要调查客户合法资质、市场寻求量等相关情况，并召开各地区用户座谈会，及时了解市场信息、需求情况，并在此基础上进行市场预测，结合客户订单情况科学地制定年度、月度销售计划。同时，该公司针对销售计划的制定过程规范了决策审批程序，彻底避免"拍脑门""一言堂"等违规现象的出现。

2）客户信用管理

该公司专门建立了客户信用管理机构，并配备了业务能力强、经验丰富的专业人员。该公司十分重视客户信用的调查和管理，制定了严格的客户信用管理制度。该公司不定期地派遣业务员对一些比较大的客户进行深入跟踪调查，并初步建立了客户信用档案。同时，该机构与收款部门合作，对所有与该公司有业务往来的客户的还款情况、赊账记录进行存档、分析，并对其进行评价，以便将来的收款管理和客户信用调查。

3）合同订立的谈判工作

通过前期调研，该公司对调查档案进行分析，初步决定与认为有合作可能的客户进行接触、洽谈、磋商，对产品的价格、信用政策、发货和结算方式等相关内容进行交流，通过谈判达成一致意见，订立销售合同。该公司制定了严格的合同管理制度，从而从法律角度保障了交易的顺利进行，为以后债权的收回提供了法律依据，降低了坏账风险。对于炸药产品销售合同，由于其产品的特殊性，需由经办人及其部门、分管领导审核后，由总经理审批才可办理，由于涉及财务方面问题的合同风险，所以财务部门也必须参与合同的审核。

4）发货过程管理

该公司规定发货部门应当对发货单据进行审核，严格按照销售通知单所列的内容组织发货；建立货物出库、发运等环节的岗位责任制，并建立追责制；以运输合同的形式明确运输方式、相关责任、保险等内容，确保货物的安全发运，并由客户验收确认。

5）收款环节的相关控制

（1）赊销管理。

该公司每年都会根据全年的销量及客户情况，核定月赊销量。销售人员根据对客户的日常走访和调查情况，针对每个客户制定赊销额度，将一般客户控制在额度内，由经办人员办理，分管领导审批；对于特殊客户赊销产品，必须由部门提出申请，经分管领导审核、总经理审批后才可以赊销。

（2）收款管理。

该公司对所有新客户都要进行调查，建立客户信息档案，特别是对新开发的客户，建立严格的信用保证金制度，超过保证金后一律不予发货，将收账风险控制在可控范围之内。为了保证及时收款，财务部门每月4次将收款情况通过该公司的办公自动化（OA）系统，向相关的销售人员公布，对于欠款金额较大的随时提出，督促销售部门及时催收。每个季度财务部门都将应收款明细交给销售部门相关经办人员，由经办人及时与各个单位对账及催收。

要求：

请运用销售业务内部控制有关知识，分析吉成消防器材有限公司销售业务内部控制对哪些关键风险点进行了识别和控制。

【职业素养提升】

阅读资料

腾讯公司起诉老干妈公司乌龙事件

2019 年 3 月，腾讯公司与老干妈公司签订了一份《联合市场推广合作协议》，腾讯公司投放资源用于老干妈油辣椒系列产品的推广。在随后的 2019 年里，腾讯公司在 QQ 飞车（腾讯的一款游戏）中为老干妈公司提供定制视频广告、游戏内广告推广、赛事内定制环节等宣传服务。但是在 2020 年 6 月，腾讯公司以服务合同纠纷为由起诉老干妈公司并申请财产保全，同时老干妈公司也收到了法院送达的相关法律文书；6 月 29 日，广东省深圳市南山区人民法院发布民事裁定书，同意原告腾讯公司的请求并查封、冻结老干妈名下价值 1 624.06 万元的财产；6 月 30 日，老干妈公司发布公告称，从未直接或授权委托他人与腾讯公司达成市场推广协议，为维护自身合法权益，已报案处理；7 月 1 日，贵阳警方发布通告，称有 3 名犯罪嫌疑人用萝卜伪造老干妈公司印章，冒充市场经营部经理，与腾讯公司签订合作协议，目的就是获得游戏推广中的游戏礼包码，并倒卖以获得经济利益；7 月 3 日，贵阳市南明区人民检察院发布消息，表示检察机关依法提前介入老干妈公司被伪造印章案；7 月 10 日，腾讯公司与老干妈公司发布联合声明，双方已厘清误解，后续将积极配合相关法律程序的推进。

至此，此事件终于告一段落，但该事件却反映出腾讯公司在其销售业务内部控制中存在明显缺陷。下面是对腾讯公司销售业务内部控制流程在事前、事中和事后三个阶段关键环节的详细分析。

一、事前内部控制缺陷分析

事前控制主要包括客户识别、客户尽职调查、合同谈判与合同签订等环节。

（一）新客户的识别流程不健全

一般来说，企业市场部门在创建新的客户时需要审核客户的资质，比如确认对方业务人员的身份是否真实、授权的状况、上级联络人等信息，而且对第一次合作的客户一般尽量去对方办公的地点拜访，现场查验其营业执照、税务登记证原件以及公章和合同章的真实性。对于腾讯公司来说，老干妈公司是首次合作客户，按理说应当进行上述新客户的识别流程，但是三名犯罪嫌疑人通过伪造身份资料，成功伪装成老干妈公司市场经营部经理，向腾讯公司提出合作意向，腾讯公司市场部竟然没有发现。而且像老干妈公司这样的大客户，品牌效应可能对其识别过程起到了背书作用，腾讯公司相关部门疏于核查，审查流程也形同虚设。

（二）客户的尽职调查不到位

一般来说，确认完客户的身份后，企业的客户管理部门需要对新客户进行尽职

学习笔记

调查，比如关注客户的工商基本信息、组织架构、运营情况和财务情况等，以判定其履约能力。实务中，还应当要求对方提供营业执照、授权委托书、对公账户开户行信息、经审计的财务报告等资料，以设定信用额度，建立客户信用档案。如果三位嫌疑人不是老干妈公司的内部高管人员或与高管人员有密切关系，将很难获得老干妈公司的内部资料，所以他们很可能给腾讯公司提供的是虚假、伪造的资料。但是腾讯公司并没有严格地进行尽职调查，审查嫌疑人提供信息和资料的真实性，同时也没有进行实地寻访与沟通，导致嫌疑人顺利通过了腾讯公司的尽职调查。

（三）合同审核流程未严格遵循职务分离原则

健全的内部控制体系在一个业务环节出现问题时，应当被另一个业务环节所发现。因此，在市场部门和客户管理部门存在疏漏，没有及时发现嫌疑人身份的情况下，如果腾讯公司的财务部门、法务部门等多个部门在审核合同的过程中能够严格核查客户的信息，那么也许就能发现嫌疑人的真实身份，但是腾讯公司依然毫无察觉。由此可见，腾讯公司至少在合同审批流程中没有严格遵守职务分离原则。

二、事中内部控制缺陷分析

事中内部控制主要包括预收款项、服务管理和履约跟踪等环节，主要需要市场和财务等部门的参与。

（一）履约过程中价款回收环节失效

在市场推广过程中，腾讯公司应当按照履约进度向老干妈公司收取进度款，在活动完成后再结清尾款，但是从腾讯公司声称"多次追讨广告费，分文未得"的结果来看，腾讯公司似乎并未收到任何进度款，但是其仍然继续履行合同，作为在网络广告行业拥有强势地位的公司，腾讯公司的做法实在不符合常理。而且在收款的过程中腾讯公司的信用管理部门和市场部门可能多次电话联系老干妈公司，对方人员如果是假的，通常应该会马上发现，但是腾讯公司依然毫无察觉。

（二）在沟通与素材的获取过程中未保持谨慎态度

在腾讯公司与老干妈公司的产品推广合作过程中，肯定需要联动两家公司的市场部、设计部和品牌部等多个部门，就推广设计方案进行多次沟通。在方案制作时，至少需要用到老干妈公司的 CI（企业识别系统）、品牌 LOGO 授权证明、相关产品印刷和包装信息，腾讯公司却一直对这些信息的真假没有保持谨慎的态度，而且在长达半年多的时间里，腾讯公司与嫌疑人只通过个人邮箱和个人电话进行沟通，却没有发现任何异常，这就说明腾讯公司在销售执行过程中信息沟通机制还存在漏洞。

三、事后内部控制缺陷分析

事后内部控制主要包括应收账款的催收和期末对账等环节，主要需要市场、财务和法务等部门的参与。

（一）信用管理内部控制流于形式

根据腾讯公司的年报，2019 年腾讯公司的应收账款为 358 亿元，其中应收网络广告客户账款为 117.97 亿元，超过 90 天的应收账款为 50 亿元。腾讯公司对老干妈公司的应收账款仅为 1 624.06 万元，还不到其应收账款总额的 0.1%，在整体业务层面来看数额并不大，但是从单个合同层面看，这一广告服务合同的金额也不小，而且90天以上账龄的应收账款通常被企业列为高度关注对象，腾讯公司应当联系老干妈公司的相关部门并跟踪处理，同时也要定期通过对账等方式，与老干妈公司核对往来款项。但是老干妈公司却称从未收到腾讯公司的任何催收信息，也未收到来自腾讯公司的对账单。那么腾讯公司到底催没催收？对账单是否发出？是否核查了对账单的地址等信息？这些疑问都说明腾讯公司与信用管理有关的内部控制流于形式。

（二）法律流程存在缺陷

一般情况下，如果回款情况持续不好，企业法务部门就会发律师函寄到对方企业的办公地址，同时告知对方企业的法务部门，这时候假的业务合同很容易就被识破；如果律师函仍然不能解决问题，才会考虑向法院提起诉讼。而在此案例中，腾讯公司似乎并没有给老干妈公司的地址发律师函，也没有联系老干妈公司的法务部门，而是直接向法院提起诉讼，要求冻结对方的账户。这种不按一般法律流程办事的行为说明腾讯公司在法律流程环节存在缺陷。

（摘自：云皓琛.基于销售业务的内部控制缺陷对审计风险的影响研究——以腾讯起诉老干妈乌龙事件为例［J］.经营管理，2020，15.）

项目六

筹资业务内部控制

学习目标

知识目标：

◎了解筹资业务的特点及常见风险；

◎理解筹资业务内部控制的目标；

◎熟悉筹资业务内部控制的关键控制点；

◎掌握筹资业务内部控制措施；

◎掌握筹资业务内部控制要点。

能力目标：

◎能够找出筹资业务内部控制的关键控制点；

◎能够制定筹资业务内部控制相关措施；

◎能够完成筹资业务内部控制制度的设计。

素质目标：

◎培养对筹资业务的风险进行分析与判断的能力；

◎培养互利共赢，共同发展的理念；

◎培养实事求是的品格、精益求精的工作作风；

◎培养遵守法规制度的良好职业道德。

任务一 熟悉和掌握筹资业务内部控制的目标和要点

任务导学

某保险公司 A（以下简称"A 公司"）通过 20 多年不断的创新和努力，已经从单一的商业财产保险公司发展成为我国领先的金融集团，提供多样化的金融产品和服务。通过 A 公司 2010—2018 年的部分筹资业务数据，对其在资金筹集的各个阶段进行具体分析如下。

学习笔记

A 公司处于投入期时，能向外界披露和展示的只有项目计划书和可行性报告，故投资者的可判断资源较少，对于 A 公司的投资持谨慎态度，因此投入期的资金筹集具有风险高、难度大等问题。成立初期，A 公司的筹资业务中现金流入增幅较小，这表明 A 公司在这期间的筹资活动还处于起步阶段。在这一时期，A 公司组织架构简单、经营活动单一，同时仍处于树立行业地位和信誉的阶段，所以在投入期的筹资规模并不能达到理想程度。而当 A 公司进入成长期之后，总资产利润率、总资产净利润率以及资产报酬率总体呈上升趋势，且增长速度较快，同时也是独立董事占比较为稳定的时期。2010—2016 年，金融活动产生的现金流量达到最高水平。2019—2020 年由于疫情，国内经济市场整体缓慢下滑，而 A 公司的盈利能力与 2018 年基本持平，未见明显下滑，因此，A 公司的盈利能力正在逐年递增，其经营效率整体呈上升趋势。A 公司在投入期之后积极进行了筹资业务活动，筹资活动现金流以及筹资活动产生现金流净额逐年走高，在市场上占据了一定的份额，同时完善自身的市场组织结构。这表明 A 公司在成长期积极进行大额筹资活动，其中股权融资和债权融资是主要筹资方式，可见 A 公司融资能力增强是由于公开发行股票及新设基金公司吸收投资所致。A 公司融资策略的选择较明智，能够准确把握自身的发展趋势和前景，避免造成资金链断裂，故融资策略的选择要根据企业自身情况"量身定制"，要根据预期盈利能力的大小来制定偿还的方式和标准，以避免兑付风险。

许多企业在发展初期尚能进行较为良好的筹资控制，但在成熟期的筹资需求方面会更加严格，所以企业要重视筹资过程中的风险，重视筹资计划和信用管理。

任务与思考：

为了应对筹资过程中的风险，企业在筹资业务内部控制中应重点强化哪些方面的控制？

知识准备

一、筹资业务的特点和常见风险

筹资是指企业为满足生产经营资金的需要，向外部单位或个人以及从企业内部筹措资金的一种财务活动，如发行股票、发行债券以及向银行贷款等。资金是企业的"血液"，是企业生存和发展所不可缺少的，企业没有资金就无法进行生产经营活动。

（一）筹资业务的特点

（1）企业筹集资金的数额大，渠道和方式较多。由于筹集资金的数额通常比较大，企业可以根据自身的实际情况，通过不同的渠道采取不同的方式筹集所需的资金。

请同学们讨论企业筹集资金的类型有哪些，各自有哪些特点。

企业筹集资金分类标准很多，通常可以按以下两种方式分类。

（1）按筹集资金使用的期限不同可以分为短期资金和长期资金。

短期资金，是指使用期限在一年以内（含一年）的资金，通常采用短期借款、商业信用、发行融资券等方式筹集。

长期资金，是指使用期限在一年以上的资金，通常采用吸收直接投资、发行股票、发行公司债券、长期借款、融资租赁和内部积累等方式来筹集。

（2）按筹集资金的来源渠道不同可分为股权筹资和债权筹资。

股权筹资，也称为权益筹资，是指企业通过发行股票、吸收直接投资、内部积累等方式筹集的资金。

股权筹资是企业稳定的资本基础、财务风险较小，但资本成本负担较重，控制权变更可能影响企业长期稳定发展。

债务筹资，是指企业以负债方式借入并到期偿还的资金，如通过发行债券、向银行借款、融资租赁等方式筹集的资金。

债务筹资速度较快，筹资弹性大，资本成本相对较低，可以利用财务杠杆，但不能形成企业稳定的资本基础，要求定期支付利息到期归还本金，财务风险较大，筹资数额有限。

（2）融资方式的选择受到外部和内部因素影响。影响企业选择融资方式的外部因素主要包括法律环境、金融环境和经济环境。影响企业融资方式选择的内部因素主要包括企业的发展前景、盈利能力、经营和财务状况、行业竞争力、资本结构、控制权、企业规模、信誉等方面的因素。在市场机制作用下，这些外部因素和内部因素是在不断变化的，企业融资方式也应该随着这些因素的变化而进行灵活的调整，以适应企业在不同时期的融资需求变化。

【小提示 6-1】外部客观环境的宽松与否会直接影响企业融资方式的选择。企业进行融资方式选择时，必须遵循税收法规，同时考虑税率变动对融资的影响。金融政策的变化必然会影响企业融资、投资、资金营运和利润分配活动。此时，融资方式的风险、成本等也会发生变化。经济环境是指企业进行理财活动的宏观经济状况，在经济增长较快时期，企业需要通过负债或增发股票方式筹集大量资金，以分享经济发展的成果。而当政府的经济政策随着经济发展状况的变化做出调整时，企业的融资方式也应随着政策的变化而有所调整。

（3）企业筹资的目的不同。按筹资的动机不同，筹资可分新建筹资、扩张筹资、偿债筹资和混合筹资。新建筹资，是在企业新建时为满足正常生产经营活动所需的铺底资金而产生的筹资。扩张筹资，是企业因扩大生产经营规模或追加额外投资而产生的筹资。偿债筹资，是企业为了偿还某项债务而形成的借款，及即借新款还旧款。混合筹资，是企业既需扩大经营的长期资金又需要偿还债务的现金而产生的筹资。

（4）会计处理比较复杂。筹资业务会计核算涉及取得资金的核算，利息及股利核算，负债、所有者权益变动核算，应付债券的溢价、折价等复杂的计算、调整和会计处理等。

（二）筹资业务的常见风险

（1）筹资活动违反国家法律法规，企业可能遭受外部处罚，造成经济损失和信誉损失。

（2）筹资活动未经适当审批或超越授权审批，可能因重大差错、舞弊、欺诈而导致损失。

（3）企业没有对筹资方案进行科学论证和风险评估，或按照未经论证的方案进行筹资。

（4）筹资决策失误，可能导致资金流动性不足或资金链断裂。

（5）债务过高或债务结构不合理，可能导致不能按期偿付债务，使企业面临财务风险。

（6）筹资业务记录错误或会计处理不正确，可能造成债务和筹资成本信息不真实。

二、筹资业务内部控制的目标

（1）保证筹资业务合规合法。企业应当对筹资方案进行严格审批，筹资方案需经有关管理部门批准的，应当履行相应的报批程序。

（2）保证筹资业务会计记录准确可靠。会计部门应当严格按照《企业会计准则》进行筹资业务账务处理，对债券溢价和折价进行准确的计算并合理地进行摊销，正确计提并适当支付利息和股利，正确编制会计凭证，加强总账与明细账的核对。

（3）保证筹资的安全性。筹资占用资金需要承担资本成本，债务性资金还需要到期归还，不同筹资往往带有程度不等的财务风险。因此，企业应妥善安排资本结构，努力降低财务风险。

（4）确保企业战略发展目标对资金的需求。企业筹资必须根据企业资本的投放时间安排予以筹划，避免筹资过早造成投资前的资本闲置或因筹资滞后而贻误投资的有利时机。

内控实操

一、构建和优化筹资业务流程

企业应充分结合自身业务特点和经营管理要求，构建和优化本企业筹资业务流程，并按照筹资业务流程进行风险分析，建立内部控制制度。

筹资业务流程主要包括：筹资方案编制与审批、筹资评估与决策、筹资合同订立、相关资产取得、筹资费用核算与支付、筹资偿付等环节。

二、明确筹资业务控制要点

（一）筹资方案和审批控制

筹资业务虽然在大多数企业中发生的次数较少，但其一旦发生，就会对企业的财务状况产生很大的影响。因此，企业必须做好筹资方案的编制和审批，筹资方案一般由财务部门负责拟订。企业应当根据融资战略目标和规划，结合年度经营计划和预算安排，拟订筹资方案，明确筹资的用途、规模、结构和方式等相关内容，对筹资成本和潜在风险作出充分估计。境外筹资还应考虑所在地的政治、经济、法律、市场等因素。筹资方案应满足以下要求。

1. 综合考虑筹资总收益与总成本

筹资是有代价的，这些代价就是企业在筹资过程中发生的各项费用，包括负债筹资的利息费用、股权筹资中支付的股利或分配的利润、金融机构手续费等。企业只有经过深入分析，确信筹资的预期总收益大于总成本时，才有必要进行筹资。

2. 合理确定筹资规模

企业在进行筹资决策时，要考虑企业对资金的需求情况、企业的实际条件以及筹资的难易程度和成本等，综合分析，合理确定筹资规模。

3. 选择最佳筹资时机

企业应及时掌握国内外金融市场的各种信息，了解国内外的宏观经济形势、国家货币及财政政策、国内外政治环境等各种外部因素，考虑具体筹资方式的特点，同时结合企业自身的实际情况，寻求最佳筹资时机。

4. 科学制定最佳筹资期限

企业应根据筹资的用途和自身对筹资风险的偏好，在短期筹资和长期筹资两种方式之间进行合理选择。

企业应当对筹资方案进行严格审批，重点关注筹资用途的可行性。筹资方案提交董事会后，董事会应同法律顾问和财务顾问审核筹资方案的合理性和可行性。对董事会的审核结果应进行书面记录，一方面这是控制程序的需要，另一方面董事会会议纪要也是证券监督管理委员会要求呈报的资料之一。

筹资方案需经有关管理部门批准的，应当履行相应的报批程序。筹资方案发生重大变更的，应当重新履行审批程序。

（二）筹资方案评估与决策控制

1. 筹资方案风险评估

企业应当对筹资方案进行科学论证，形成评估报告，报董事会或股东大会审批。评估报告应当全面反映评估人员的意见，并由评估人员签章。未经论证的方案不能进行筹资。重大筹资方案应当形成可行性研究报告，全面反映风险评估情况。企业可以根据实际需要，聘请具有相应资质的专业机构进行可行性研究。

2. 筹资方案决策

企业应当拟定多个筹资方案，综合考虑筹资成本和风险评估等因素，对筹资方案进行比较分析，在履行相应的审批程序后确定最终的筹资方案。

3. 重大筹资方案集体决策

对于重大筹资方案，应当按照规定的权限和程序，实行集体决策审批或者联签制度，决策过程应有完整的书面记录。

（三）筹资合同或筹资协议控制

（1）企业做出筹资决策后，应当根据批准的筹资方案，严格按照规定权限和程序筹集资金。

按照国家有关法律和法规的要求，与各出资单位或中介机构签订详细的、完整的、合法的筹资合同或筹资协议。企业相关部门或人员应当对筹资合同或协议的合法性、合理性、完整性进行审核，审核情况和意见应有完整的书面记录。

（2）企业通过银行借款方式筹资的，应当与有关金融机构进行洽谈，明确借款规模、利息、担保、还款安排、相关的权利义务和违约责任等内容，双方达成一致意见后签署借款合同。

（3）企业筹资通过证券经营机构承销或包销债券的，应选择具备资质和资信良好的证券经营机构，并与该机构签订正式的证券承销或包销合同或协议。

（4）筹资合同或协议的订立应当符合《中华人民共和国合同法》及其他相关法律法规的规定，并经企业有关授权人员批准。重大筹资合同或协议的订立，应当征询法律顾问或专家的意见。

（5）企业变更筹资合同或协议时，应当按照原审批程序进行。

（四）取得相关资产控制

（1）按照筹资合同或协议的约定及时足额取得相关资产。

（2）取得货币性资产时，应当按实有数额及时入账。

（3）取得非货币性资产时，应当根据合理确定的价值及时进行会计记录，并办理有关财产转移手续。对需要进行评估的资产，应当聘请有资质的中介机构及时进行评估。

（五）筹资费用核算与支付控制

（1）企业应当加强债务偿还和股利支付环节的管理，对偿还本息和支付股利等做出适当安排。按照筹资方案或合同约定的本金、利率、期限及币种，准确计算应付利息，与债权人核对无误后按期支付。

（2）企业应当选择合理的股利分配政策，兼顾投资者的近期和长远利益，避免分配过度或不足。股利分配方案应当经过股东（大）会批准。

（3）结合偿债能力、资金结构等，保持合理的现金流量，确保及时、足额偿还到期本金、利息或已宣告发放的现金股利等。

（六）筹资偿付控制

建立筹资业务偿付环节的控制，对支付偿还本金、利息、租金、股利（利润）

等步骤及偿付形式等做出计划和预算安排，并正确计算、核对，确保各款项偿付符合筹资合同或协议的规定。具体包括以下内容。

（1）定期核对本金、利息。企业应当指定财务部门严格按照筹资合同或协议规定的本金、利率、期限及币种计算利息和租金，经有关人员审核确认后，与债权人进行核对。本金与应付利息必须和债权人定期对账。如有不符，应查明原因，按规定及时处理。

（2）履行审批手续。支付筹资利息、股息、租金等时，应当履行审批手续，经授权人员批准后方可支付。通过向银行等金融机构举借债务筹资的，其利息的支付方式也可按照双方在合同、协议中约定的方式办理。

（3）及时取得有关凭据。企业委托代理机构对外支付债券利息时，应清点、核对代理机构的利息支付清单，并及时取得有关凭据。

（4）按权限审批。应当按照股利（利润）分配方案发放股利（利润），股利（利润）分配方案应当按照企业章程或有关规定，按权限审批。委托代理机构支付股利（利润）时，应清点、核对代理机构的股利（利润）支付清单，并及时取得有关凭据。

（5）非货币性资产评估。以非货币资产偿付本金、利息、租金或支付股利（利润）时，应当由相关机构或人员合理确定其价值，并报授权批准部门批准，必要时可委托具有相应资质的中介机构进行评估。

（6）明确财务部门责任。财务部门在办理筹资业务款项偿付过程中，发现已审批拟偿付的各种款项的支付方式、金额或币种等与有关合同或协议不符时，应当拒绝支付并及时向有关部门报告，有关部门应当及时查明原因，进行处理。

（7）抵押物登记。以抵押、质押方式筹资时，应当对抵押物资进行登记。业务终结后，应当对抵押或质押资产进行清理、结算、收缴，及时注销有关担保内容。

（8）筹资偿付业务流程。财务部门定期核对本金利息调度资金准备偿付到期筹资利息本金，筹资部门提出到期利息股利本金资本偿还申请，审批部门审批，财务部门支付到期利息股利本金资本。

（七）会计记录控制

企业应当加强筹资业务的会计信息系统控制，设置筹资业务的记录、凭证和账簿，按照国家统一会计准则制度，正确核算和监督筹资使用、本息偿还、股利支付等相关情况，妥善保管筹资合同或协议、收款凭证、入库凭证等资料，定期与资金提供方进行账务核对，确保筹资活动符合筹资方案的要求。

2018年1月—2019年12月，AK集团发生多项集团内部资金贷款业务，部分贷款资金收取利息，按税法规定计算纳税，部分贷款资金未收取利息，未确认收入。税务机关在检查原始凭证和相关信息时，发现AK集团的几项资金贷款业务既没有贷款合同，也没有取得合法有效的增值税发票，但对相应的利息支出进行了企

业所得税税前扣除。

AK 集团财务人员解释说，根据集团内部章程，AK 集团为集团内资本周转困难的企业提供委托贷款，按规定利率收取利息，按税法规定计算利息收入，全额纳税。对于个别资本需求迫切、签订委托贷款合同的企业，AK 集团可根据实际情况提供短期桥梁资金，解决紧急情况，不收取利息收入。

税务机关认为：①对于借入方未取得合法有效凭证、未签订借款合同的利息支出，不得在企业所得税税前扣除。据此，AK 集团通过自查补报，调增应纳税所得额 300 多万元。②对于出借方未签订借款合同、未确认利息收入的，应按照同类同期银行贷款利率确认利息收入并补缴企业所得税。对于双方签订了无息借款合同的内部资金拆借行为，不符合独立交易原则的要求，税务机关核定 AK 集团的应纳税所得额——按可比非受控价格法预估税款，以企业同期向外发出债券利率计算应收利息，计算利息所得约 0.8 亿元。最终，AK 集团因这两项内部资金拆借不合规行为，补缴企业所得税 4 500 多万元。

【育人启示】

AK 集团存在两项违规行为。一是设立委托贷款资金池，为各子公司提供内部贷款，收取相应利息，因没有签订委托贷款合同，也没有制作支付利息的原始凭证、记账凭证等扣除凭证，被调增应纳税所得额 300 万元。二是 AK 集团内部无息贷款，因不符合独立交易原则，被调增应纳税所得额 0.8 亿元。这反映出 AK 集团内部资金拆借的乱象。AK 集团因其内部资金拆借逃避所得税的依法缴纳而受到应有的处罚。任何企业都应依法经营、依法纳税，自觉维护良好社会经济秩序。

任务二　筹资业务内部控制实施

任务导学

河海公司为了提高产品质量，降低生产成本，决定对固定资产进行更新改造，为此决定向全社会发行无记名债券，由财务经理拟定筹资方案，由董事会决议通过发行债券。河海公司选择具有证券、期货业务资格的 C 证券公司作为本次债券发行的承销商，河海公司指定投资部经理负责本次债券的发行和保管。经过中国证券监督管理委员会的批准，河海公司债券正式发行，所得的发行收入低于债券面值，两者的差额作为财务费用处理。河海公司留存的债券存根簿上登记债券持有者的姓名、名称及住所、债券持有人取得债券的日期及债券编号、债券总额、票面金额、利率、还本付息的期限和方式以及债券的发行日期。由于当年世界经济不景气，避险资金大量进入黄金市场，国际市场金价持续走高，河海公司决定将一部分债券发行收入用于买卖黄金期货。每月月末会计人员计算当期的利息费用，并将之作为财务费用处理。债券到期收回后，由财务经理、内审人员、保管人员组成小组，按照序号清点所有债券，清点债券有无缺号并对缺号原因进行调查后，当场销毁所有收回债券，填写销毁证书并签字。

视频：筹资
业务内部
控制实施

学习笔记

学习笔记

任务与思考：

河海公司在筹资业务内部控制制度中存在哪些漏洞和缺陷？

一、筹资业务内部控制要求

企业应当综合考虑宏观经济政策、市场环境、环保要求等因素，结合本企业发展实际，科学确定筹资战略目标和规划，建立和完善严格的筹资管理制度，明确筹资各环节的职责权限和岗位分离要求，定期检查和评价筹资活动情况，落实责任追究制度，确保筹资活动安全有效运行。

二、筹资业务内部控制措施

（一）不相容职务分离控制

企业应该建立筹资业务的岗位责任制，明确相关部门和岗位的职责、权限，确保办理筹资业务的不相容职务相互分离、制约和监督。不得由同一部门或个人办理筹资业务的全过程。配备合格的业务人员并视具体情况进行岗位轮换。

筹资业务不相容岗位包括如下几项。

（1）筹资方案的拟定人员与审批人员分离；

（2）筹资合同或协议的审批人员与订立人员分离；

（3）筹资业务的执行人员与会计记录人员分离；

（4）筹资业务的执行人员与所筹资金的保管人员分离；

（5）计算股利或利息的人员及会计记录人员与支付股利或利息的人员分离；

（6）保管未发行的债券或股票的人员与负责债券或股票会计记录的人员分离。

（二）授权审核控制

（1）企业应事先批准授权一名负责筹资业务的高级管理人员，通常是财务经理，对其职责权限予以明确规定。财务经理应在经营活动中不断地分析企业经营活动所需的资金数量，并在恰当的时候编制筹资方案。在筹资方案中应详细地说明筹资的理由、筹资的数量、筹资前后企业财务实力的变化、筹资对企业未来收益的影响、各种筹资方式的利弊比较以及对某种筹资方式的建议等。

（2）筹资方案必须提交董事会审核。企业董事会应当对筹资方案进行严格审批，重点关注筹资用途的可行性。董事会接到筹资方案后，应聘请法律顾问和财务顾问共同审核该项筹资活动对未来净收益增加的可能影响及筹资方式的合理性。企业发行债券由董事会审议后提交股东大会决议通过。

对于重大筹资方案，应当按照规定的权限和程序，实行集体决策审批或者联签制度。

【小提示 6 - 1】《公司法》第 163 条规定：股份有限公司、有限责任公司发行公司债券，由董事会制定方案，股东会做出决议。国有独资公司发行公司债券，应由国家授权投资的机构或者国家授权的部门作出决定。

（3）董事会认为筹资必需及计划可行的，将授权财务经理策划具体的筹资业务细节。在具体细节确定后，董事会还须逐项详细审核。董事会对筹资方案和实施细则的审核结果，应以书面文件记录。

（三）会计记录控制

企业应当加强筹资业务的会计系统控制，设置筹资业务的记录、凭证和账簿，按照国家统一会计准则制度，正确核算和监督筹资使用、本息偿还、股利支付等相关情况，妥善保管筹资合同或协议、收款凭证、入库凭证等资料，定期与资金提供方进行账务核对，确保筹资活动符合筹资方案的要求。

 内控实操

一、债券和股票的签发控制制度

董事会核准发行债券和股票的决议是执行筹资业务的必需证明文件。经董事会审核批准发行的债券和股票在正式发行前，必须经董事会指定的高级管理人员签字，而且签字的形式应采取会签制度，即必须由两个以上的高级管理人员共同签发。

每位被授权签发债券或股票的职员，应仔细检查将要发行的债券或股票是否同董事会所核准的一致；各种应办理的手续和文件是否齐全；到签发日为止的证券市场行情分析报告等资料是否齐全。

二、债券和股票的发行控制制度

债券和股票筹资的金额往往非常大，债券推销过程有时会延续较长的时间；同时，推销债券需有专门的技巧和经验。因此，企业债券和股票的发行制度要求如下。

（1）企业应委托有雄厚资金的银行、信托投资公司、证券交易商来代理发行债券，并合理选择债券种类，对还本付息方案做出系统安排，确保按期、足额偿还到期本金和利息。

（2）委托证券公司等机构代理发行股票。依照《中华人民共和国证券法》等有关法律法规和证券监管部门的规定，优化企业组织架构，进行业务整合，并选择具备相应资质的中介机构协助企业做好相关工作，确保符合股票发行条件和要求。

【小提示6-2】从内部控制的要求来讲，委托独立的代理机构发行债券，往往有助于揭示发行公司在筹资业务中因疏忽产生的错误、与有关法令或举债一般所应遵循的义务相悖的做法以及筹资业务中的不当行为。其将严格地审查发行公司提交的财务报告、在政府部门登记注册的证明以及所承诺的各种义务等，并且在债券发行后，检查发行公司所保持的营运资本、偿债基金的设置和提取等情况。债券代理发行机构的这些活动，从外部协助了债券发行公司内部控制制度的有效执行。另外，债券代理发行机构在发行债券时，并不经管发行公司的资产和账册。发行公司有关债券的账户记录，可以通过这些机构的业务记录得到客观而公正的证实，从而也加强了债券发行公司的内部控制，使得用伪造的会计记录来掩盖不正当行为的事件发生的可能性减少。

委托证券公司等发行股票，这些机构在办理有关股票发行或股份转让过户等业务的过程中，发行公司的职责分离等内部控制延伸到公司外部，一项经济活动能够由两个经济实体共同处理，控制的有效性将大大增强。

三、债券和股票的保管控制制度

企业应建立健全债券和股票的实物保管制度。

（1）对于核准后且已印刷但尚未发行的企业债券或股票，应当委托银行或信托公司等独立的机构代为保管。可以避免企业内部人员接触债券或股票，同时银行或信托公司等机构有专门的保管设备和接触控制程序，使债券或股票的保存更为安全。

（2）负责债券或股票签发的人员在债券或股票签发后，应会同银行或信托公司指派的人员一起亲自监督对债券或股票的加封，并且与该指派人员共同在交接单上签字。

（3）企业应设置债券或股票登记簿，按照交接单上载明的债券或股票名称、数量、编号、每张的面值、交接日期和人员等以及存放于银行或信托公司的债券或股票情况予以登记。企业内部审计人员应定期根据债券或股票登记簿的记录同银行或信托公司进行核对。

（4）企业自行保管未发行的公司债券或股票时，应指定专人存放于保险箱中保管，并详细地在债券或股票簿上进行记录。保管人不能同时负责债券或股票的发行、现金的收入和账簿记录工作，在该部分债券或股票未交独立发行机构发行之前，被授权职员不得签字，内部审计人员必须定期清点在库的债券或股票。清点记录应同债券或股票登记簿核对。

（5）对到期收回的债券，必须于收回本金的同时，戳盖作废记录或注销的记号。在该类债券全部收回后，由财务经理、内部审计人员、债券保管人员等组成的小组，按顺序号清点所有债券，在确认无缺号债券或对缺号债券的原因作调查后，填写包括债券名称、数量、编号、面值、销毁日期等内容在内的销毁证书，并当场销毁所有债券，防止债券被不合法地再次使用。

四、利息支付的控制制度

企业应当按照筹资方案或合同约定的本金、利率、期限及币种，准确计算应付利息，与债权人核对无误后按期支付。

（1）企业应指定专人对不同债券支付利息的日期分别在利息支付备忘录上予以记载，防止可能发生的违约事件。

（2）业务人员根据票据面值和利率，计算应付的利息，经过其他人员的复核和被授权人审核批准后，即可支付利息。其控制程序与其他现金付款相同。

（3）当企业债券的受息人较多时，企业应将到期应支付的利息总额开出单张支票，委托独立的机构代为发放。企业应明确规定代理机构的责任，并定期取得相关报告。

（4）债券发行企业应将代理机构交来的利息支付清单作为企业已支付利息的原始凭证。该支付清单上记载的持票人姓名和利息支付总额，应同企业计算的利息总额及开出支票金额核对。在法定利息支付期满后，代理机构应将差额退回发行企业，发行企业应监督该差额的退回。

五、股利发放的控制制度

（1）股利发放必须由企业董事会决定。董事会应根据法律的规定范围、企业章程和企业当年净收益等情况，表决通过是否发放股利、股利发放的时间和形式以及每股的股利数。

（2）股利发放有企业自行办理或委托代理机构办理两种形式。从内部控制的有效性来讲，选择后一种方式可以减少发放股利时发生欺诈舞弊或错误的可能性。企业的责任在于核对代理机构支付股利后所编制的详细支付清单，并在会计记录上进行控制。

（3）企业自行办理支付股利

①应根据发行在外的股份总数和董事会宣布的每股收益，确定应发放股利的总额。

②应根据股东明细账上记载的每位股东股份持有数和每股收益，计算每位股东应得的股利，并开列股利支付清单。计算的结果应经过其他职员的复核。

③应根据股利支付清单，按每一股东填制股利支票。支票上应列明受款人姓名和金额，严禁无受款人支票，股利支付清单编制人应同支票填制人在职务上分离。

④财务经理或其他被授权签发支票的职员，应将所有需签字支票的金额合计数同确定的应付股利总额核对，并检查是否有无受款人姓名的支票。

⑤核对无误后在每张支票上签字，签字后的支票，应指派专人直接向股东邮寄或递交，不得交回支票填写人。邮局或股东开具的收据应予编号保存，并应接受内部审计人员的检查。对于从邮局退回或无法递交的支票，应及时加盖作废的戳记，以防被非法利用。

学习笔记

六、会计记录的控制制度

企业应依据《会计法》和适合企业的《企业会计准则》对筹资业务进行核算。

（1）对企业债券会计记录控制的重点在于债券发行时，债券交易价值的摊销。应付企业债券的明细账应详细记录债券的发行日、到期日、面值、票面利率等资料。明细账应与总账定期核对。

（2）在登记企业债券折价或溢价的同时，应编制折价或溢价摊销表，各期折价或溢价的摊销数应与摊销表上所确定的数值一致。债券折价或溢价摊销的方法通常有直线法和实际利率法两种，选用时应根据事先制定的会计政策确定。选定一种方法后，不得随意变动。

（3）对股票持有人进行详细记录。除股票簿外，主要应通过设置股东明细账进行。在股东明细账上应详细记录股东姓名、持股人份数、股票面值、股票的发行日或过户日。股东明细账应定期同股票簿存根和股本总账核对。

学中做

河海公司在筹资业务内部控制制度中存在以下漏洞和缺陷。

（1）河海公司发行债券由董事会审议后需要提交股东大会决议通过。

（2）债券的发行与保管属于不相容职务，应由不同人员担任。

（3）如果企业折价发行债券，折价部分应该计入"应付债券——利息调整"，并编制溢价折价摊销表。

（4）河海公司发行无记名债券时，应在债券存根簿登记债券的总额、利率、偿还期限和方式以及发行日期和债券的编号等。

（5）严禁擅自改变资金用途，由于市场环境等特殊因素确需改变资金用途的应履行审批手续，并书面记录审批过程。

（6）由于本次发行债券的收入用于固定资产的更新改造，对于符合资本化条件的固定资产更新改造的利息费用应该计入"在建工程"。

范例 6 – 1

唐山港集团股份有限公司筹资业务内部控制制度

第一章 总 则

第一条 为了加强唐山港集团股份有限公司（以下简称"公司"）筹资管理，规范筹资行为，降低融资成本，有效防范资金管理风险，根据《公司法》《企业内部控制基本规范》等的相关法律法规和规范性文件及《公司章程》等的相关规定，结合公司实际情况，制定本制度。本办法适用于公司本部和控股及以上子公司。

学习笔记

第二条　本制度中所称筹资，包括权益性筹资和债务性筹资。权益性筹资是指完成筹资后增加权益资本的筹资，如发行股票、配股、发行可转换公司债券等；债务性筹资是指完成筹资后增加负债的筹资，如向银行或非银行金融机构贷款、发行债券、融资租赁等。

第三条　公司开展各项筹资业务，必须遵循以下原则：适度性原则、安全性原则、低成本原则、合法性原则。

1. 适度性原则：公司应当根据筹资目标和发展战略经营目标规划、全面预算，拟订融资方案，统筹安排，以最优的筹资机构筹措资金，明确筹资的用途、规模、结构和方式等相关内容。

2. 安全性原则：筹资业务中要加强风险管理，公司应对筹资成本和潜在风险做出充分估计，通过优化公司资产结构，控制公司财务风险、信用风险，保障公司经营安全。应当对筹资方案进行科学论证，重大筹资方案应当形成可行性研究报告，全面反映风险评估情况。权衡资本结构对企业发展、再筹资或资本运作可能带来的影响；评估分析公司的偿债能力，防范偿债风险。

3. 低成本原则：筹资以降低融资成本为目标，应对不同渠道、不同方式的筹资方案进行综合评估、比较，在考虑降低资金成本的前提下，从中选择效益最优方案。

4. 合法性原则：筹资工作要遵守国家法律法规、政策，合法开展各项筹资业务。

第二章　管理职责及流程

第四条　公司财务部为公司债务性筹资事项的日常管理部门，结合公司发展战略，分析公司筹资结构，拟定公司年度及中长期筹资方案，并主要做好以下工作。

1. 完善公司筹资管理制度及具体实施办法；

2. 对公司债务性筹资活动进行策划、论证与评估；

3. 负责组织实施债务性筹资的具体工作；

4. 对公司筹资活动进行动态跟踪管理；

5. 做好筹资核算与资金管理工作。

第五条　董事会秘书办公室为公司权益性筹资事项的日常管理部门，董事会秘书办公室根据年度及中长期筹资方案，组织中介机构进行权益性筹资方案的可行性调研，编制可行性研究报告；负责组织实施权益性筹资的具体工作；负责债务及权益性筹资活动的信息披露工作。

第六条　公司审计部行使对筹资活动的内部控制监督检查权。

第七条　公司发行新股时，应经公司董事会审议通过后，提请股东大会审批，董事会秘书办公室负责组织股票发行的相关组织协调工作。

第八条　公司发行公司债券按照董事会、股东大会议事规则提交董事会、股东大会决议，财务部负责组织债券发行的相关组织协调工作。

第九条　公司财务部在每年年初拟定本年度向银行或其他金融机构的借款预算额度（包括控股子公司的借款额度），不超过公司最近一个会计年度经审计净资产的30%的，由公司董事会决议；超过公司最近一期经审计净资产的30%的，由董事会审议通过后提交股东大会决议。

第十条　未在年度财务预算方案中批准的临时借款，不超过公司最近一个会计年度经审计净资产5%的，由董事长决定；超过公司最近一个会计年度经审计净资产5%但不超过30%的，由公司董事会决议；超过公司最近一期经审计净资产30%的，由董事会审议通过后提交股东大会决议。

第十一条　经过董事会或股东大会决议的借款或发行债券事项由财务部资金管理中心根据资金需求起草筹资申请，并在申请中至少明确"拟筹资原因、用途、可行性、融资银行、借款期限、担保方式、利率标准、偿还方式"等相关信息，提交财务部负责人、财务总监、总经理审核，董事长审批。财务部根据审批结果，具体办理筹资手续，并履行相关合同审批、落实筹资资金到位的相关工作。

第十二条　公司应严格按照合同要求使用借款资金，不得改变资金用途；发行股票及发行债券募集资金时，也应严格按照募集资金用途使用，专款专用，如确需变更用途，按照《募集资金管理制度》履行相关流程。

第十三条　财务部资金管理中心应建立各种债务筹资台账，包括借款台账、债券台账等。借款台账应至少记录如下内容，借款银行、借款用途、借款期限、担保方式、利率、到期日、利率调整周期、利息支付方式、预计利息金额等，并根据新增借款及还款等信息，及时更新台账。债券台账的记录至少应包括：发行记名债券应当记载债券持有人的姓名或名称及住所、债券持有人取得债券的日期及债券编号、债券总额、债券的票面金额、债券的利率、债券还本付息的期限和方式、债券的发行日期、预计利息金额等信息；发行无记名债券应当记载债券总额、利率、偿还期限和方式、发行日期、预计利息金额和债券编号等信息；董事会秘书办公室负责股权筹资台账的建立。

第十四条　财务部应严格按照合同约定日期及约定还款额度办理还款手续，财务部资金管理中心填制付款申请，财务部负责人、财务总监、总经理审核，董事长审批；根据公司资金情况需提前偿还借款的，财务部资金管理中心编写书面申请，财务部负责人、财务总监、总经理审核，董事长审批后方可提前偿还借款；发行债券到期前，财务部应做好资金偿还准备工作，资金管理中心提前起草申请，说明到期债券规模、到期日、资金准备情况，财务部负责人、财务总监、总经理审核，董事长审批后，财务部负责及时偿还到期债券。

第十五条　财务部应根据借款合同和债券发行的约定等做好利息的偿还工作。由银行直接从公司账户扣还的借款利息，财务部应确保账户余额满足要求；由公司主动支付的借款利息，由财务部资金管理中心填制付款申请单，财务部负责人、财务总监、总经理审核，董事长审批后办理利息支付事项。对于债券利息的支付，由财务部资金管理中心填制付款申请单，财务部负责人、财务总监、总经理审核，董事长审批后办理利息支付事项。

附　　则

第十六条　本制度自公司股东大会审议通过之日生效。

第十七条 本制度由公司财务部负责解释。

 项目小结

本项目知识结构图如图6-1所示。

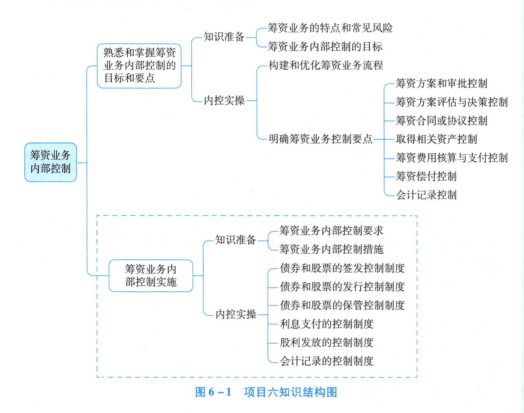

图6-1 项目六知识结构图

 项目训练

【职业知识测试】

一、不定项选择题

1. 影响企业选择融资方式的外部因素主要包括 （   ）。

A. 法律环境　　　　 B. 金融环境　　　　 C. 经济环境　　　　 D. 自然环境

2. 按筹资的动机不同可将筹资分为 （   ）。

A. 新建筹资　　　　 B. 扩张筹资　　　　 C. 偿债筹资　　　　 D. 混合筹资

3. 筹资业务的常见风险有 （   ）。

A. 筹资活动违反国家法律法规，企业可能遭受外部处罚，造成经济损失和信誉损失

B. 筹资活动未经适当审批或超越授权审批，可能因重大差错、舞弊、欺诈而导致损失

C. 企业没有对筹资方案进行科学论证和风险评估，或按照未经论证的方案进

学习笔记

行筹资

D. 筹资决策失误，可能导致流动性不足或资金链断裂

4. 下列属于筹资业务内部控制目标的是（   ）。

A. 保证筹资业务合规合法

B. 保证筹资业务会计记录准确可靠

C. 保证筹资的安全性

D. 确保企业战略发展目标对资金的需求

5. 企业必须做好筹资方案的编制和审批，筹资方案一般由（   ）负责拟订。

A. 财务部门   B. 销售部门   C. 生产部门   D. 采购部门

6. 筹资业务不相容岗位包括（   ）。

A. 筹资方案的拟定人员与审批人员分离

B. 筹资合同或协议的审批人员与订立人员分离

C. 筹资业务的执行人员与会计记录人员分离

D. 筹资业务的执行人员与所筹资金的保管人员分离

7. 经（   ）审核批准发行的债券和股票在正式发行前，必须经指定的高级管理人员签字，而且签字的形式应采取会签制度，即必须由两个以上的高级管理人员共同签发。

A. 董事会   B. 股东大会

C. 工会   D. 职工代表大会

8. 企业应委托（   ）代理发行债券。

A. 资金雄厚的银行   B. 信托投资公司

C. 证券交易商   D. 财政部门

9. 债券折价或溢价摊销的方法通常有（   ）。

A. 直线法   B. 实际利率法

C. 计划成本法   D. 实际成本法

10. 筹资业务流程的第一环节是（   ）。

A. 筹资方案编制与审批   B. 筹资评估与决策

C. 筹资合同订立   D. 相关资产取得

二、判断题

1. 由于筹集资金的数额通常比较大，企业可以根据自身的实际情况，通过不同的渠道采取不同的方式筹集所需的资金。   （   ）

2. 筹资业务在大多数企业中发生的次数较少，因此对企业的财务状况产生的影响不大。   （   ）

3. 企业应当根据融资战略目标和规划，结合年度经营计划和预算安排，拟订筹资方案，明确筹资的用途、规模、结构和方式等相关内容，对筹资成本和潜在风险做出充分估计。   （   ）

4. 企业应当对筹资方案进行科学论证，形成评估报告，报总经理审批。

（   ）

5. 企业作出筹资决策后，应当根据批准的筹资方案，严格按照规定权限和程

序筹集资金。按照国家有关法律和法规的要求，与各出资单位或中介机构签订详细的、完整的、合法的筹资合同或筹资协议。　　　　　　　　　　　　（　　）

6. 保管未发行的债券或股票的人员与负责债券或股票会计记录的人员可以是同一个人。　　　　　　　　　　　　　　　　　　　　　　　　　　　　（　　）

7. 企业发行债券由董事会审议后应提交股东大会决议通过。　　　　（　　）

8. 对于核准后且已印刷但尚未发行的企业债券或股票，应当由企业自行保管。　　　　　　　　　　　　　　　　　　　　　　　　　　　　　　　（　　）

9. 企业应设置债券或股票登记簿，按照交接单上载明的债券或股票名称、数量、编号、每张的面值、交接日期和人员等以及存放于银行或信托公司的债券或股票情况予以登记。　　　　　　　　　　　　　　　　　　　　　　（　　）

10. 对到期收回的债券，必须于收回本金的同时，戳盖作废记录或注销的记号。　　　　　　　　　　　　　　　　　　　　　　　　　　　　　　　（　　）

【职业能力训练】

请同学们以 4～5 人为一组，以小组为单位对以下案例进行分组讨论，按要求完成训练任务，并以 Word 文档提交任务成果，课堂上由一名同学为代表汇报任务成果。

资料：瑞幸咖啡是中国新零售咖啡的典型代表，致力于"从咖啡开始，成为每个人日常生活的一部分"的梦想。2017 年 6 月 6 日，瑞幸咖啡成立。2017 年 12 月，瑞幸咖啡首家门店在北京银河 SOHO 试营业。瑞幸咖啡采用直营模式飞速扩张，截至 2019 年年底，瑞幸咖啡有直营门店 4 507 家，门店数已经超过星巴克。其广告语"小蓝杯，谁不爱"深入人心。而这一切，只用了 25 个月。2019 年 5 月，瑞幸咖啡成功在美国纳斯达克上市，融资 6.95 亿美元。瑞幸咖啡，从成立到上市仅用了 18 个月，创造了全球最短时间上市的纪录。

要求：

请通过网络资源调查，收集瑞幸咖啡发展过程及现状情况的资料，对瑞幸咖啡融资 6.95 亿美元，成功在美国纳斯达克上市进行分析。

【职业素养提升】

阅读资料

关于发行公司债券

什么是债券？

债券是政府、企业、银行等债务人为筹集资金，按照法定程序发行并向债权人承诺于指定日期还本付息的有价证券。债券的本质是债的证明书，具有法律效力。债券购买者或投资者与发行者之间是一种债权债务关系，债券发行人即债务人，投资者（债券购买者）即债权人。

公司发行债券的条件有哪些？

依据《公司法》，公开发行公司债券，应当符合下列条件：1. 股份有限公司的

学习笔记

净资产不低于人民币三千万元，有限责任公司的净资产不低于人民币六千万元；2. 累计债券余额不超过公司净资产的百分之四十；3. 最近三年平均可分配利润足以支付公司债券一年的利息；4. 筹集的资金投向符合国家产业政策；5. 债券的利率不超过国务院限定的利率水平；6. 国务院规定的其他条件。

存在下列情形之一的，不得发行公司债券：1. 前一次公开发行的公司债券尚未募足；2. 对已发行的公司债券或者其他债务有违约或者迟延支付本息的事实，仍处于继续状态；3. 违反《证券法》规定，改变公开发行债券所募集资金的用途；4. 最近36个月内公司财务会计文件存在虚假记载，或公司存在其他重大违法行为；5. 本次发行申请文件存在虚假记载、误导性陈述或者重大遗漏；6. 严重损害投资者合法权益和社会公共利益的其他情形。

公司发行债券的基本流程有哪些？

股份有限公司、有限责任公司发行公司债券，由董事会制定发行债券的方案，提交股东会或股东大会审议作出决议。国有独资公司发行公司债券，应由国家授权投资的机构或者国家授权的部门作出决定。决议事项包括：1. 发行债券的数量；票面金额及发行价格；2. 发行对象及向公司股东配售的安排；3. 债券期限；债券利率及还本付息；发行方式；4. 募集资金的用途；担保安排；调整票面利率选择权、赎回条款或回售条款；5. 决议的有效期；债券的上市安排；6. 对董事会的授权事项；7. 其他根据实际情况需要明确的事项。

公司在作出发行公司债券的决议或者决定后，必须依照《公司法》规定的条件，向国务院授权的部门提交规定的申请文件，报请批准，所提交的申请文件明细如下：

①公司登记证明；②公司章程；③公司债券募集办法；④资产评估报告和验资报告。⑤国务院授权的部门或者国务院证券监督管理机构规定的其他文件。

在募集办法中应当载明下列事项：公司名称、债券募集资金的用途、债券总额、债券的票面金额、债券利率的确定方式、还本付息的期限和方式、债券担保情况、债券的发行价格、发行的起止日期、公司净资产额、已发行的尚未到期的公司债券总额以及公司债券的承销机构。

国务院授权的部门对已作出的审批公司债券发行的决定，发现不符合法律、行政法规规定的，应当予以撤销；尚未发行的，停止发行；已经发行公司债券的，发行的公司应当向认购人退还所缴股款并加算银行同期存款利息。

课程拓展

集团内资金拆借的六大所得税风险

一、账外收取利息隐匿收入

涉税风险中最为严重的是偷税风险，而偷税风险最为典型的是隐匿收入。有些集团企业规模庞大，闲置自有资金充裕，但内部管理却非常混乱。一方面，没有制定严格的财务核算制度，甚至默许私设小金库的行为。另一方面，没有做到充分的职责分离、岗位制约，导致集团内部拆借的提议、审批、决策、执行等权力完全集中在一个人手中。这就为内部领导贪污、渎职风险的滋生提供了天然的土壤。在领导牵头下，集团内部企业拆借资金，并支付利息，其中借款方以无偿借款入账，利息则使用"账外账"收取。收款方则将支出的利息以管理费用等其他名目入账核算。账外收取的利息最终流入领导个人或其亲属账户，被领导中饱私囊。

根据《税收征收管理法》第六十三条，纳税人在账簿上不列、少列收入，不缴或者少缴应纳税款的，是偷税。对纳税人偷税的，由税务机关追缴其不缴或者少缴的税款、滞纳金，并处不缴或者少缴的税款百分之五十以上五倍以下的罚款；构成犯罪的，依法追究刑事责任。由此可见，企业收取利息不入账，属于隐匿收入，构成偷税，将面临补税、加收滞纳金，以及 0.5～5 倍罚款的责任，构成逃税罪的还面临刑事责任。

二、高报利息支出虚增成本

除隐匿收入外，高报支出是另一种常见的偷税行为。高报支出往往出现于企业有些亏损无法得到合理解释，或者有些支出不合法，不能入账核算的情况。为了解决这部分没有入账的成本，企业就会设法从其他业务中"调配"支出额度，从而实现账簿平衡。在"调配"额度时，平时看起来无关紧要、可多可少的集团内资金拆借利息就成了重点关注对象。对于名义上的借款、收息方来说，大多是集团内负责销售的公司，并且主要客户为个人消费者。因为消费者不要票，相关收入难以被税务监管，企业可能选择入账核算，也可能选择账外收取。这样就有了充足的空间"修饰"账内营收，配合亏损企业的操作。在一些不合规的集团企业里，集团内资金拆借就是一个包罗万象的"筐"，可以装下所有的亏损。

三、无偿拆借规避纳税

除偷税外，避税更是集团内资金拆借不容忽视的风险。避税类风险中，无偿拆借又是首当其冲的一项。很多人认为，集团企业最终受同一母公司控制，集团内企业的资金拆借本质上是"左兜换右兜"，没有收取利息的必要，也不需要确认收入。这种理解符合理性经济人的商业思维，也不违背民商法规定，但从税法角度来看，存在规避纳税义务的可能。税法以民商法为前提和基础，税法定性尊重民商法已经认定的基础法律关系，但是，在某些特殊情况下，基于保护国家税收利益的目的，税法可以对基础法律关系进行调整。这种调整针对的对象并非违反税法规定的行为（该类行为已经构成偷税，需要承担相应法律责任），而是直观上看符合民商法、税法的相关规定，但实质上造成了国家税收流失的行为，又可以称其为避税行为。这种调整也称为反避税调整。

关联企业间的交易，就是反避税调整重点关注的对象。站在民商法角度，民营企业间关联交易定价完全是市场自主行为，不受任何调整和限制。然而，从税法角度来看则不然。例如集团下 X 公司是一家高新技术企业，适用 15% 的优惠税率，Y 公司则是一家普通企业，适用 25% 的税率。此时，Y 公司向 X 公司拆借资金，选择收取利息抑或无偿拆借，最终影响国家实际征收的企业所得税。假如 Y 公司收取了 100 万元利息，Y 公司需确认应纳税额 25 万元，X 公司可以扣除 100 万元成本，减少应纳税额 15 万元，抵销后国家实际征收 10 万元税款；假如 Y 公司不收取利息，Y 公司不确认收入，X 公司不扣除成本，国家没有征收任何税款。在两种情

学习笔记

况下，无偿拆借会导致国家"损失"（或少征收）10 万元税收利益。税务机关要求企业按照 100 万元的标准重新核定利息收入、支出，就是反避税调整手段中最为基础的一项——转让定价调整，尽管无偿拆借本身是民商法准予的。

由此可见，转让定价调整并非违背民商法确认的基础法律关系，而是由于国家税收利益和自由市场经济两种价值产生了矛盾，不得不"取其重"的选择。尽管如此，我们也需看到转让定价必须在"有必要"的情况下实施，在上述案例中，如果 X 公司和 Y 公司适用税率一致，无论是否收取利息，都不会对国家税收利益造成任何影响，也就没有调整的必要。遗憾的是，对于转让定价的必要性问题，现行立法并未很好地贯彻落实。虽然在《国家税务总局关于发布〈特别纳税调查调整及相互协商程序管理办法〉的公告》（国家税务总局公告 2017 年第 6 号）中明确了"实际税负相同的境内关联方之间的交易，只要该交易没有直接或者间接导致国家总体税收收入的减少，原则上不作特别纳税调整"，但是一方面这一条款只是"原则上"不调整，并非必然不调整，另一方面，在《企业所得税法》中明确规定了"企业与其关联方之间的业务往来，不符合独立交易原则而减少企业或者其关联方应纳税收入或者所得额的，税务机关有权按照合理方法调整"。

对于无偿拆借，税务机关有权按照"独立交易原则"调整企业收入和应纳税所得额。独立交易原则，是指没有关联关系的交易各方，按照公平成交价格和营业常规进行业务往来所遵循的原则。根据国家税务总局公告 2017 年第 6 号，调整的方法包括可比非受控价格法、再销售价格法、成本加成法、交易净利润法、利润分割法及其他符合独立交易原则的方法。转让定价调整后，企业需要就调增的应纳税所得额确认补缴企业所得税，就调减的补充申报税前扣除，此外税务机关可能对企业加收特别纳税调整利息。

四、天价利息转移利润

除无偿拆借外，集团内资金拆借还有另一种极端现象，即高利贷。当然，这里的高利贷并非不合法的民间借贷，而是在法定允许的计息范围内一切从高，虽然符合民商法规定，但仍然有可能被实施转让定价调整。需要注意的是，转让定价中所称的"独立交易原则"是公平成交原则，既不能过低，也不能过高。因此，计息过高同样违背独立交易原则要求。延续前文中的例子，如果换作 X 公司向 Y 公司拆借资金，假如 X 公司收取了 1 000 万元利息，X 公司需确认应纳税额 150 万元，Y 公司可以扣除 1 000 万元成本，减少应纳税额 250 万元，抵销后国家实际少征收 100 万元税款；假如 X 公司收取了 100 万元利息，X 公司需确认应纳税额 15 万元，X 公司可以扣除 100 万元成本，减少应纳税额 25 万元，抵销后国家少征收 10 万元税款。在两种情况下，高计利息会导致国家"损失"（或少征收）90 万元税收利益。

除了上述税率性差异外，高计利息更多地用于转移利润，即发生在集团将关联企业设立在"税收洼地"的情况。目前，国内很多地方出于招商引资的目的，对地方园区内个人独资企业、合伙企业实施核定征收政策，导致其实际税负率远低于公司制企业。辅之以地方财政返还、税收返还，可以进一步降低企业实际税负。由于个独、合伙没有重复征税问题，其投资人取得利润分配，只需考虑企业取得收入这一个环节。集团领导在这些地方成立个独、合伙，构成集团的关联企业，通过向集团提供高息贷款，将集团利润转移到这些"税收洼地"。在付息环节，税率性差异已经造成国家税收利益的减损，在分配环节，公司分配利润需缴纳 20% 个税，而个独、合伙在分配环节税负本身为零，又规避了个人所得税，导致国家税收双重减损。

对于天价利息，税务机关同样可以按照"独立交易原则"调整企业支出和应纳税所得额。转让定价调整后，企业需要就调减的税前扣除额确认补缴企业所得税，就调减的收入申请退税，此外税务机关可能对企业加收特别纳税调整利息。

五、名债实股弱化资本

在集团架构搭建阶段，还有一类避税行为即"名债实股"。对于股权投资，在股息分配时需要就股息收入缴纳所得税，同时，由于股息支出本身来源于税后利润，不可以作税前扣除。而对于债权投资，收取的利息应当确认收入缴纳所得税，支出的利息同样可以作税前扣除。股权投资和债权投资会影响企业扣除利益，进而影响国家税收利益。由于符合条件的居民企业间股息所得可以免税，这一问题主要体现于个人投资企业以及居民企业跨境投资非居民企业等情况。

《财政部　税务总局关于企业关联方利息关联企业间资金拆借的涉税风险分析政策解读支出税前扣除标准有关税收政策问题的通知》（财税〔2008〕121 号）第一条规定："在计算应纳税所得额时，企业实际支付给关联方的利息支出，不超过以下规定比例和税法及其实施条例有关规定计算的部分，准予扣除，超过的部分不得在发生当期和以后年度扣除。企业实际支付给关联方的利息支出，除符合本通知第二条规定外，其接受关联方债权性投资与其权益性投资比例为：1. 金融企业为 5：1；2. 其他企业为 2：1。"

这一规定就是为了应对名债实股、弱化资本问题出台的反避税调整方法。根据本条规定，如果关联企业间债权投资/股权投资的比例过高，超过规定比例部分对应债权计算的利息无法作税前扣除。

六、扣除凭证不合规风险

《国家税务总局关于发布〈企业所得税税前扣除凭证管理办法〉的公告》（国家税务总局公告 2018 年第 28 号）发布后，税前扣除凭证几乎面临和增值税进项抵扣凭证同等严格的监管力度。凭证不合规风险也成为集团企业头疼的问题。很多集团企业为了方便内部资金拆借，和银行签署了委托贷款合同，设立了委托贷款的资金池。子公司需要使用资金时，会直接向总部和银行发出申请，总部审批通过后由银行实际操作支付。由于委托贷款关系发生在三方之间，如果财务管理不够完善，对于扣除凭证的制作、交付就会比较混乱，甚至完全忽略凭证问题，引发扣除凭证不合规风险。

根据国家税务总局公告 2018 年第 28 号第十三条规定，"企业应当取得而未取得发票、其他外部凭证或者取得不合规发票、不合规其他外部凭证的，若支出真实且已实际发生，应当在当年度汇算清缴期结束前，要求对方补开、换开发票、其他外部凭证。补开、换开后的发票、其他外部凭证符合规定的，可以作为税前扣除凭证"。第十四条规定，"企业在补开、换开发票、其他外部凭证过程中，因对方注销、撤销、依法被吊销营业执照、被税务机关认定为非正常户等特殊原因无法补开、换开发票、其他外部凭证的，可凭以下资料证实支出真实性后，其支出允许税前扣除……"。第十六条规定，"企业在规定的期限未能补开、换开符合规定的发票、其他外部凭证，并且未能按照本办法第十四条的规定提供相关资料证实其支出真实性的，相应支出不得在发生年度税前扣除"。

由此可见，企业没有取得扣除凭证，应当首先补开换开发票、凭证，因法定事由无法补开、换开时，应当取得法定的其他凭证，仍然不能取得凭证的，支出将无法作税前扣除。国家税务总局公告 2018 年第 28 号对扣除凭证合法性的要求尤为严格，企业应当关注此类风险，避免因扣除凭证不合规承担税负成本。

项目七

对外投资业务内部控制

学习目标

知识目标：

◎了解对外投资业务的特点及常见风险；

◎理解对外投资业务内部控制的目标；

◎熟悉对外投资业务内部控制的关键控制点；

◎掌握对外投资业务内部控制措施；

◎掌握对外投资业务内部控制要点。

能力目标：

◎能够辨别投资业务中的不相容职务；

◎能够找出对外投资业务内部控制的关键控制点；

◎能够制定对外投资业务内部控制相关措施；

◎能够完成对外投资业务内部控制制度的设计。

素质目标：

◎培养对投资风险分析和判别能力；

◎培养廉洁自律、自觉抵制利益诱惑的职业素养；

◎培养遵守法规制度的良好职业道德。

任务一　熟悉和掌握对外投资业务内部控制的目标和要点

任务导学

视频：熟悉和掌握对外投资业务内部控制的目标和要点

　　A 公司因生产经营所需，计划通过增资扩股吸纳新的股东。H 公司对项目投资的可行性进行了研究，随后与 A 公司签定了投资协议，并根据董事会决议和投资协议于 2016 年 6 月对 A 公司投出 6 000 万元。2016 年 12 月，由于 A 公司增资扩股的相关法律手续尚未办理完毕，H 公司的投资交易未能完成。H 公司投资部与 A

公司签订至 2016 年 12 月的资金占用费补充协议，根据该补充协议的相关条款 H 公司收取了至 2016 年 12 月底资金占用费 262 万元。至 2017 年 4 月，根据 A 公司提供的会计师事务所出具的验资报告，验证 H 公司实际出资 3 000 万元，占股权比例 15%，2017 年 9 月收回多投的投资款 3 000 万元，2018 年收到分回的当年 5—12 月的投资收益 240 万元。H 公司没有能够收到 2017 年 1—4 月原投出资金 6 000 万元和 5—8 月多投出资金 3 000 万元的资金占用费，导致 H 公司投资收益未得到有效保证。

任务与思考：

导致 H 公司对外投资业务中投资收益未得到有效保证的原因有哪些？存在哪些失控点？H 公司应采取哪些内控防范措施加以防范？

知识准备

一、对外投资业务的特点和常见风险

对外投资指企业为了获取收益或实现资本增值，以货币资金、固定资产和无形资产等向被投资单位投放资金的一种经济行为。按投资性质的不同，对外投资可分为债权性投资和权益性投资；按持有时间的不同，可分为短期投资和长期投资。对外投资是以让渡某项资产获得另一项资产的行为，由于投出资金是在被投资单位运作的，除债权性投资外，投资收益取决于被投资方的经营业绩，具有财务风险，对外投资为企业带来经济利益的方式也不同。

企业对外投资业务的常见风险如下。

（1）投资行为违反国家法律法规，可能遭受外部处罚，造成经济损失和信誉损失。

（2）对被投资企业的调查和分析不全面、不客观，或投资项目未经过科学评估和论证，可能导致决策失误，造成重大损失。

（3）投资业务未经适当审批或越权审批，可能产生重大差错、舞弊或欺诈行为，给企业带来损失。

（4）投资项目执行缺乏有效的管理，可能因不能保障投资安全和投资收益而导致损失。

（5）投资的收回和核销没有经过充分调研，或不按规定权限和程序进行审批，可能导致企业资产流失和浪费。

二、对外投资业务内部控制的目标

（1）防范对外投资风险。

（2）确保对投资资产的安全。

（3）提高对外投资的效益。

（4）保证对投资业务的合法性。

"东北华联"盲目投资失控

吉林省第一家上市公司"东北华联"上市之初盲目扩张投资，惨败后又不断施展"骗术"，偏离了规范发展的轨道。

从事商业经营的东北华联集团股份有限公司（以下简称"东北华联"）于1993年8月上市。该公司红火了一年多便开始走下坡路，到1997年年末连续两年累计亏损2.5亿元，后被新入主的第一大股东长春高斯达生化药业集团股份有限公司更名为"高斯达"。

1. "华联时代"：只要感觉好，现在就投资

"东北华联"上市后募集资金1.6亿元，股价由每股1元跃升为最高18元，许多购买了华联股票的人一夜之间腰缠万贯。"东北华联"的主体"华联商厦"更是生意兴隆。"东北华联"一度成为吉林省国有企业股份制改革的"领跑者"。

实力剧增后，"东北华联"雄心勃勃："科、工、贸全方位发展，立足吉林，放眼全国，走向世界"。在省内，"东北华联"先后兼并"辽源一百"四平金龙集团等三户企业，设立了第二华联商厦、华联实业总公司、外贸总公司等16户全资企业；在广州、深圳、上海等地也买房购地；在美国、泰国、俄罗斯等国设立境外企业。刚刚一年时间，"东北华联"便由一个商业大厦摇身变成拥有55个全资子公司、6个控股和参股企业，资产达5.6亿元的集商业、实业、房地产于一体的跨区域综合性企业集团。

然后，企业"长"大了，新上马的项目却无一成功：第二华联商厦很快停业整顿，6 000万元白白扔掉；白山华联总公司和白山五交化公司创立后毫无收益，5 700多万元打了水漂；投入982万元的江山木业公司成立之日就成了亏损之时；在美国买了房子，可是什么事都没干成；在泰国建了一个大酒店，投多少赔多少……就在一两年时间内，"东北华联"损失了近2亿元，资金被挥霍一空。

"东北华联"的创始人之一、后任企业党委副书记的李贵贤说，有钱之后头脑发胀，使企业掉进了扩张的"陷阱"。"东北华联"上市后一下子有上亿元的资金流入企业，这么多钱怎么花出去？公司领导们争着抢着报项目，只要你说能赚钱，班子主要成员感觉好，就马上投资，一点也不犹豫。公司监事会主席焦继业说，监事会曾经提出应建立投资责任追究制度，但没有得到董事会的通过。

李贵贤说，当时吉林省看到全国各地都在搞企业上市，而本省一家上市企业也没有，心情十分急迫，仓促之际选中了"东北华联"。由于"东北华联"不具备上市公司"有3年以上的股份制经营历史"的要求，在有关部门的运作下，与远在千里之外的浑江百货大楼嫁接改造。可只嫁接来了"3年以上的股份制经营历史"，并没有嫁接来规范的股份制经营机制。名义上，"东北华联"是吉林省股份改革试点单位，"新三会"全都健全，可实际上还是国有企业那一套经营思想和经营方式。也就是说，企业在上市后一步登天，可是在天上才发现没生翅膀，不会飞翔。

1994年10月，民营企业上海万通实业公司（以下简称"万通"）悄悄运作，

购买了"东北华联"16%的法人股，成为第一大股东。"东北华联"从此由国有股权占主导地位变成了由法人股权占主导地位的股份制企业。

2."万通时代"："遥远"的管理、失控的局面

"万通"入主后，"东北华联"从盲目扩张转而进行全线调整。从1995年年初开始，"东北华联"相继收缩战线，突出主业，关停一批亏损企业，还从台湾请来专门管理人才，对"东北华联"实行新的管理方式。然而，由于经营上已经积重难返，加之经营班子轮流坐庄，企业的局面越来越糟。曾任公司总经理的李新鲜说，在"万通时代"，第一大股东在公司的工作代表平均工资高出同级人员3倍，而这部分代表又同为本埠人，这对班子成员产生了很大影响，人们对企业的责任心大大减弱。

当时任公司监事的焦继业介绍说，由第一大股东出任的董事长并不常驻公司，一年只来几次，平常基本上听电话汇报，一些指令是通过传真传到企业后实施的，成了"遥控管理"。有什么急事，董事长坐飞机过来处理一下就走。一些人为了达到个人目的，合伙编造情况，欺骗远在外地的董事长，造成一些决策不切实际。

从1995年开始，盲目扩张的"后遗症"集中爆发，"东北华联"的经济效益连续3年以平均50%以上的速度负增长，1996年亏损额达到1.18亿元，列沪深两地商业板块亏损"冠军"。

在危机时刻，"万通"准备退出。吉林省有关部门决定，有持有国有股权的二股东吉林省国际信托投资有限责任公司把"万通"这部分股权收回，而这时的"万通"急于卖个好价钱，双方迟迟没有达成一致。就在"谈判"的过程中，民营企业长春高斯达生化药业集团股份有限公司急于找"壳"上市，就以每股1.97元的高价与"万通"成交。

1998年2月，长春高斯达公司正式成为"东北华联"的第一大股东。1年后，已经戴上ST帽子的"东北华联"被更名为"ST高斯达"，"东北华联"四个字在股市上"消失"了。

与1993年的繁华相比，1998年年末的华联商厦透出悲伤的气息。一则告示贴在商厦门口：企业已被转让，店内所有商品大甩卖。长春人奔走相告："快到华联去吧，那东西便宜得吓人。"在吉林省股份制改革中充当"领跑"角色的"王子"成了名副其实的"乞丐"：到1997年年底，连续两年累计亏损2.5亿元。企业资产大多都成了虚值，华联实业总公司号称资产1 800多万元，实际资产不足200万元，江山木业公司900多万元的资产没有了，华联商厦191万元有账无货。资产使用状况更糟，企业停产、公司歇业造成近1.7亿元的资产闲置——"东北华联"败落了。

（摘自：冯丽丽，郭焕书，赵凌云.对外投资失败的思考［J］.中国乡镇企业会计，2006，6：19－20.）

【分析】

（1）本案例中"东北华联"对对外投资业务未进行预算控制，没有制定科学合理的对外投资计划，盲目扩张，科、工、贸全方位发展，在短短1年时间内便由一个商业大厦摇身变成拥有55个全资子公司，6个控股和参股企业，资产达5.6

亿元的集商业、实业、房地产于一体的跨区域综合性企业集团。

（2）"东北华联"在项目决策前未进行可行性研究，而是只要说能赚钱，班子主要成员感觉好，就马上投资，一点也不犹豫，监事会提出应建立投资责任追究制度，没有得到董事会的通过，最终导致连年亏损。

（3）本案例中"万通"没有真正对被投资公司进行有效的管控，这些管控只是流于形式，并未产生利润。代表"万通"的董事长并不常驻公司，一年只来几次，平常基本上听电话汇报，一些指令是通过传真传到企业后实施的，成了"遥控管理"。有什么急事，董事长坐飞机过来处理一下就走，公司缺乏对产业发展战略环境层面的分析，也缺乏微观层面出现偏差后改进的有效办法，投资企业众多，随后的有效管控却没有跟进植入，陷入资本扩张的怪圈，导致最终的悲剧。

建议如下。

（1）预算控制是内部控制的一个重要方面，加强投资预算的控制作业，可以使投资计划书的编制有据可依，可以加强对各部门投资预算的控制，有助于有效实施企业的投资战略。

财务部门应根据企业发展战略、企业经营状况以及企业的外部投资环境，根据各部门预算，编制投资预算并报送预算委员会进行审批。如审批不通过，预算委员会应要求财务部门对投资预算进行调整。对外投资预算编制完成后应交由本部门主管进行检查批复，编制人员根据批复意见进行修改，直至主管审批签字后，方可交给财务部门。在投资计划编制审批这一控制作业中，投资业务相关部门应根据投资预算初步编制投资计划书，送交财务部门进行复核检查，投资计划书应详细说明准备投资的对象及其投资理由、投资的性质和目的、影响投资收益的潜在因素等。通过检查后，不重要的投资项目交由董事会授权的专人审批；对重要的投资项目进行可行性研究，由董事会进行联签批准。

（2）企业计划部门负责对外投资项目可行性研究的组织工作，并提出可行性分析论证报告。企业财务部门应参与对外投资的可行性研究、论证和决策，并做好以下工作。

①为可行性研究设立最基本的财务假设条件，如利率、汇率、物价水平以及可供资源的限制条件。

②了解对外投资当地的税法、金融外汇政策、会计政策等，判断其对投资项目的影响，并针对具体情况提出解决办法。

③预测或审核项目开发人员预计的项目现金流量。对股东需提供的股本、免息借款和计息借款以及项目本身的融资、成本控制和预期回报做出合理预测并提出安排建议。

④计算或复核项目开发人员计算的项目分析指标，估计项目可能发生的最大财务风险及企业的财务承受能力，并据此发表意见。对规模较大的投资项目应考虑货币时间价值的分析评价方法，主要包括净现值法、内含报酬率法和现值指数法。

⑤估计长期对外投资对企业财务结构的影响。所有投资决策都应当以书面文件予以记录。对这些书面文件应进行编号控制，以便日后追查经济责任。

学习笔记

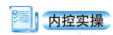 内控实操

一、构建和优化对外投资业务流程

企业应当结合实际情况，全面梳理对外投资业务流程，明确对外投资业务的主要风险点，查找管理漏洞，建立和完善对外投资相关的管理制度和办法，防范和化解经营风险。

企业的对外投资，无论是债权性投资，还是权益性投资，主要流程均应包括对外投资项目建议书编制，对外投资可行性研究、评估与决策，对外投资执行，对外投资持有和对外投资处置五个环节。

二、明确对外投资业务控制要点

（一）对外投资项目建议书编制

为确保对外投资的计划性和安全性，应当由具有对外投资业务办理权的部门，根据经股东大会（或者企业章程规定的类似权力机构）批准的年度投资计划，编制对外投资项目建议书，并提交给企业相关部门或人员。企业应当根据投资战略目标和规划，合理安排资金投放结构，科学确定投资项目，拟定投资方案，重点关注投资项目的收益和风险。企业选择投资项目时应当突出主业，谨慎从事股票投资或衍生金融产品投资。

企业采用并购方式进行投资的，应当严格控制并购风险，重点关注并购对象的隐性债务、可持续发展能力、员工状况及其与本企业管理层的关联关系，合理确定支付对价，确保实现并购目标。

（二）对外投资可行性研究、评估与决策

企业应当加强对外投资方案的可行性研究，重点对投资的目标、规模、方式、资金来源、风险与收益等作出客观评价。

企业收到对外投资项目建议书后，首先应当及时开展对被投资单位的调查或实地考察，然后组织相关部门或人员，或委托具备相应资质的专业机构对投资项目进行可行性研究与论证，并形成评估报告，为投资决策提供科学依据。

（1）进行投资方案的战略性评估。

评估投资方案是否与企业发展战略相符合，防止投资方案与企业发展战略不符，投资项目偏离企业发展战略。就长期股权投资、企业并购而言，选择投资对象、并购对象时，应综合考虑企业长期的发展战略部署。既可纵向通过选择上游或下游企业以保障原料的供应或产品的销售，也可横向选择同类企业，以扩大生产经营规模，取得规模效益。为了实现跨行业经营，也可以选择其他行业的企业进行合并，从而实现企业经营集团化、多元化，分散经营风险。但不论选择哪种方式，都应将长期股权投资有机地纳入企业发展战略。

（2）评估投资方案的投资规模、方向和时机是否适当。

评估投资项目是否符合国家有关法律法规和相关调控政策。例如，已列入

《淘汰落后生产能力、工艺和产品的目录》和《工商投资领域禁止重复建设目录》等的建设项目，企业不能进行投资；企业并购时，应遵守《中华人民共和国公司法》《中华人民共和国证券法》及其配套法规；企业不得以国家专项储备的物资以及国家规定不得用于对外投资的财产向其他企业投资。评估投资是否符合企业主业发展方向，是否有利于企业的长远发展，谨慎从事股票投资或衍生金融产品投资。评估投资是否有可靠的资金来源。

（3）最后由企业董事会根据经股东大会（或者企业章程规定的类似权力机构）批准的年度投资计划，按照职责分工和审批权限，对投资项目进行决策审批。重大的投资项目，应当根据公司章程及相应权限报经股东大会或董事会（或者企业章程规定的类似权力机构）批准。

（三）对外投资执行

对外投资业务部门收到经审批的对外投资项目建议书后，应积极组织投资项目的实施。一方面，制定对外投资实施方案，明确出资时间、金额、出资方式及责任人员等内容；另一方面，根据批准的投资方案，与被投资方签订投资合同或协议，明确出资时间、金额、方式，双方的权利、义务和违约责任等内容，按规定的权限和程序审批后履行投资合同或协议。在签订合同时，要征询企业法律顾问或相关专家的意见，并经授权部门或人员批准。

（四）对外投资持有

对外投资持有环节是指从投资形成到投资处置的环节，该环节的主要任务是保管投资证书、对投资项目进行跟踪管理、控制投资收益、核对投资账目、计提减值准备、进行投资核算等。企业应当指定专门机构或人员对投资项目进行跟踪管理，及时收集被投资方经审计的财务报告等相关资料，定期组织投资效益分析，关注被投资方的财务状况、经营成果、现金流量以及投资合同履行情况，发现异常情况，应当及时报告并妥善处理。

（五）对外投资处置

对外投资处置是对外投资的最后环节，企业应当加强投资收回和处置环节的控制，对投资收回、转让、核销等决策和审批程序做出明确规定。

企业应当重视投资到期本金的回收；转让投资应当由相关机构或人员合理确定转让价格，报授权审批部门批准，必要时可委托具有相应资质的专门机构进行评估；核销投资应当取得不能收回投资的法律文书和相关证明文件。

 学中做

在【任务导学】中，H公司对外投资业务存在以下失控点。

（1）H公司投资部门对该投资项目事前做了可行性研究并做出需投资6 000万元的结论，但实际投资只需3 000万元；对占用公司资金的情况缺乏应有的监督检查。

学习笔记

（2）H 公司在被投资单位相关增资手续未办完的情况下就投出了资金。

（3）H 公司未追究 A 公司的出资额发生变化的原因、A 公司是否履行相关手续并得到 H 公司的认可、多投款项为何未及时收回。

（4）双方所签定的补充协议中的资金占用期间的确定存在疏漏，未能考虑在投资交易不能如期完成的情况下仍应收取的资金占用费。

针对本案例的失控情况，H 公司应采取的内控防范措施如下。

（1）进一步加强对外投资方案的可行性研究，根据需要，可以委托具备相应资质的专业机构，提供独立的可行性研究报告。

（2）建立对外投资内部监控检查制度，明确监督检查机构或人员的职责权限，定期或不定期地进行检查。建立通畅的信息反馈渠道，使管理层能够及时知道并及时解决投资的重大问题。

（3）加强对投资项目的会计系统控制，根据对被投资方的影响程度，合理确定投资会计政策，建立投资管理台账，详细记录投资对象、金额、持股比例、期限、收益等事项，妥善保管投资合同或协议、出资证明等资料。财务部门对于被投资方出现财务状况恶化、市价当期大幅下跌等情形的，应当根据国家统一的会计准则制度规定，合理计提减值准备，确认减值损失。

（4）加强投资收回和处置环节的控制，对投资收回、转让、核销等的决策和授权审批程序做出明确规定。重视投资到期本金的收回。

（5）建立投资项目后续跟踪评价管理制度，对企业的重要投资项目和所属企业超过一定标准的投资项目，有重点地开展后续跟踪评价工作，并作为进行投资奖励和责任追究的基本依据。

视频：对外投资业务内部控制实施

任务二　对外投资业务内部控制实施

任务导学

华源集团的投资扩张

中国华源集团有限公司始创于 1992 年，注册资本为 1.48 亿元，是经国务院批准、直属国务院国资委监管的骨干企业之一，拥有 11 家全资和控股子公司。在成立后的 13 年内，华源集团实施了 90 余次并购举措，利用资本运作手段实现飞跃式发展，产业领域由单一的纺织拓展到医疗、农业、日化等。截至 2005 年，其资产体量达到 572 亿元，注册资本增加到 10 余亿元。伴随着疯狂的投资行为，借款银行起诉、股权冻结、股票价格大跌、生产经营受限等问题接踵而至，华源集团面临前所未有的经营风险。2006 年，华润集团重组华源集团，成为其下属二级企业。

华源集团产业对多个产业进行重大跨越投资扩张，债务危机一触即发。

（1）纺织产业投资。成立初期，华源集团主要从事房地产与国际贸易产业，业务的蒸蒸日上为华源集团后续的投资扩张奠定了坚实的物质基础：1995年对锡山长苑丝织厂、江苏秋艳集团、常州化学纤维有限公司等进行了并购；1996年成立华源股份，将前期并购的纺织企业资产装入其中，打包上市。仅利用三年时间，华源集团成功打造出华源股份及华源发展两家上市企业，是投资扩张并上市的经典案例。

（2）农机产业投资。从1996年开始，华源集团将并购目标投向农业机械产业，陆续并购10余家农机公司，进行资本运作包装并培育上市企业。其中，1998年华源集团与山东省、江苏省共6家农机企业合资组建华源凯马机械有限公司，成功上市B股，成为中国农机业龙头企业，几乎垄断全国农用车、柴油机、拖拉机市场。

（3）医药产业投资。从1997年起，华源集团涉足医疗行业。华源集团将浙江凤凰更名为华源制药作为医药企业并购载体，并购了朝阳药业、阜新药业、江苏药业、辽宁本溪三药、浙江制药、上海华凤化工等地方性医药企业；2000年以11亿元成功收购上海医药集团40%股权；2002年收购上药集团；2004年以13亿元并入北京医药集团50%股权，华源集团成为医药行业的制造商和销售商。

（4）债务危机一触即发。2004年，国家进行经济宏观调控，作为华源集团主营业务之一的纺织产业被列入调控行列。医药行业虽有幸免于调控，但存在行业竞争激烈且混乱的状况。银行对上述行业公司采取紧缩的信贷政策，贷后管理更加严格，华源集团前期投资扩张仅凭借自有资金和股权融资难以满足大规模的资金需求，大额资金来源主要为银行借款，贷款资金规模居高不下，每月需偿还银行贷款债务约4亿元，短期贷款经常用于长期投资。虽然资产规模骤增，但并购后，资产较为分散，缺乏有效整合，利润不佳，甚至出现亏损情况。截至2004年，华源集团负债约55亿元，长期投资约40亿元，净资产不足20亿元，资金严重不足，资产负债率高达80%。据悉，华源集团内部财务管理不规范，存在大量虚假财务信息、投资管理混乱。十几年的投资扩张，已为风险的爆发埋下伏笔。2005年8月，中国农业银行对华源集团提起上诉，起诉其为子公司借款承担连带担保责任，这成为其资金危机的导火索。随后，浦发银行、上海银行等相继起诉华源集团，接连的资金断流、逾期起诉、股权冻结使华源集团彻底陷入财务危机。

华源集团盲目式的投资扩张最终导致企业重组，剖析投资经历，综合内外部因素，总结出其存在诸多问题。

（1）投资决策盲目，战略选择短视。华源集团在选择目标企业时，仅考虑被收购企业的短期经济效益，缺乏以增强核心竞争力为导向的并购思想，并未过多关注目标企业的现有业务与资产价值，未充分结合自身长期发展战略进行选择，盲目推进产业多元化。而且其收购的多数企业并非优质资产，有的甚至还存在负债，这导致华源集团的价值不升反降。错误的战略决策的直接后果是经营风险的显著提高，做大容易做强难，华源集团的整体规模虽然明显增大，但资产创利能力却断崖式下跌，企业落入并购的陷阱。华源集团在产业的选择上也具有盲目性。

（2）风险管控欠缺，现金流不顺畅。华源集团十几年内并购案例中，除极少数通过股权置换外，均采用现金并购。华源集团投资并购最终走向危机的直接原因是缺乏充足的现金流。一是华源集团并购资金主要依靠银行借款。截至 2005 年，华源集团本部及下属合并企业的银行借款近 310 亿元，每月偿还银行债务约 3 亿元，还款压力极大，易造成资金链断裂。二是资金周转流动性欠缺。华源集团的银行借款多为短期，但投资多为长期，期限不匹配，现有资产无法形成充足的现金流偿还银行债务。

（3）内部控制失控，制度体系不健全。其主要表现如下。一是公司的管理层次过多，治理结构比较混乱，财权较为分散，华源集团对各子公司的控制较弱。二是华源集团与各子公司之间尚未实现信息共享，缺乏有效的数据层面的集成，财务信息化的基础十分薄弱，华源集团不能及时了解各子公司的资金状况及经营运行情况，进而难以准确评估、分析投资项目内容完成情况及工期控制情况等。三是内审体系有待完善，缺乏严格的内审流程，容易造成监管缺失。例如，投资项目正式运行后，可能出现很多难以预料的突发状况，对投资总额缺乏严格的管控导致预算不足，或者所需的资金经审批到账后，投资管理人员分工不明确，可能出现部分资金被挪用、未按照原定计划使用的情况，进一步加剧了资金的紧张或不足程度。

华源集团外部主要以高额银行贷款为支撑，资金链较为脆弱，加上缺乏相应的风险控制措施，隐性风险比较大。同时，内部无法实现财务、运营与管理的协同运行，无法保证稳定的现金流入，经营风险不断加大，最终资金链的断裂就成为必然，导致整个集团倒塌。

任务与思考：
华源集团盲目投资扩张导致整个集团倒塌，这一事件对你有哪些启示？

 知识准备

一、对外投资业务内部控制要求

为了规范对外投资行为，防范对外投资风险，保证对外投资的安全，提高对外投资效益，根据不同的对外投资业务流程，明确各环节的控制要求，建立健全对外投资业务的内部控制制度，确保对外投资全过程得到有效控制。

二、对外投资业务内部控制措施

（一）岗位分工控制

企业应建立对外投资业务的岗位责任制，明确相关部门和岗位的职责、权限，确保办理对外投资业务的不相容岗位相互分离、制约和监督。对外投资不相容岗位至少包括如下几项。

（1）对外投资项目可行性研究与评估；

（2）对外投资的决策与执行；

（3）对外投资保管和会计记录；

（4）对外投资处置的审批与执行。

办理对外投资业务的相关人员应当具备良好的职业道德，掌握金融、投资、财会、法律等方面的专业知识，并根据具体情况定期进行岗位轮换。

（二）授权审批控制

企业建立对外投资业务授权审批制度，明确授权审批的方式、程序和相关控制措施，规定审批人的权限、责任以及经办人的职责范围和工作要求。严禁未经授权的部门或人员办理对外投资业务。

审批人应当根据对外投资授权审批制度的规定，在授权范围内进行审批，不得超越权限审批。经办人应当在职责范围内，按照审批人的批准意见办理对外投资业务。对于审批人超越授权范围审批的对外投资业务，经办人有权拒绝办理，并及时向审批人的上级授权部门报告。

建立对外投资责任追究制度，对在对外投资中出现重大决策失误、未履行集体审批程序和不按规定执行对外投资业务的部门及人员，应当追究相应的责任。

（三）会计记录控制

企业应当加强对投资项目的会计信息系统控制，根据对被投资方的影响程度，合理确定投资会计政策，建立投资管理台账，详细记录投资对象、金额、期限、收益等事项，妥善保管投资合同或协议、出资证明等资料。

企业财会机构对于被投资方出现财务状况恶化、市价当期大幅下跌等情形的，应当根据国家统一的会计准则制度规定，合理计提减值准备，确认减值损失。

同时，应加强对审批文件、投资合同或协议、投资方案书、对外投资处置决议等文件资料的管理，明确各种文件资料的取得、归档、保管、调阅等各个环节的管理规定及相关人员的职责权限。

 内控实操

一、对外投资项目立项的控制制度

企业应加强对外投资可行性研究、评估与决策环节的控制，对投资建议的提出、可行性研究、评估、决策等进行明确规定，以确保对外投资决策合法、科学、合理。

（一）投资建议的提出

企业在财务分析的基础上编制"对外投资项目建议书"，并组织相关部门或人员对投资项目进行分析和论证，必要时应对被投资单位进行资信调查和考察。

（二）投资项目的可行性研究

应当由相关部门或人员或委托具有相应资质的专业机构对投资项目进行可行性研究，形成"可行性研究报告"。重点对投资项目的目标、规模、投资方式、投资的风险与收益等进行评价。

（三）投资项目评估

应由相关部门人员或委托具有相应资质的专业机构对"可行性研究报告"进行独立评估，形成评估报告。评估报告应当全面反映评估人员的意见，并由所有评估人员签章。对重大对外投资项目，必须委托具有相应资质的专业机构对"可行性研究报告"进行独立评估。

（四）投资决策

对外投资实行集体决策，决策过程应有完整的书面记录。严禁任何个人擅自决定对外投资或者改变集体决策意见。对于重大的投资项目，应当根据企业章程及相应权限报经股东大会或董事会（或者企业章程规定的类似决策机构）批准。

二、对外投资执行的控制制度

（一）制定实施方案

企业应当制定对外投资实施方案，明确出资时间、金额、出资方式及责任人员等内容。对外投资实施方案及方案的变更，应当经企业最高决策机构或其授权人员审查批准。

（二）签订合同

对外投资业务需要签订合同的，应当征询企业法律顾问或相关专家的意见，并经授权部门或人员批准后签订。

（三）选择经济人或交易商

需要以委托投资方式进行对外投资的（主要是证券投资），应当对受托单位（如证券投资经纪人或交易商）的资信情况和履约能力进行调查，签订委托投资合同，明确双方的权力、义务和责任，并建立相应的风险防范措施。

（四）投出资产

企业应当加强对资产（含现金和非现金资产，下同）投出环节的控制。办理资产投出应当符合财政部制定的相关内部会计控制规范的规定。

（五）实施跟踪管理

企业应当指定专门的部门或人员对投资项目进行跟踪管理，及时掌握被投资单位的财务状况和经营情况，定期组织对外投资质量分析，若发现异常情况，应及时向有关部门和人员报告，并采取相应措施。

（六）如实反映投资收益

企业应当加强投资收益的控制，对外投资获取的利息、股利以及其他收益，均应纳入企业会计核算体系，严禁设置账外账。

（七）权益证书的管理

企业应当加强对外投资有关权益证书的管理，指定专门部门或人员保管权益证书，建立详细的记录。未经授权人员不得接触权益证书。财务部门应定期和不定期地与相关管理部门和人员清点核对有关权益证书。

（八）减值准备

企业应当加强对投资项目减值情况的定期检查和归口管理，制定减值准备的计提标准和审批程序。

三、对外投资处置的控制制度

企业应当加强对外投资处置环节的控制，对投资收回、转让、核销等的决策和授权审批程序进行明确规定。

（一）处置审批

对外投资的收回、转让与核销，应当按规定权限和程序进行审批，并履行相关审批手续。

（二）收回、转让、核销

对应收回的对外投资资产，要及时足额收取入账，提前或延期收回对外投资需经集体审议批准；企业转让对外投资应经集体审议决策，由相关机构或人员合理确定转让价格，并报授权审批部门批准；必要时可委托具有相应资质的专门机构进行评估；核销对外投资，应当取得因被投资企业破产等原因不能收回投资的法律文书和证明文件，并经集体审议批准。

（三）会计处理

企业财务部门应当认真审核与对外投资处置有关的审批文件、会议记录、资产回收清单等相关资料，并按照规定及时进行对外投资处置的会计处理，确保资产处置真实、合法。

 **范例 7 – 1**

AM 公司（以下简称"公司"）长期股权投资控制制度

一、适用范围

本制度适用于长期股权投资的决策与审批、长期股权投资的实施、长期股权投资的日常管理、长期股权投资的处置以及长期股权投资的重要会计核算事项。

二、长期股权投资的关键控制点

（1）长期股权投资决策是否得到有效的审核批准。

（2）投资资金的支付或投资资产的转移是否得到有效批准、授权。

（3）是否取得符合规定的长期投资证明文件，投资权益有无保障。

（4）是否所有投资项目都纳入管理的范围。

（5）投资方是否及时取得被投资方的财务状况和重大的经营情况，影响对股权管理的有效实施，造成企业损失。

（6）股权处置收益（损失）是否得到及时、准确的确认。

（7）投资核算的财务处理是否正确，如是否存在投资初始成本确认错误、成本法和权益法的选用错误、股权投资差额的摊销处理错误等。

三、部门职责

（1）公司资产管理委员会、股权管理部门负责股权投资的决策与审批、实施和管理。

（2）财务部门负责股权投资资金的拨付、收回、与股权投资相关的会计核算。

（3）股权代表、派出董事（监事）和股权投资受托管理单位负责监督、汇报股权投资的经营情况。

四、控制措施

按照制度或授权书的授权权限，明确长期投资有效审批权限。

（1）公司在选取投资项目时，投资部门会同其他部门，编写项目建议、可行性报告，报公司资产管理委员会审批；再由资产管理委员会报技术规划发展管理委员会审批通过，交资产管理委员会认定，签订合同。

（2）投资实施必须得到有效批准和授权，取得合法的长期股权投资证明文件。

①公司法律事务部与资产管理委员会审查投资合同，办理授权（一次授权或单项授权）。

②双方签字的合同文本报公司法律事务部备案（合同文本对注资比例、注资方式、资产交接的确认、股权证明文件的取得期限、股权代表派驻及职权、投资权益享有等应有明确规定）。

（3）投资资金的支付或投资资产的转移，按照资金支付和资产评估流程中的控制办理。

①货币性投资。项目实施单位根据投资合同办理资金计划，进行资金申请，按公司和下属单位的资金支付审批程序对拨付资金进行审批和支付。

②非货币性投资。按公司的规定对非货币性资产进行评估（按资产评估的相关关键控制程序执行）。

（4）通过财务信息系统和股权管理系统的数据接口，将所有投资项目纳入管理范围。项目实施单位财务部门每个季度在财务信息系统中形成投资核算报表，股权管理岗核对一致后，经财务负责人签字后上报集团公司财务部。

（5）股权代表、派出董（监）事和股权受托管理单位负责定期（每月）向股权管理部门汇集经营信息、提交议案；公司的投资项目，日常事项提交技术部负责人审批，决策事项提交技术管理委员会审批后，会同相关部门提出处理意见报公司管理层审批。

（6）股权处置收益（损失）得到及时、准确的确认。每月，稽核管理岗稽核涉及长期股权投资处置的凭证（重点关注转让损益的确认、长期股权投资账面价值的转销等）。

（7）正确进行长期股权投资的日常会计核算，进行相应的所得税纳税调整。

①稽核管理岗稽核涉及长期股权投资收益确认、长期股权投资差额摊销的凭证，关注财务处理方法（成本法/权益法）的选用。

②长期股权投资收益和处置损益涉及所得税应税所得额调整的，稽核管理岗审核，税收管理岗纳税调整所得税申报表。

KM 电子股份有限公司风险投资内部控制制度

第一章　总　　则

第一条　为加强与规范 KM 电子股份有限公司（以下简称"公司"）风险投资业务的管理，强化风险控制，有效防范投资风险，维护公司及股东利益，依据《证券法》《深圳证券交易所股票上市规则》《深圳证券交易所上市公司规范运作指引》等法律、法规、规范性文件以及《KM 电子股份有限公司章程》（以下简称"《公司章程》"）的有关规定，结合公司的实际情况，特制定本制度。

第二条　本制度所称风险投资，主要是指包括证券投资、衍生品交易以及深圳证券交易所（以下简称"交易所"）认定的其他投资行为。

证券投资包括新股配售或者申购、证券回购、股票及存托凭证投资、债券投资、委托理财以及深圳证券交易所认定的其他投资行为。其中，委托理财是指公司委托银行、信托、证券、基金、期货、保险资产管理机构、金融资产投资公司、私募基金管理人等专业理财机构对其财产进行投资和管理或者购买相关理财产品的行为。

衍生品是指远期、期货、掉期（互换）和期权等产品或者混合上述产品特征的金融工具。衍生品的基础资产既可以是证券、指数、利率、汇率、货币、商品等标的，也可以是上述标的的组合。

本制度所称风险投资不包括以下情形。

（一）作为公司主营业务的证券投资与衍生品交易行为；

（二）固定收益类或者承诺保本的投资行为；

（三）参与其他上市公司的配股或者行使优先认购权利；

（四）购买其他上市公司股份超过总股本的 10%，且拟持有三年以上的证券投资；

（五）公司首次公开发行股票并上市前已进行的投资。

第三条　公司从事风险投资的原则。

（一）遵守国家法律、法规、规范性文件及《公司章程》的规定；

（二）应当防范投资风险，强化风险控制，合理评估投资效益；

（三）坚持"规范运作、防范风险、量力而行"的原则，以不影响公司正常经营和主营业务的发展为先决条件。

第四条　公司应当合理安排、使用资金，致力于发展公司主营业务，不得使用募集资金从事证券投资与衍生品交易。

公司从事套期保值业务的期货品种应当仅限于与公司生产经营相关的产品或者所需的原材料。

第五条　公司从事证券投资与衍生品交易时，应当遵循合法、审慎、安全、有效的原则，建立健全内部控制制度，控制投资风险，注重投资效益。

学习笔记

公司应当分析投资的可行性与必要性，制定严格的决策程序、报告制度和监控措施，明确授权范围、操作要点与信息披露等具体要求，并根据公司的风险承受能力确定投资规模及期限。

公司董事会应当持续跟踪证券投资与衍生品交易的执行进展和投资安全状况，如出现投资发生较大损失等异常情况，应当立即采取措施并按规定履行披露义务。

公司如进行证券投资，应当以本公司名义设立证券账户和资金账户进行证券投资，不得使用他人账户或向他人提供资金进行证券投资。

第六条 公司在以下期间，不得进行风险投资。

（一）使用闲置募集资金暂时补充流动资金期间；

（二）将超募资金永久性用于补充流动资金或归还银行贷款后的 12 个月内。

第七条 公司从事衍生品交易时，应当合理配备投资决策、业务操作、风险控制等专业人员，指定董事会相关委员会审查衍生品交易的必要性及风险控制情况。必要时可以聘请专业机构就衍生品交易出具可行性分析报告。

公司从事衍生品交易时，原则上应当控制现货与衍生品在种类、规模及时间上匹配，并制定切实可行的应急处理预案，以及时应对交易过程中可能发生的重大突发事件。

第二章 决策权限及责任

第八条 公司进行风险投资，应按如下权限进行审批。

（一）公司证券投资总额占公司最近一期经审计净资产 10% 以上且绝对金额超过 1 000 万元人民币的，应当在投资之前经董事会审议通过并及时履行信息披露义务。

（二）公司证券投资总额占公司最近一期经审计净资产 50% 以上且绝对金额超过 5 000 万元人民币的，或者根据《公司章程》规定应当提交股东大会审议的，公司在投资之前除应当及时披露外，还应当提交股东大会审议。

第九条 公司从事衍生品交易时，管理层应当就衍生品交易出具可行性分析报告并提交董事会，董事会审议通过并及时披露后方可执行，独立董事应当发表专项意见。

第十条 公司从事超出董事会权限范围且不以套期保值为目的的衍生品交易时，应在董事会审议通过，独立董事发表专项意见，并提交股东大会审议通过后方可执行。

公司应当在发出股东大会通知前，自行或者聘请咨询机构对其拟从事的衍生品交易的必要性、可行性及衍生品风险管理措施出具专项分析报告并披露分析结论。

第十一条 公司与关联人之间进行的衍生品关联交易应当提交股东大会审议，并在审议后予以公告。

第十二条 公司进行证券投资与衍生品交易时，如因交易频次和时效要求等原因难以对每次投资交易履行审议程序和披露义务，可对上述事项的投资范围、投资额度及期限等进行合理预计，以额度金额为标准适用审议程序和信息披露义务的相关规定。

相关额度的使用期限不应超过 12 个月，期限内任一时点的证券投资与衍生品交易金额（含前述投资的收益进行再投资的相关金额）不应超过投资额度。

第十三条　公司相关部门应当针对各类衍生品或者不同交易对手设定适当的止损限额，明确止损处理业务流程，并严格执行止损规定。

公司应当跟踪衍生品公开市场价格或者公允价值的变化，及时评估已交易衍生品的风险敞口变化情况，并向管理层和董事会提交包括衍生品交易授权执行情况、衍生品交易头寸情况、风险评估结果、本期衍生品交易盈亏状况、止损限额执行情况等内容在内的风险分析报告。

第十四条　公司已交易衍生品的公允价值减值与用于风险对冲的资产（如有）价值变动加总，导致合计亏损或者浮动亏损金额每达到公司最近一年经审计的归属于公司股东净利润的 10% 且绝对金额超过 1 000 万元人民币的，公司应当及时披露。

第十五条　公司进行委托理财的，应当选择资信状况及财务状况良好、无不良诚信记录及盈利能力强的合格专业理财机构作为受托方，并与受托方签订书面合同，明确委托理财的金额、期限、投资品种、双方的权利义务及法律责任等。

第十六条　公司不得通过委托理财等投资的名义规避重大资产收购或者重大对外投资应当履行的审议程序和信息披露义务，或者变相为他人提供财务资助。

公司可对理财产品资金投向实施控制或者重大影响的，应当充分披露资金最终投向、涉及的交易对手方或者标的资产的详细情况，并充分揭示投资风险以及公司的应对措施。

第十七条　进行委托理财的公司发生以下情形之一的，应当及时披露相关进展情况和拟采取的应对措施。

（一）理财产品募集失败、未能完成备案登记、提前终止、到期不能收回；

（二）理财产品协议或相关担保合同主要条款变更；

（三）受托方或资金使用方经营或财务状况出现重大风险事件；

（四）其他可能损害公司利益或具有重要影响的情形。

第十八条　公司应当在定期报告中对报告期内的证券投资和已经开展的衍生品交易情况进行披露。

第三章　投资决策与管理

第十九条　在风险投资项目实施前成立项目小组，对拟投资项目的市场前景、所在行业的成长性、相关政策法规对该项目已有或有潜在的限制与否，公司能否获取与项目成功要素相应的关键能力，公司是否能筹集投资所需的资金，拟投资项目经济效益可行性分析，项目竞争情况，项目是否与公司长期战略相吻合等方面进行评估，认为具可行性的，编制项目建议书、可行性研究报告，并提交总经理办公会议讨论通过。

第二十条　公司董事会、股东大会按照本制度规定的决策权限对拟投资项目进行审批。

第二十一条　董事会在认为必要的时候，可聘请独立的专家或中介机构对拟投资项目进行论证、评审，并出具可行性研究报告用于公司投资决策参考。

学习笔记

第二十二条　公司指定专人负责风险投资项目的运作和处置，并向公司董事长、总经理汇报。

第二十三条　公司内审部负责对风险投资项目的审计与监督，在每个会计年度末应对所有风险投资项目进展情况进行全面检查，并根据谨慎性原则，合理地预计各项风险投资可能发生的收益和损失，并向董事会审计委员会报告。

第四章　风险控制和信息披露

第二十四条　公司遵循稳健投资的理念，必要时可聘请专业机构或人员参与投资项目的评估，以提高自身投资项目决策水平和风险控制能力，保护公司利益。

第二十五条　公司董事会审计委员会可以对风险投资项目的程序及内部控制制度执行情况进行检查。

第二十六条　独立董事有权对公司的风险投资行为进行检查，必要时由两名以上独立董事提议，有权聘任独立的外部审计机构进行资金的专项审计。

第二十七条　公司监事会有权对公司风险投资情况进行定期或不定期的检查。

第二十八条　公司在项目考察、评估过程中，内幕知情人士应签署保密协议，对已获知的未公开的信息负有保密义务，不得擅自以任何方式对外披露。

第二十九条　董事会秘书负责公司风险投资信息的对外公布，其他董事、监事、高级管理人员及相关知情人员，非经董事会书面授权，不得对外发布任何公司未公开的风险投资信息。

第三十条　公司董事会秘书应根据《深圳证券交易所股票上市规则》《深圳证券交易所上市公司规范运作指引》《公司章程》和《上市公司信息披露管理办法》等法律、法规、规范性文件的有关规定，对报送的风险投资信息进行分析和判断，如需要公司履行信息披露义务，公司董事会秘书应及时将信息向公司董事会进行汇报，提请公司董事会履行相应的程序，并按有关规定予以公开披露。

第五章　附　　则

第三十一条　公司控股子公司进行风险投资，视同公司的行为，适用本制度的规定。公司参股公司进行风险投资，对公司业绩造成较大影响的，应当参照本制度相关规定履行信息披露义务。

第三十二条　本制度所称"以上""以内"含本数，"超过"不含本数。

第三十三条　本制度未尽事宜，依照国家有关法律、法规、规范性文件的有关规定执行。本制度某些条款如因有关法律、法规、规范性文件的有关规定调整而发生冲突，以有关法律、法规、规范性文件的规定为准。

第三十四条　本制度由公司董事会办公室负责解释，经董事会批准后执行。公司现行有效《风险投资内部控制制度》的前次修改版本如下。

第一版，2011 年 9 月 28 日董事会批准；

第二版，2016 年 10 月 18 日董事会批准。

KM 电子股份有限公司董事会

2021 年 6 月 18 日

学习笔记

北京时间 2010 年 3 月 28 日 21:20，当地时间 15:20，瑞典哥德堡，吉利集团董事长李书福和福特汽车公司首席财务官 Lewis Booth 签署了最终股权收购协议。吉利集团以 18 亿美元成功收购瑞典沃尔沃轿车公司 100% 股权，包括 9 个系列产品，3 个最新平台，2 400 多个全球网络，以及人才、品牌和重要的供应商体系。吉利集团并购沃尔沃这段酝酿已久的"跨国联姻"终于尘埃落定。吉利集团并购沃尔沃交割仪式于 2010 年 8 月 2 日中午在伦敦进行，吉利集团已经完成对福特汽车公司沃尔沃业务单元的收购。

浙江吉利控股集团有限公司是中国汽车行业十强企业，建于 1986 年，由台州民营企业家李书福创办，其总部设在杭州。吉利汽车以民间资本为主，以社会资本为辅。它是投身自主创新的先行者之一，并且取得了相当大的成功，在汽车领域树立起一面自主创新的旗帜，在汽车、摩托车、汽车发动机、变速箱、汽车零部件、高等教育、装潢材料制造、旅游和房地产等方面都取得了辉煌业绩。它以迅猛的发展姿态，推动中国汽车行业朝外资品牌、合资品牌、自主品牌三足鼎立的局面发展。

沃尔沃是瑞典著名汽车品牌，又译为"富豪"，在 1924 年由阿萨尔·加布里尔松和古斯塔夫·拉松创建。该品牌汽车是目前世界上最安全的汽车。"VOL-VO"为拉丁语，是"滚动向前"的意思，喻示着汽车车轮滚滚向前、公司兴旺发达和前途无限。沃尔沃汽车公司是北欧最大的汽车企业，也是瑞典最大的工业企业集团，于 1999 年被福特汽车公司以 64.5 亿美元的价格收购。沃尔沃汽车以质量和性能优异在北欧享有很高声誉，特别在安全系统方面，沃尔沃汽车更有其独到之处。它有一句广告语：对沃尔沃来说，每年都是"安全年"。美国公路损失资料研究所曾评比过十种最安全的汽车，沃尔沃汽车荣登榜首。

【育人启示】

吉利集团并购沃尔沃被称为"蛇吞象"行为，并购背后的艰难是巨大的，在世界各地的惊呼声中一路走来。这与我国良好的经济环境和政策支持密不可分。我国实行"走出去"战略，国务院推出《关于鼓励支持和引导个体私营等非公有制经济发展的若干意见》等文件大力鼓励民营企业"走出去"，鼓励有条件的企业对外投资和跨国经营，加大信贷、保险外汇等支持力度，加强对"走出去"企业的引导和协调。此次成功收购，更彰显了中国汽车产业的实力，也使中国人的自豪感和中国力量得以体现和提升。

 项目小结

本项目知识结构图如图 7-1 所示。

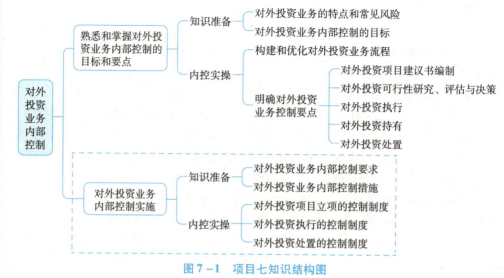

图 7—1　项目七知识结构图

项目训练

【职业知识测试】

一、不定项选择题

1. 下列属于对外投资业务常见风险的是（　　　）。

A. 投资行为违反国家法律法规，可能遭受外部处罚，造成经济损失和信誉损失

B. 对被投资企业的调查和分析不全面、不客观，或投资项目未经过科学评估和论证，可能导致决策失误，造成重大损失

C. 投资业务未经适当审批或越权审批，可能产生重大差错、舞弊或欺诈行为，给企业带来损失

D. 投资项目执行缺乏有效的管理，可能因不能保障投资安全和投资收益而导致损失

2. 对外投资业务内部控制的目标包括（　　　）。

A. 防范对外投资风险　　　　　　　B. 确保对外投资的规模

C. 提高对外投资的效益　　　　　　D. 保证对外投资业务的合法性

3. 下列属于对外投资的第一个环节的是（　　　）。

A. 对外投资项目建议书编制　　　　B. 外投资可行性研究、评估与决策

C. 对外投资执行　　　　　　　　　D. 对外投资处置

4. 投资方案经过评估后，由企业（　　）根据经股东大会（或者企业章程规定的类似权力机构）批准的年度投资计划，按照职责分工和审批权限，对投资项目进行决策审批。

A. 董事会　　　　B. 职工代表大会　　　　C. 工会　　　　D. 监事会

5. （　　）是指从投资形成到投资处置的环节，该环节的主要任务是保管投资证书、对投资项目进行跟踪管理、控制投资收益、核对投资账目、计提减值准备、进行投资核算等。

A. 对外投资可行性研究、评估与决策

B. 对外投资持有

C. 对外投资执行

D. 对外投资处置

6. 对外投资业务不相容岗位至少包括（　　）。

A. 对外投资项目可行性研究与评估

B. 对外投资的决策与执行

C. 对外投资保管和会计记录

D. 对外投资处置的审批与执行

7. 企业应当由相关部门或人员或委托具有相应资质的专业机构对投资项目进行可行性研究，形成"可行性研究报告"，重点对投资项目的（　　）等进行评价。

A. 目标　　　　　　　　　　　B. 规模

C. 投资方式　　　　　　　　　D. 投资的风险与收益

8. 对外投资的（　　），应当按规定权限和程序进行审批，并履行相关审批手续。

A. 收回　　　　B. 转让　　　　C. 核销　　　　D. 持有

9. 对外投资持有环节是指从投资形成到投资处置的环节，该环节的主要任务包括（　　）。

A. 保管投资证书　　　　　　　B. 对投资项目进行跟踪管理

C. 控制投资收益　　　　　　　D. 计提减值准备

10. 按投资性质的不同，对外投资可分为（　　）。

A. 债权性投资　　　　　　　　B. 权益性投资

C. 短期投资　　　　　　　　　D. 长期投资

二、判断题

1. 为了确保对外投资的计划性和安全性，应当由具有对外投资业务办理权的部门，根据经股东大会（或者企业章程规定的类似权力机构）批准的年度投资计划，编制"对外投资项目建议书"，并提交给企业相关部门或人员。　　（　　）

2. 重大的投资项目，应当根据企业章程及相应权限报经股东大会或董事会（或者企业章程规定的类似权力机构）批准。　　（　　）

3. 办理对外投资业务的相关人员应当具备良好的职业道德，掌握金融、投资、财会、法律等方面的专业知识，不需要进行岗位轮换。　　（　　）

4. 审批人应当根据对外投资授权审批制度的规定，在授权范围内进行审批，不得超越权限审批。对于审批人超越授权范围审批的对外投资业务，经办人也应该办理。　　（　　）

5. 企业应当加强对外投资项目的会计信息系统控制，根据对被投资方的影响

学习笔记

程度，合理确定投资会计政策，建立投资管理台账，详细记录投资对象、金额、期限、收益等事项，妥善保管投资合同或协议、出资证明等资料。　　　　（　　）

6. 对外投资由企业领导决策，决策过程应有完整的书面记录。　　　（　　）

7. 企业应当指定专门的部门或人员对投资项目进行跟踪管理，及时掌握被投资单位的财务状况和经营情况，定期组织对外投资质量分析，发现异常情况，应及时向有关部门和人员报告，并采取相应措施。　　　　　　　　　　　　（　　）

8. 企业转让对外投资应经集体审议决策，由相关机构或人员合理确定转让价格，并报授权批准部门批准。　　　　　　　　　　　　　　　　　　　（　　）

9. 对于重大对外投资项目，必须委托具有相应资质的专业机构对可行性研究报告进行独立评估。　　　　　　　　　　　　　　　　　　　　　　　（　　）

10. 核销对外投资时，应当取得因被投资企业破产等原因不能收回投资的法律文书和证明文件，并经领导批准。　　　　　　　　　　　　　　　　　　（　　）

【职业能力训练】

请同学们以 4 ~ 5 人为一组，以小组为单位对以下案例进行分组讨论，按要求完成训练任务，并以 Word 文档提交任务成果，课堂上由一名同学为代表汇报任务成果。

【资料】

NK 股份有限公司对外投资内部控制制度

第一章　总　　则

第一条　为了加强 NK 股份有限公司（以下简称"本公司"或"公司"）对外投资活动的内部控制，保证对外投资活动的合法性和效益性，根据《中华人民共和国会计法》等相关法律法规，结合本公司的实际情况，制定本制度。

第二条　本制度所称对外投资是指本公司以现金、实物、无形资产购买股权、债权等有价证券方式对其他单位进行投资，包括权益性投资和债权性投资。

第三条　对外投资业务内部控制制度的基本要求是：投资的授权人与执行人分离；投资的执行人与记录人、保管人分离；除证券部、财务部的指定专人外，其他人员接触证券必须经过适当授权。

凭证式证券的保管与接触至少由两名以上人员共同控制，凭证式证券的存、取必须及时、详细记录于登记簿，并由所有在场经受人员的签名。

第二章　分工及授权

第四条　公司设置投资管理部，全权负责公司对外投资事宜。本公司的对外投资由公司总部集中进行，依据实际情况确定为短期投资或长期投资。

第五条　短期投资项目的批准权限依次为：投资金额在 100 万元人民币以下的项目由主管对外投资的副总裁审批；投资金额在 100 万元人民币以上 500 万元人民币以下的项目由主管对外投资的副总裁签署意见后转呈公司总裁审批；投资金额在 500 万元人民币以上 2 000 万元人民币以下的项目由公司总裁班子成员集体审批；

投资金额超过 2 000 万元人民币且占最近经审计的净资产总额的 20% 比例以下的项目由公司董事会审批；达到或超过最近经审计的净资产总额的 20% 比例的项目必须经股东大会批准。

第六条　长期投资项目占最近经审计的净资产总额的 20% 比例以下的项目由公司董事会批准，达到或超过最近经审计的净资产总额的 20% 比例的长期项目由股东大会批准。

委托贷款业务必须由董事会批准。

第七条　对外投资活动由公司总部根据具体情况指定投资管理部门具体负责，同时财务部门和其他有关部门协作实施。

第三章　实施与执行

第八条　在对外投资活动中，形成初步投资意向后，必须首先向有权批准投资计划的机构或人员申请立项。

第九条　投资计划获准立项后，为了确保对外投资活动的合法性，必须对拟投资项目进行合法性论证，保证投资计划在国家对外投资有关的法律法规框架之内依法进行对外投资活动；为了避免盲目对外投资，确保对外投资活动的效益，还必须对拟投资项目进行经济效益可行性分析，使投资项目能够获得预期的投资回报。

第十条　投资计划通过论证后，应及时报送有权批准投资计划的机构审批。

第十一条　对外投资项目获得批准后，由获得授权的部门或人员具体实施对外投资计划，与被投资方签订合同、协议，实施财产转移的具体操作活动，并获取被投资方出具的投资证明。

对外投资项目应与被投资方签订投资合同或协议，其中长期投资合同或协议必须经董事会或股东大会批准后方可对外正式签署。公司应授权具体部门和人员，按长期股权投资合同（包括投资处理合同）或协议规定投入现金或实物，投入实物时必须办理实物交接手续，并经实物使用和管理部门同意。以实物作价投资时，实物作价低于其评估价值的应由董事会批准，对外投资额大于被投资单位账面净资产中所享有份额的，或者对被投资单位溢价投入资本的，应经董事会专门批准后方可实施投资。在签订投资合同或协议之前，不得支付投资款或办理投资资产的移交；投资完成后，应取得被投资方出具的投资证明或其他有效凭据。

第十二条　对外投资实行预算管理，投资预算在执行过程中，如实际情况的变化需合理调整投资预算，必须事先报经有权机构批准。

第十三条　公司获得的证券类资产（指股票和债券，下同）可委托银行、证券公司、信托公司等独立的专门机构保管，也可由本公司财务部门指定专人自行保管。

除无记名证券类资产外，本公司在购入证券类资产的当天应尽快将其登记于本公司名下，切忌登记于经办人员的名下，以防止发生舞弊行为。

第十四条　证券类资产如由本公司自行保管，必须执行严格的联合控制制度，即至少要由两名以上人员共同控制，不得一人单独接触证券类资产，对任何证券类资产的存入或取出，都要将证券类资产的名称、数量、价值及存取的日期等详细记

学习笔记

录于登记簿内，并由所有在场人员签名。

第十五条　对于本公司所拥有的证券类资产，应由内部审计人员或不参与投资业务的其他人员先进定期盘点或与委托保管机构进行核对，检查其是否为本公司所拥有，并将盘点记录与账面记录核对以确认账实的一致性。

第十六条　财务部门要依法设置对外投资核算的会计科目，通过设置规范的会计核算科目，按会计制度的规定进行投资业务核算，详尽记录投资项目的整个经济活动过程，对投资业务进行会计核算监督，从而有效地担负起核算和监督的会计责任。

第十七条　在投资计划的实施过程中，财务部门要加强审查投资项目各环节所涉及的各类原始凭证的真实性、合法性、准确性和完整性，同时对投资项目进行投资预算控制，实际投资超支达5%以上或虽超支比例不足5%但绝对金额达到50万元人民币且无正当理由的，要及时向有权批准投资项目的机构或人员报告。

第十八条　财务部门应指定专人对长期投资进行日常管理，其职责范围如下。

（一）监控被投资方的经营和财务状况。

（二）监督被投资方的利润分配、股利支付情况，维护本公司的合法权益。

（三）向本公司有关领导和职能部门定期提供投资分析报告。对被投资方拥有控制权的，投资分析报告应包括被投资方的会计报表和审计报告。

对于短期投资，也应根据不同情况，采取有效措施加强日常管理。

第十九条　在处置对外投资之前，必须由公司投资部门和财务部门对拟处置投资项目进行分析、论证，充分说明处置的理由和原因，然后提交有权批准处置对外投资的机构或人员进行审批，批准投资处置计划的权限与批准投资项目的权限相同。

第二十条　财务部门要及时对投资处置进行会计核算，并检查、监督其合法性、真实性，防止公司资产流失。

第四章　监督检查

第二十一条　本公司由内部审计人员行使对对外投资活动的监督检查权。

第二十二条　对外投资活动监督检查的内容主要如下。

（一）投资业务相关岗位及人员的设置情况。重点检查是否存在由一人同时担任两项以上不相容职务的现象。

（二）投资业务授权批准制度的执行情况。重点检查对外投资业务的授权批准手续是否健全，是否存在越权审批行为。

（三）投资计划的合法性。重点检查是否存在非法对外投资的现象。

（四）对外投资活动的批准文件、合同、协议等相关法律文件的保管情况。

（五）投资业务核算情况。重点检查原始凭证是否真实、合法、准确、完整，会计科目运用是否正确，会计核算是否准确、完整。

（六）投资资金使用情况。重点检查是否按计划用途和预算使用资金，在使用过程中是否存在铺张浪费、挪用、挤占资金的现象。

（七）投资资产的保管情况。重点检查是否存在账实不符的现象。

（八）投资处置情况。重点检查投资处置的批准程序是否正确，过程是否真实、合法。

第二十三条　内部审计人员对监督检查过程中发现的对外投资内部控制中的薄弱环节，应要求被检查单位纠正和完善，发现重大问题时应写出书面检查报告，向有关领导和部门汇报，以便及时采取措施，加以纠正和完善。

第二十四条　本制度自公布之日起生效，由 NK 股份有限公司董事会负责解释。

NK 股份有限公司董事会

要求：结合《企业内部控制应用指引第 6 号——资金活动》的第二节投资学习内容讨论，NK 股份有限公司对外投资内部控制制度对投资业务的关键控制点是否制定了有效的控制措施。

【职业素养提升】

阅读资料

关于并购

并购指的是两家或者更多的独立企业合并组成一家企业，通常由一家占优势的企业吸收一家或者多家企业。

并购的内涵非常广泛，一般是指兼并（Merger）和收购（Acquisition）。

兼并，又称为吸收合并，即两种不同事物因故合并成一体。

收购，指一家企业用现金或者有价证券购买另一家企业的股票或者资产，以获得对该企业的全部资产或者某项资产的所有权，或对该企业的控制权。与并购意义相关的另一个概念是合并（Consolidation），它是指两个或两个以上的企业合并成为一个新的企业，合并完成后，多个法人变成一个法人。

并购的实质是在企业控制权运动过程中，各权利主体依据企业产权做出的制度安排而进行的一种权利让渡行为。并购活动是在一定的财产权利制度和企业制度条件下进行的，在并购过程中，某一个或某一部分权利主体通过出让所拥有的对企业的控制权而获得相应的受益，另一个或另一部分权利主体则通过付出一定代价获取这部分控制权。企业并购的过程实质上是企业权利主体不断变换的过程。产生并购行为最基本的动机就是寻求企业的发展。寻求扩张的企业面临着内部扩张和通过并购发展两种选择。内部扩张可能是一个缓慢而不确定的过程，通过并购发展则要迅速得多，尽管它会带来自身的不确定性。

具体到理论方面，并购的最常见的动机就是协同效应（Synergy）。并购交易的支持者通常会以达成某种协同效应作为支付特定并购价格的理由。并购产生的协同效应包括经营协同效应（Operating Synergy）和财务协同效应（Financial Synergy）。

在具体实务中，并购的动因归纳起来主要有以下几类。

（1）扩大生产经营规模，降低成本。

通过并购，企业规模得到扩大，能够形成有效的规模效应。规模效应能够带来资源的充分利用和充分整合，降低管理、原料、生产等各个环节的成本，从而降低

学习笔记

总成本。

（2）提高市场份额，提升行业战略地位。

规模大的企业，伴随生产力的提高、销售网络的完善，市场份额将会有比较大的提高，从而确立企业在行业中的领导地位。

（3）取得充足廉价的生产原料和劳动力，增强企业的竞争力。

通过并购实现企业的规模扩大，成为原料的主要客户，能够大大增强企业的谈判能力，从而为企业获得廉价的生产资料提供可能。同时，高效的管理、人力资源的充分利用和企业的知名度都有助于企业降低劳动力成本，从而提高企业的整体竞争力。

（4）实施品牌经营战略，提高企业的知名度，以获取超额利润。

品牌是价值的动力，同样的产品，甚至是同样的质量，名牌产品的价值远远高于普通产品。并购能够有效提高品牌知名度，提高企业产品的附加值，获得更多利润。

（5）为了实现企业的发展战略，通过并购取得先进的生产技术、管理经验、经营网络、专业人才等各类资源。并购活动收购的不仅是企业的资产，而且获得了被收购企业的人力资源、管理资源、技术资源、销售资源等。这些都有助于企业整体竞争力的根本提高，对企业发展战略的实现有很大帮助。

（6）通过收购跨入新的行业，实施多元化战略，分散投资风险。

这种情况出现在混合并购模式中，随着行业竞争的加剧，企业通过对其他行业的投资，不仅能有效扩充企业的经营范围，获取更广泛的市场和利润，而且能够分散本行业竞争所带来的风险。

根据并购的不同功能或并购涉及的产业组织特征，可以将并购分为三种基本类型。

（1）横向并购。

横向并购的基本特征是企业在国际范围内的横向一体化。近年来，由于全球性的行业重组浪潮，结合我国各行业实际发展需要，加上我国国家政策及法律对横向重组的一定支持，行业横向并购的发展十分迅速。

（2）纵向并购。

纵向并购是发生在同一产业的上、下游之间的并购。纵向并购的企业不是直接的竞争关系，而是供应商和需求商的关系。因此，纵向并购的基本特征是企业在市场整体范围内的纵向一体化。

（3）混合并购。

混合并购是发生在不同行业企业之间的并购。从理论上看，混合并购的基本目的在于分散风险，寻求范围经济。在面临激烈竞争的情况下，我国各行各业的企业都不同程度地想到多元化，混合并购就是多元化的一个重要方法，为企业进入其他行业提供了有力、便捷、低风险的途径。

上面的三种并购活动在我国的发展情况各不相同。目前，我国企业基本摆脱了盲目多元化的思想，更多的横向并购发生了，数据显示，横向并购在我国并购活动中的比重始终在50%左右。横向并购毫无疑问是对行业发展具有最直接的影响。

混合并购在一定程度上也有所发展，主要发生在实力较强的企业中，相当一部分混合并购情况较多的行业都有着比较好的效益，但发展前景不明朗。纵向并购在我国不太成熟，基本都发生在钢铁、石油等能源与基础工业行业。这些企业的原料成本对企业效益有很大影响，因此，纵向并购成为该类企业强化业务的有效途径。

课程拓展

2021 年国内企业收购案例

企业收购是指企业通过一定的程序和手段取得另一企业的部分或全部所有权的投资行为，一般采用现金交易或购买股票的手段。通过收购的方式，企业可以迅速拓展业务，扩大自身的市场占有率。

（1）极兔速递收购百世集团中国快递业务（图7-2）。2021 年 10 月，上海 J&T 极兔速递以约 68 亿元的价格收购百世集团中国快递业务。百世快运和极兔速递日单量为 2 000 多万单，两者合并后的市场份额达到 14%，一举赶超申通快递。

图 7-2　极兔速递与百世快运 LOGO

（2）腾讯收购搜狗（图7-3）。2021 年 9 月，腾讯公司收购了搜狗公司全部股权，搜狗公司成为腾讯公司间接全资子公司。收购完成后，搜狗公司已暂停其 ADS 在纽约证券交易所的交易，搜狗流通股份以 9 美元每 ADS 的价格被收购，完成退市，之后作为存续公司继续运营。

图 7-3　腾讯与搜狗 LOGO

（3）字节跳动收购 Pico 公司（图7-4）。2021 年 8 月，字节跳动以超过 90 亿元人民币的价格收购了 VR 创业公司 Pico。据悉，Pico 是北京小鸟看看科技有限公司旗下品牌，被字节跳动收购后会并入字节跳动的 VR 相关业务，整合字节跳动的内容资源和技术能力，并将在产品研发和开发者生态上加大投入。

图 7-4　字节跳动与 Pico LOGO

（4）中国普天与中国电科合并重组（图7-5）。2021 年 6 月，中国普天信息产业集团有限公司整体并入中国电子科技集团有限公司，成为其全资子企业。中国普天和中国电科均为国内大型央企，业务范围覆盖通信产业等相关领域，本次重组

学习笔记

涉及两家企业旗下 15 家上市公司，总市值约为 7 184.74 亿元，此次合并重组后，中国普天不再是国资委直接监管企业。

图 7 – 5　中国普天与中国电科 LOGO

项目八

工程项目内部控制

 学习目标

知识目标：

◎ 了解工程项目的特点及常见风险；

◎ 理解工程项目内部控制的目标；

◎ 熟悉工程项目内部控制的关键控制点；

◎ 掌握工程项目内部控制措施；

◎ 掌握工程项目内部控制要点。

能力目标：

◎ 能够合理梳理工程项目内部控制流程；

◎ 能够找出工程项目内部控制的关键控制点；

◎ 能够制定工程项目内部控制相关措施；

◎ 能够完成工程项目内部控制制度的设计。

素质目标：

◎ 培养工程项目风险识别和防控意识；

◎ 强化法律观念，培养诚实守信、廉洁自律的品德；

◎ 培养谨慎细致、精益求精的工作作风；

◎ 培养规则意识和遵守法规制度的良好职业道德。

任务一　熟悉和掌握工程项目内部控制的目标和要点

 任务导学

　　大成公司于 2019 年 5 月开工建设职工活动中心，于 2020 年 6 月完工。工程原定总投资 3 500 万元，决算金额为 3 950 万元。据调查，该工程由大成公司工会提出申请，由工会有关人员进行可行性研究，经大成公司董事会审批同意并授权由工

视频：熟悉和掌握工程项目内部控制的目标和要点

学习笔记

会主席张某具体负责工程项目的实施和对工程价款支付的审批。随后，张某私自决定将工程交由某个体施工队承建。在工程即将完工时，施工队负责人向张某提出，职工活动中心应有配套健身设施，建议增建保龄球馆。张某认为这一建议可取，指示工会有关人员提出工程项目变更申请，经其签字批准后实施。在工程完工后，由工会有关人员办理了竣工验收手续，由财务部门将交付使用资产登记入账。职工活动中心交付使用后，发现包括保龄球道在内的多项工程设施存在严重质量问题。

任务与思考：

该企业在工程项目内部控制中存在哪些缺陷？应该如何改进？

 知识准备

一、工程项目的特点和常见风险

工程项目，是指企业自行或者委托其他单位所进行的建造、安装活动，是通过一定数量的投资和组织实施，以形成固定资产为特定目标的一次性经济活动。企业工程项目的建设包括自营工程和出包工程。自营工程是指企业参与工程项目建造的全过程或绝大部分，并在该过程中发挥主导作用。出包工程是指企业将工程项目的主要部分或全部以出包方式交给其他单位完成，企业主要负责筹集工程项目所需资金、按期与承包方结算、参与竣工验收等。工程项目具有不确定性、不可逆转性、建设周期长和协作要求高的特点。工程项目的这些特点给工程项目管理带来了较大的难度，而工程项目对企业的影响是巨大的。

工程项目的常见风险如下。

（1）立项缺乏可行性研究，决策不当，盲目上马，可能导致难以实现预期效益或项目失败。

（2）项目招标暗箱操作，存在商业贿赂，可能导致中标人实质上难以承担工程项目、相关人员涉案。

（3）工程造价信息不对称，概预算脱离实际，可能导致项目投资失控。

（4）工程物资质次价高，工程监理不到位，项目资金不落实，可能导致工程质量低劣、进度延迟或中断。

（5）竣工验收不规范，最终把关不严，可能导致工程交付使用后存在重大隐患。

二、工程项目内部控制的目标

（1）防止并及时发现、纠正错误及舞弊行为，保护项目资产的安全、完整。

（2）使工程项目符合国家关于工程项目建设的有关法律法规和具体规定。

（3）降低项目建设的风险。

（4）确保建设单位工程项目管理活动的协调、有序进行，保证工程项目竣工后能够给企业带来经济效益和良好的社会效益。

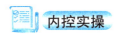

一、构建和优化工程项目流程

企业应充分结合自身业务特点和经营管理要求，构建和优化本企业工程项目流程，并按照工程项目流程进行风险分析，建立内部控制制度。为了实现工程项目的管理目标，必须在工程项目业务的各个环节进行严格的控制。

二、明确工程项目控制要点

工程项目的主要工作流程包括工程立项、项目招投标、项目造价、工程建设、工程验收等环节。

（一）工程立项

工程立项是整个工程建设的前期工作，是整个项目成败的关键。工程立项符合国家的政策，包括产业政策、环境保护政策、基本建设和技术改造方面的有关政策等。工程立项主要包括项目建议书的编制、项目可行性研究报告的编制与评审、项目决策等内容。真实可靠的项目建议书、可行性研究报告，科学的论证决策将为项目的顺利建设打下良好的基础。

企业应当确定专门机构归口管理工程项目，根据发展战略和年度投资计划，提出项目建议书，开展可行性研究，编制可行性研究报告。

1. 项目建议书的编制

项目建议书又称为立项报告，主要论证项目建设的必要性。项目建议书是项目发展周期的初始阶段，是项目选择的依据，也是可行性研究的依据。

项目建议书的具体内容包括：项目的必要性和依据，产品方案、拟建规模、建设地点、投资估算、资金筹措等设想，项目进度安排，经济效果和社会效益的估计，环境影响的初步评价等。

2. 项目可行性研究报告的编制与评审

1）可行性研究报告的编制

可行性研究报告的编制是项目建设程序中十分重要的阶段，为项目决策提供科学依据，编制可行性研究报告的重要依据是已批准的项目建议书。

企业可以委托具有相应资质的专业机构开展可行性研究，由项目建设单位法人代表通过招投标或委托等方式，确定有资质和相应等级的设计或咨询单位承担，并按照有关要求形成可行性研究报告。项目法人应全力配合，共同进行这项工作。

可行性研究报告的内容主要包括：项目概况，项目建设的必要性，市场预测，项目建设选址及建设条件论证，建设规模和建设内容，项目外部配套建设，环境保护，劳动保护与卫生防疫，消防、节能、节水，总投资及资金来源，经济、社会效益，项目建设周期及进度安排，招投标法规定的相关内容等。

2）可行性研究报告的评审

企业应当组织规划、工程、技术、财会、法律等机构的相关专业人员对项目建议书和可行性研究报告进行充分论证和评审，出具评审意见，作为项目决策的重要依据。

在可行性研究报告的评审过程中，应当重点关注项目投资方案、投资规模、资金筹措、生产规模、布局选址、技术、设备、环境保护等资料来源和取得途径是否真实、可靠和完整。

企业可以委托具有相应资质的专业机构对可行性研究报告进行评审，出具评审意见。从事可行性研究的专业机构不得从事可行性研究报告的评审。

3. 项目决策

任何一项项目决策的失误，都可能导致投资项目的失败。项目决策是工程项目的首要环节和重要方面，对工程项目能否取得预期的经济、社会效益起着关键作用。工程项目一般周期较长、投资大、风险也较大，具有不可逆转性，一旦投资下去，工程建起来，设备安装起来，即使发现错了，也很难更改，损失很难挽回。因此，项目决策应遵循科学化和集体化的决策原则。

（1）在项目决策前，按照科学的程序，采用科学的方法，在调查研究的基础上，分析各种风险，对拟建项目的可行性和发展前景进行认真的决策分析与评价。

（2）应当按照规定的权限和程序对工程项目进行决策，决策过程应有完整的书面记录。

（3）对于重大工程项目，应当报经董事会或者类似决策机构集体审议批准。任何个人不得单独决策或者擅自改变集体决策意见。总会计师应当参与项目决策。

（4）工程项目决策失误时应当实行责任追究制度。

（二）项目招投标

企业的工程项目通常应当采用公开招标的方式，择优选择具有相应资质的承包单位和监理单位。

（1）在选择承包单位时，企业可以将工程的勘察、设计、施工、设备采购一并发包给一个工程总承包单位，也可以将其中的一项或者多项发包给一个工程总承包单位；但是，不得将应由一个承包单位完成的工程肢解为若干部分发包给几个承包单位。

（2）企业应当依照国家招投标法律的规定，遵循公开、公正、平等竞争的原则，发布招标公告，提供写有招标工程主要技术要求、主要合同条款、评标的标准和方法以及开标、评标、定标程序等的内容的招标文件。

（3）企业及其工作人员在工程发包中不得收受贿赂、回扣或者索取其他好处。承包单位及其工作人员不得利用向企业及其工作人员行贿、提供回扣或者给予其他好处等不正当手段承揽工程。

（4）企业应当依法组建评标委员会，由企业的代表和有关技术、经济方面的专家组成。评标委员会应当客观、公正地履行职务，遵守职业道德，对所提出的评审意见承担个人责任。企业应当采取必要的措施，保证评标在严格保密的情况下进行。评标委员会应当按照招标文件确定的标准和方法，对投标文件进行评审和比较，择优选择中标候选人。

（5）企业应当按照规定的权限和程序从中标候选人中确定中标人，及时向中标人发出中标通知书，在规定的期限内与中标人订立书面合同，明确双方的权利、义务和违约责任。企业和中标人不得再行订立背离合同实质性内容的其他协议。

（三）项目造价

（1）企业应当加强工程造价的管理，明确初步设计概算、施工图预算的编制方法，按规定的权限和程序进行审核和批准，确保概预算科学合理。企业可以委托具备相应资质的中介机构开展工程造价工作。

（2）企业应当向招标确定的设计单位提供详细的设计要求和基础资料，进行有效的技术经济交流。

（3）初步设计应当在技术经济交流的基础上，采用先进的设计管理实务技术，进行多方案比选。施工图设计深度及图纸交付进度应当符合项目要求，防止设计深度不足、设计缺陷造成施工组织、工期、工程质量、投资失控等问题。

（4）企业应当建立设计变更管理制度。设计单位应当提供全面、及时的现场服务。过失造成设计变更的，应当实行责任追究制度。

（5）企业应当组织工程、技术、财会等机构的相关专业人员对编制的概预算进行审核，重点审查编制依据、项目内容、工程量的计算、定额套用等是否真实、完整和准确。工程项目概预算按照规定的权限和程序审核批准后执行。

知识链接

工程项目概预算是对工程项目所需全部建设费用计算结果的统称。在设计的不同阶段，其名称、内容各有不同。总体设计时叫作估算，初步设计时叫作总概算，技术设计时叫作修正概算，施工图设计时叫作预算。

（1）概算。设计概算是在初步设计或扩大初步设计阶段，由设计单位根据初步设计或扩大初步设计图纸，概算定额、指标，工程量计算规则，材料、设备的预算单价，建设主管部门颁发的有关费用定额或取费标准等资料，预先计算工程从筹建至竣工验收交付使用全过程建设费用的经济文件，即计算建设项目总费用。项目概算是国家确定和控制基本建设总投资的依据；是工程投资的最高限额；是工程承包、招标的依据；是核定贷款额度的依据；是考核分析设计方案经济合理性的依据。

修正概算是指在技术设计阶段，由于设计内容与初步设计的差异，设计单位应对投资进行具体核算，对初步设计概算进行修正。

（2）预算。施工图预算是指拟建工程在开工之前，根据已批准并经会审后的施工图纸、施工组织设计、现行工程预算定额、工程量计算规则、材料和设备的预单价、各项收费标准，预先计算工程建设费用的经济文件。项目预算是考核工程成本、确定工程造价的主要依据；是编制标底、投标文件、签订承发包合同的依据；是工程价款结算的依据；是施工企业编制施工计划的依据。

学习笔记

（3）施工预算是施工单位内部为控制施工成本而编制的一种预算。它是在施工图预算的控制下，由施工企业根据施工图纸、施工定额并结合施工组织设计，通过工料分析，计算和确定拟建工程所需的工、料、机械台班消耗及其相应费用的技术经济文件。施工预算实质上是施工企业的成本计划文件。项目施工预算是企业内部下达施工任务单、限额领料、实行经济核算的依据；是企业加强施工计划管理、编制作业计划的依据；是实行计件工资、按劳分配的依据。

（四）工程建设

（1）企业应当加强对工程建设过程的监控，实行严格的概预算管理，切实做到及时备料，科学施工，保障资金，落实责任，确保工程项目达到设计要求。

（2）按照合同约定，企业自行采购工程物资的，应当按照《企业内部控制应用指引第7号——采购业务》等相关指引的规定组织工程物资采购、验收和付款；由承包单位采购工程物资的，企业应当加强监督，确保工程物资采购符合设计标准和合同要求。严禁不合格工程物资投入工程项目建设。

重大设备和大宗材料的采购应当根据有关招标采购的规定执行。

（3）企业应当实行严格的工程监理制度，委托经过招标确定的监理单位进行监理。工程监理单位应当依照国家法律法规及相关技术标准、设计文件和工程承包合同，对承包单位在施工质量、工期和资金使用等方面代表企业实施监督。

（4）工程监理人员应当具备良好的职业操守，客观公正地执行监理任务，发现工程施工不符合设计要求、施工技术标准和合同约定时，有权要求承包单位改正；发现工程设计不符合建筑工程质量标准或者合同约定的质量要求时，应当报告企业要求设计单位改正。

未经工程监理人员签字，工程物资不得在工程上使用或者安装，不得进行下一道工序的施工，不得拨付工程价款，不得进行竣工验收。

（5）企业财会机构应当加强与承包单位的沟通，准确掌握工程进度，根据合同约定，按照规定的审批权限和程序办理工程价款结算，不得拖欠。

（6）企业应当严格控制工程变更，确需变更的，应当按照规定的权限和程序进行审批。

重大的项目变更应当按照项目决策和概预算控制的有关程序和要求重新履行审批手续。

工程变更等原因造成价款支付方式及金额发生变动的，应当提供完整的书面文件和其他相关资料，企业应对工程变更价款的支付进行严格审核。

（五）工程验收

（1）企业收到承包单位的工程竣工报告后，应当及时编制竣工决算，开展竣工决算审计，组织设计、施工、监理等有关单位进行竣工验收。

竣工决算的内容应包括从项目策划到竣工投产全过程的全部实际费用。竣工决算的内容包括竣工财务决算说明书、竣工财务决算报表、工程竣工图和工程造价对比分析四个部分。

（2）企业应当组织审核竣工决算，重点审查决算依据是否完备、相关文件资料是否齐全、竣工清理是否完成、决算编制是否正确。为了确保竣工决算真实、完整、及时，企业应当建立竣工决算环节的控制制度，对竣工清理、竣工决算、决算审计、竣工验收等作出控制。

（3）企业应当加强竣工决算审计，未实施竣工决算审计的工程项目，不得办理竣工验收手续。

（4）企业应当及时组织工程项目竣工验收。交付竣工验收的工程项目，应当符合规定的质量标准，有完整的工程技术经济资料和经签署的工程保修书，并具备国家规定的其他竣工条件。验收合格的工程项目，应当编制交付使用财产清单，及时办理资产移交手续。

（5）企业应当按照国家有关档案管理的规定，及时收集、整理工程建设各环节的文件资料，建立完整的工程项目档案。

（6）企业应当建立完工项目后评估制度，重点评价工程项目预期目标的实现情况和项目投资效益等，并以此作为绩效考核和责任追究的依据。

 学中做

大成公司内部控制中存在下列薄弱环节。

（1）工程项目的可行性研究存在缺陷，不应仅由工会有关人员进行可行性研究。企业应当确定专门机构归口管理工程项目，根据发展战略和年度投资计划，提出项目建议书，开展可行性研究，编制可行性研究报告。

（2）大成公司董事会授权工会主席张某全权负责工程项目实施和工程价款支付的审批，属于授权审批不当。

（3）工会主席私自决定施工单位，表明该公司授权审批程序存在缺陷。企业的工程项目通常应当采用公开招标的方式，择优选择具有相应资质的承包单位和监理单位。

（4）工程变更追加预算应经过董事会等决策机构的批准，不能仅由张某一人签字批准。

（5）竣工验收控制不严，不应仅由工会人员进行竣工验收。企业收到承包单位的工程竣工报告后，应当及时编制竣工决算，开展竣工决算审计，组织设计、施工、监理等有关单位进行竣工验收。

任务二　工程项目内部控制实施

 任务导学

E公司承接了一项轻轨建设项目。根据合同，轻轨建设项目采用总承包模式，

视频：工程
项目内部
控制实施

学习笔记

即 E 公司负责项目设计、采购、施工系统包括车辆安装调试以及三年运营和维护。在签订合同前，E 公司进行过评估，认为按照当时的工程量，该轻轨建设项目能够获得盈利，"毛利率可以为 8%～10%"，但工程项目最终却亏损达 13.85 亿元，巨额亏损是如何产生的呢？

据 E 公司称，项目在某些方面和业主理解存在差别，导致许多工程需要提前进行或者需求临时变更，直接或间接造成各项成本费用难以控制。如在土建桥梁跨越道路形式、结构形式、车站面积、设备参数、功能需求等方面，业主提出众多变更要求，其中仅土石方开挖就由原来的 200 万立方米变更为 520 多万立方米，多出部分可能增加成本 4 亿～5 亿元。另外，在项目进入施工阶段时，实际工程量比签约时预计工程量大幅增加。如空调设计最初是按照室外温度 38℃进行设计的，最后提高到按照室外温度 46℃进行设计，标准提高带来了成本增加。

按照当初的协议，如果项目无法完工，对方将没收履约保证金，最多可能损失数十亿元，但 E 公司在工程项目内容变更索赔未获业主确认的情况下，不仅没有要求停工，还从公司全系统 15 家单位持续调集人员驰援现场进行"不讲条件、不讲价钱、不讲客观"的会战，而人手太多又造成"窝工"，增加了人力成本。

任务与思考：
E 公司在工程项目内部控制中存在哪些不当之处？

知识准备

一、工程项目内部控制要求

企业应当制定和完善工程项目各项管理制度，全面梳理各个环节可能出现的风险点，规范工程立项、招标、造价、建设、验收等环节的工作流程，明确相关机构和岗位的职责权限，确保可行性研究与决策、概预算编制与审核、项目实施与价款支付、竣工决算与审计等不相容职务相互分离和制约，强化工程建设全过程的监控，保证工程项目的质量和进度。

二、工程项目内部控制措施

（一）职务分离控制

企业应当建立工程项目的岗位责任制，明确相关部门和岗位的职责权限，确保办理工程项目业务的不相容岗位相互分离、制约和监督。

工程项目不相容岗位一般包括以下几项。

（1）项目建议、可行性研究与项目决策；
（2）概预算编制与审核；
（3）项目决策与项目实施；
（4）项目实施与价款支付；
（5）项目实施与项目验收；

（6）竣工决算与竣工决算审计。

（二）授权审核控制

企业应当根据工程项目的特点，配备合格的人员办理工程项目业务。建立工程项目授权制度和审核批准制度，并按照规定的权限和程序办理工程项目业务，按照规定的权限和程序对工程项目进行决策，决策过程应有完整的书面记录。

 内控实操

一、项目决策控制制度

企业应当建立工程项目决策环节的控制制度，对项目建议书和可行性研究报的编制、项目决策程序等做出明确规定，确保项目决策的科学性和合理性。

（1）企业应当组织工程、技术、财会、法律等部门的相关专业人员对项目建议书和可行性研究报告的完整性、客观性进行技术经济分析和评审，出具评审意见。

（2）企业应当根据职责分工和审批权限制定工程项目业务流程，明确项目决策、概预算编制、价款支付、竣工决算等环节的控制要求，并设置相应的记录或凭证，实时记载各环节业务的开展情况，确保工程项目全过程得到有效控制。

（3）企业应当根据职责分工和审批权限对工程项目进行决策，决策过程应有完整的书面记录。重大工程项目的立项，应当报经董事会或类似权力机构集体审议批准。总会计师或分管会计工作的负责人应当参与项目决策。严禁任何个人单独决策工程项目或者擅自改变集体决策意见。对于重大项目，企业应当考虑聘请具备规定资质和胜任能力的中介机构和专业人士，协助企业进行工程项目业务的实施和管理，确保工程项目质量。

（4）企业应当建立工程项目决策及实施的责任制度，明确相关部门及人员的责任，定期或不定期地进行检查。

（5）企业应当根据国家有关规定和企业实际情况，合理确定工程项目建设方式。对需要承包给施工企业承建的工程项目，应当区别招标与否的不同情况，制定相应的审批程序。

二、概预算控制制度

企业应当建立工程项目概预算环节的控制制度，对概预算的编制、审核等做出明确规定，确保概预算编制科学、合理。组织工程、技术、财会等方面的相关专业人员对编制的概预算进行审核，重点审查编制依据、工程量的估计、定额、参数、模型等的采用是否合理，项目内容是否完整，计算是否准确。审核人员应出具书面审核意见，并签章确认。企业可以委托具备相应资质的中介机构开展工程造价咨询工作。

学习笔记

三、招投标控制制度

建设单位应当按照《中华人民共和国招标投标法》《工程建设施工招标投标管理办法》等相关法律法规，结合本单位实际情况，本着公开、公正、平等竞争的原则，建立健全本单位的招投标管理制度，明确应当进行招标的工程项目范围，招标方式，招标程序，以及投标、开标、评标、定标等各环节的管理要求。

（一）招标

企业的工程项目通常应当采用公开招标的方式，择优选择具有相应资质的承包单位和监理单位。防止发包、承包中的舞弊行为，保证工程项目的质量。企业应根据技术胜任能力、管理能力、资源的可利用性、收费的合理性、专业的全面性、社会信誉以及质量保证等因素来选择承包商。

工程立项后，应由建设单位工程管理部门牵头对工程项目的招标方式、标段划分、招标公告的编制以及标底编制等提出方案，报经建设单位招标决策机构集体审议通过后执行。

（1）招标公告的编制要公开、透明，严格根据工程项目特点确定投标人的资格要求，不得根据"意向中标人"的实际情况确定投标人的资格要求。建设单位不具备自行招标能力的，应当委托具有相应资质的招标机构代理招标。

（2）建设单位确需划分标段组织招标的，应当进行科学的分析和评估，提出专业意见。划分标段时，应当考虑项目的专业要求、管理要求、对工程投资的影响以及各项工作的衔接，不得违背工程施工组织设计和招标设计方案，将应当由一个承包单位完成的工程项目肢解成若干部分发包给几个承包单位。

（3）建设单位应当根据工程项目的特点决定编制标底，标底编制过程和标底应当严格保密。

（二）投标

（1）企业应当依照国家招投标法律的规定，遵循公开、公正、平等竞争的原则，科学编制和发布招标公告，合理确定投标人资格要求，尽量扩大潜在投标人的范围，增强市场竞争性。

（2）企业可以根据工程项目的特点决定是否编制标底。需要编制标底的，标底编制过程和标底应当严格保密。在确定中标人之前，企业不得与投标人就投标价格、投标方案等实质性内容进行谈判。

（3）严格按照招标公告或资格预审文件中确定的投标人资格条件对投标人进行实质初步审查，通过查验资质原件、实地考察，或到工商和税务机关调查核实等方式，确定投标人的实际资质，了解该单位的资质信誉、实力、工程业绩是否符合该工程项目要求，预防假资质中标。对投标人的信息采取严格的保密措施，防止投标人之间串通舞弊，并且要求投标方以书面形式向企业承诺不转包该专业工程。

（4）建设单位应当履行完备的标书签收、登记和保管手续。签收人要记录投标文件签收日期、地点和密封状况，签收标书后应将投标文件存放在安全保密的地方，任何人不得在开标前开启投标文件。

（三）开标、评标和定标

（1）开标过程应邀请所有投标人或其代表出席，并委托公证机构进行检查和公证。

（2）企业应当依法组建评标委员会。评标委员会由企业的代表和有关技术、经济方面的专家组成。评标委员会应当客观、公正地履行职务，遵守职业道德，对所提出的评审意见承担责任。

①确保评标委员会成员具有较高的职业道德水平，并具备招标项目专业知识和丰富经验。评标委员会成员名单在中标结果确定前应当严格保密。评标委员会成员和参与评标的有关工作人员不得私下接触投标人，不得收受投标人任何形式的商业贿赂。

②建设单位应当为保证评标委员会独立、客观地进行评标工作创造良好条件，不得向评委员会成员施加影响，干扰其客观评判。

③评标委员会应当在评标报告中详细说明每位成员的评价意见以及集体评审结果，对中标候选人和落标人要分别陈述具体理由。每位成员应对其出具的评审意见承担个人责任。

（3）企业应当按照规定的权限和程序从中标候选人中确定中标人，及时向中标人发出中标通知书，在规定的期限内与中标人订立书面合同，明确双方的权利、义务和违约责任。中标候选人为1个以上时，招标人应当按照规定的程序和权限，由决策机构审议决定中标人。

（四）合同管理

（1）加强合同管理，合同签订和管理应当遵循国家、行业、企业的统一要求，制定工程合同管理制度，明确各部门在工程合同管理和履行中的职责，严格按照合同行使权利和履行义务。

（2）建设工程施工合同、各类分包合同、工程项目施工内部承包合同应当按照国家或本建设单位制定的示范文本的内容填写，清楚列明质量、进度、资金、安全等各项具体标准，有施工图纸的，施工图纸是合同的重要附件，与合同具有同等法律效力。

（3）建设单位应当建立合同履行执行情况台账，记录合同的实际履行情况，并随时督促对方当事人及时履行其义务，建设单位的履约情况也应及时做好记录并经对方确认。

四、工程施工控制制度

一般工程施工期较长，而这个阶段对工程质量来说又特别重要，因此，企业应加强施工阶段的监督管理，保证工程质量。企业可以派专门小组也可以委托专门的监理机构进行工程质量监督。企业可以使用全面质量管理体系对施工过程进行质量管理，包括：做好施工的技术交底，监督按照设计图纸和规范、规程施工；进行施工质量检查和验收，加强对施工过程各个环节，特别是隐蔽工程进行质量检查；进

学习笔记

行质量分析，防止施工过程中类似质量问题的再次发生。

（一）物资采购

（1）严格遵循采购业务管理控制要求，重大设备和大宗材料的采购应当采用招标方式。

（2）对于由承包单位购买的工程物资，建设单位应当采取必要措施，确保工程物资符合设计标准和合同要求。

①在施工合同中，建设单位应具体说明建筑材料和设备应达到的质量标准，明确责任追究方式。

②对于承包单位提供的重要材料和工程设备，应由监理机构进行检验，查验材料合格证明和产品合格证书，一般材料要进行抽检。未经监理人员签字，工程物资不得在工程上使用或安装，不得进行下一道工序的施工。

③运入施工场地的材料、工程设备，包括备品、备件、安装专用工器具等，必须专用于合同工程，未经监理人员同意，承包单位不得运出施工场地或挪作他用。

（二）工程施工

1. 工程质量管控

质量是企业的生命，工程项目也是如此，无论是施工企业还是建设单位，只有提高产品和服务的质量，才能提升企业品牌形象，实现企业持续发展。

（1）承包单位应当建立全面的质量控制制度，按照国家相关法律法规和本单位质量控制体系进行建设，并在施工前列出重要的质量控制点，报经监理机构同意后，在此基础上实施质量预控。质量控制中的重点控制对象包括：人的行为，关键过程、关键操作，施工设备材料的性能和质量，施工技术参数，某些工序之间的作业顺序，有些作业之间的技术间歇时间，新工艺、新技术、新材料的应用，对工程质量产生重大影响的施工方法等。

（2）承包单位应按合同约定对材料、工程设备以及工程的所有部位及其施工工艺进行全过程的质量检查和检验，定期编制工程质量报表，报送监理机构审查。关键工序作业人员必须持证上岗。

（3）监理机构有权对工程的所有部位及其施工工艺进行检查验收，另发现工程质量不符合要求，应当要求承包单位立即返工修改，直至符合验收标准为止。对于主要工序作业，只有监理机构审验后，才能进行下一道工序的施工。

2. 工程进度管控

监理单位履行监督管理职能，承包单位按照规定的工程进度进行施工，确保工程进度。

（1）监理单位应当建立监理进度控制体系，明确相关程序、要求和责任。

（2）承包单位应按合同规定的工程进度编制详细的分阶段或分项进度计划，报送监理机构审批后，严格按照进度计划开展工作。制定的进度计划应当适合建设工程的实际条件和施工现场的实际情况，并与承包单位劳动力、材料、机械设备的供应计划协调一致。确需调整进度的，必须优先保证质量，并同建设单位、监理机构达成一致意见。

（3）承包单位至少应按月对完成投资情况进行统计、分析和对比，工程的实际进度与批准的合同进度计划不符时，承包单位应提交修订合同进度计划的申请报告，并附原因分析和相关措施，报监理机构审批。

3. 安全建设管控

安全建设是提高工程质量、保证工程进度、控制工程成本的重要保障。

（1）建设单位应当加强对施工单位的安全检查，并授权监理机构按合同约定的安全工作内容监督、检查承包单位安全工作的实施。此外，建设单位不得对承包单位、监理机构等提出不符合建设工程安全生产法律、法规和强制性标准规定的要求，不得压缩合同约定的工期。建设单位在编制工程概算时，应当确定建设工程安全作业环境及安全施工措施所需费用。

（2）工程监理单位和监理工程师应当按照法律、法规和工程建设强制性标准实施监理，并对建设工程安全生产承担监理责任。在实施监理过程中，发现存在安全事故隐患时，应当要求施工单位整改；情况严重的，应当要求施工单位暂时停止施工，并及时报告建设单位。

（3）承包单位应当设立安全生产管理机构，配备专职安全生产管理人员，依法建立安全生产、文明施工管理制度，细化各项安全防范措施。承包单位应当对所承担的建设工程进行定期和专项安全检查，并做好安全检查记录。

4. 工程变更管控

无论是客观原因还是主观原因引发的工程变更，都会给建设单位带来一定的损失，因此，要严格控制工程变更，减少经济损失。

（1）建设单位要建立严格的工程变更审批制度，严格控制工程变更，确需变更的，要按照规定程序及时办理变更手续。对于重大的变更事项，必须经建设单位、监理机构和承包单位集体商议，同时严加审核文件，提高审批层级，依法需报有关政府部门审批的，必须取得同意变更的批复文件。

（2）工程变更获得批准后，应尽快落实变更设计和施工，承包单位应在规定期限内全面落实变更指令。

（3）如人为原因引发工程变更，如设计失误、施工缺陷等，应当追究当事单位和人员的责任。

五、工程结算控制制度

建设单位与施工单位之间的工程价款结算是建设期间的一项重要内容，企业应当建立工程结算控制制度，对价款支付的条件、方式以及会计核算程序做出明确规定，确保及时进行工程价款结算，保障工程进度。

（1）建设单位应当建立完善的工程价款结算制度，明确工作流程和职责权限划分，并切实遵照执行。财务部门应当安排专职的工程财会人员，认真开展工程项目核算与财务管理工作。对于重大项目，企业应当考虑聘请符合国家规定资质的中介机构，如招标代理、工程监理、财务监理等，协助企业进行工程项目的管理。

（2）资金筹集和使用应与工程进度协调一致，建设单位应当根据项目组成

（分部、分项工程）结合时间进度编制资金使用计划，作为资产管控和工程价款结算的重要依据。工程进度款的支付要按工程项目进度或者合同约定进行，不得随意提前支付。

（3）建设单位财务部门应当加强与承包单位和监理机构的沟通，准确掌握工程进度，确保财务报表能够准确、全面地反映资产价值，并根据施工合同约定，按照规定的审批权限和程序办理工程价款结算。

（4）建设单位财务部门应认真审核相关凭证，严格按合同规定的付款方式付款，既不应违规预支，也不得无故拖欠。企业会计人员应当对工程合同约定的价款支付方式、有关部门提交的价款支付申请及凭证、审批人的批准意见等进行审查和复核。复核无误后，方可办理价款支付手续。

（5）企业会计人员在办理价款支付业务过程中发现拟支付的价款与合同约定的价款支付方式及金额不符，或与工程实际完工进度不符等异常情况时，应当及时报告。

（6）严格执行工程预算，在施工过程中，如果工程的实际成本突破了工程项目预算，建设单位应当及时分析原因，按照规定的程序予以处理。企业应当严格控制项目变更，必要的项目变更应经过相关部门或中介机构（如工程监理、财务监理等）的审核。工程变更等原因造成价款支付方式及金额发生变动的，应当提供完整的书面文件和其他相关资料。企业会计人员应当对工程变更所涉及的价款支付进行审核。

企业应当加强对工程项目资金筹集与运用、物资采购与使用、财产清理与变现等业务的会计核算，真实、完整地反映工程项目成本费用发生情况、资金流入/流出情况及财产物资的增减变动情况。

企业应当加强对在建工程项目减值情况的定期检查和归口管理、减值准备的计提标准和审批程序。

六、竣工决算控制制度

（1）企业应当建立竣工决算环节的控制制度，对竣工清理、竣工决算、决算审计、竣工验收等做出明确规定，确保竣工决算真实、完整、及时。

（2）企业应当建立竣工清理制度，明确竣工清理的范围、内容和方法，如实填写并妥善保管竣工清理清单。企业应当加强对工程剩余物资的管理，对需处置的剩余物资，应当明确处置权限和审批程序，并将处置收入及时入账。

（3）企业应当依据国家法律法规的规定及时编制竣工决算，并组织有关部门及人员对竣工决算进行审核，重点审查决算依据是否完备、相关文件资料是否齐全、竣工清理是否完成、决算编制是否正确。

（4）企业应当建立竣工决算审计制度，及时组织竣工决算审计。未实施竣工决算审计的工程项目，原则上不得办理竣工验收手续。因生产经营急需或确需组织竣工验收的，应同时进行竣工决算审计。

七、工程验收控制制度

（1）建设单位应当健全竣工验收各项管理制度，明确竣工验收的条件、标准、程序、组织管理。建立档案管理制度，收集、整理工程建设各环节的文件资料，建立完整的工程项目档案。建立项目考核与评价制度，明确项目过程评价和项目后评估，明确绩效考核办法，明确责任追究。

（2）竣工验收必须履行规定的程序，至少应经过承包单位初检、监理机构审核、正式竣工验收三个程序。正式竣工验收前，根据合同规定应当进行试运行的，应当由建设单位、监理单位和承包单位共同参与试运行。试运行符合要求的，才能进行正式验收。正式验收时，应当组成由建设单位、设计单位、施工单位、监理单位等组成的验收组，共同审验。重大项目的验收，可吸收相关方面专家组进行评审。

（3）初检后，确定固定资产达到预定可使用状态的，承包单位应及时通知建设单位，建设单位会同监理单位初验后应及时对项目价值进行暂估，转入固定资产核算。建设单位财务部门应定期根据所掌握的工程项目进度核对项目固定资产暂估记录。

（4）建设单位应当建立健全完工项目的后评估制度。一方面，对完工工程项目预期目标的实现情况和项目投资效益等进行综合分析与评价，总结经验教训，为未来项目的决策和投资决策管理水平的提高提出建议；另一方面，采取切实有效的措施，保证项目后评估公开、客观和公正。原则上，凡是承担项目可行性研究报告编制、立项决策、设计、监理、施工等业务的机构不得从事该项目的后评估工作，以保证后评估的独立性。还要严格落实工程项目决策及执行相关环节的责任追究制度，项目后评估结果应当作为绩效考核和责任追究的依据。

此外，建设单位应当按照国家有关档案管理的规定，及时收集、整理工程建设各环节的文件资料，建立工程项目档案。需报政府有关部门备案的，应当及时备案。

学中做

E公司工程项目内部控制存在如下问题。

（1）投标之前对项目风险评估不足。该项目是E公司首次采用总承包方式进行的项目，且项目面临更为复杂的风险因素，但E公司并没有对项目进行充分而有效的风险评估，对设计风险、分包方风险、工程变更风险、工程延期风险等认识不足、应对不力，导致风险发生时，E公司基本上只能采取风险承担的办法，无法进行风险降低、风险转移或风险对冲。

（2）没有严格履行可行性研究程序。按照惯例，国内同等规模的轻轨建设项目，从设计到运营尚需2～3年的时间。该项目合同约定了E公司需要在不到2年的时间内完成建设，但由于国外的自然环境、技术标准与规范条件和国内有所不同，增加了施工难度，加上 E 公司又未从技术、经济、人力等方面进行有效的可行性研究分析与论证，该项目从一开始就注定了是一个"赶工期"项目。

（3）合同管理不规范。E 公司应当在合同签订前就约定好工程项目内容变更的补偿条件，以支付必要的费用代价；此外，合同中也存在条款不清、表达不明的情况，如根据合同内容，项目开通运营后应达到 35% 运能，E 公司认为开通 4 个车站即可，但业主坚持要求开通 9 个车站。

（4）项目过程管理不当。E 公司自身缺乏对项目的必要控制，根据计划实施力度不足，导致项目进度延后、预算超标，没有相应的应急预案；发生项目变更时，没有及时采取变更谈判、索取变更价款等方式，导致在项目上越陷越深。

综上，对于工程项目内部控制，企业应加强事前、事中、事后的控制。在决策工程项目前，应进行专项风险评估和科学的可行性研究；应合理制定合同文本并严格审核。同时，企业应加强项目过程、成本、质量等的控制，建立项目变更程序，并保留相关法律证据，以便在费用发生后进行索赔。

思政案例

工程建设领域已成为腐败的重要滋生地之一，而工程招投标及工程现场管理又普遍被认为是工程建设领域反腐的源头和关键环节。2004—2010 年，陈某利用职务便利，在宁波栎社国际机场工程项目承揽等方面为请托人提供帮助，收受贿赂计人民币 87 万元、港币 5 万元、黄金奥运鸟巢模型 1 个、99 克金砖 2 块、200 克金条 1 根。其中，在机场消防现场用房、集体宿舍等工程招标中，陈某授意下属操纵招标投标，使浙江省三门建安工程有限公司中标，收受三门建安工程有限公司项目负责人周某贿赂人民币 27 万元、99 克金砖 2 块。陈某后受到开除党籍、开除公职处分，2011 年 5 月因犯受贿罪被依法判处有期徒刑 11 年。

【育人启示】

从该案例可以看出，工程建设特别是重点工程施工周期长、涉及环节多、资金流量大，几乎每一个环节都潜伏着腐败的诱因。大批工程建设领域违纪违法案件中的涉案人员，无一不是见利忘义、贪心过重，把正常履行职责当作索取回报的筹码，权力观扭曲，价值观错位，最终堕入犯罪的泥潭。作为建设企业应以诚信立业、靠质量生存，树立正确的竞争理念和经营道德，坚决杜绝靠行贿承揽工程、靠偷工减料增加效益的错误理念。

 项目小结

本项目知识结构图如图 8-1 所示。

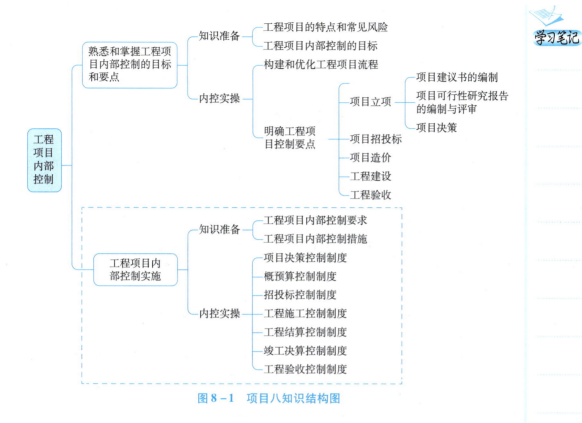

图 8-1　项目八知识结构图

 项目训练

【职业知识测试】

一、不定项选择题

1. 工程项目的常见风险有（　　　）。

A. 立项缺乏可行性研究，决策不当，盲目上马，可能导致难以实现预期效益或项目失败

B. 项目招标暗箱操作，存在商业贿赂，可能导致中标人实质上难以承担工程项目、相关人员涉案

C. 工程造价信息不对称，概预算脱离实际，可能导致项目投资失控

D. 工程物资质次价高，工程监理不到位，项目资金不落实，可能导致工程质量低劣，进度延迟或中断

2. 工程项目内部控制的目标有（　　　）。

A. 防止并及时发现、纠正错误及舞弊行为，保护项目资产的安全、完整

B. 使工程项目符合国家关于工程项目建设的有关法律法规和具体规定

C. 降低项目建设投资

D. 确保建设单位工程项目管理活动的协调、有序进行，保证工程项目竣工后能够给企业带来经济效益和良好的社会效益

3. 工程项目工作流程中的第一个环节是（　　）。

A. 工程立项　　　　B. 工程招标　　　　C. 工程造价　　　　D. 工程建设

4. 以下关于项目招投标的说法正确的是（　　）。

A. 企业的工程项目通常应当采用公开招标的方式，择优选择具有相应资质的承包单位和监理单位

B. 企业应当依照国家招投标法律的规定，遵循公开、公正、平等竞争的原则，发布招标公告

C. 企业应当依法组建评标委员会，由企业的代表和有关技术、经济方面的专家组成

D. 企业可以从中标候选人以外的范围内确定中标人

5. 工程项目不相容岗位一般包括（　　）。

A. 项目建议、可行性研究与项目决策　　B. 概预算编制与审核

C. 项目决策与项目实施　　　　　　　　D. 项目实施与价款支付

6. 工程施工控制应包括（　　）。

A. 工程质量管控　　　　　　　　　　　B. 工程进度管控

C. 安全建设管控　　　　　　　　　　　D. 工程变更管控

7. 建设单位与施工单位之间的工程价款结算是建设期间的一项重要内容，企业应当建立工程结算控制制度，对（　　）做出规定，确保及时进行工程价款结算，保障工程进度。

A. 价款支付条件　　B. 价款支付方式　　C. 会计核算程序　　D. 支付时间

8. 竣工验收必须履行规定的程序，至少应经过（　　）。

A. 承包单位初检　　　　　　　　　　　B. 监理机构审核

C. 正式竣工验收　　　　　　　　　　　D. 支付工程价款

9. 为了保证后评估的独立性，凡是承担（　　）等业务的机构不得从事该项目的后评估工作。

A. 项目可行性研究报告编制　　　　　　B. 立项决策

C. 监理　　　　　　　　　　　　　　　D. 施工

10. 工程项目正式验收时，应当组成由（　　）等组成的验收组，共同审验。

A. 建设单位　　　　B. 设计单位　　　　C. 施工单位　　　　D. 监理单位

二、判断题

1. 工程项目立项符合国家的政策，包括产业政策、环境保护政策、基本建设和技术改造方面的有关政策等。（　　）

2. 企业可以委托具有相应资质的专业机构开展可行性研究，由项目建设单位法人代表通过招投标或委托等方式，确定有资质和相应等级的设计或咨询单位承担，并按照有关要求形成可行性研究报告。（　　）

3. 工程项目概预算可以直接执行。（　　）

4. 企业收到承包单位的工程竣工报告后，应当及时编制竣工决算，开展竣工决算审计，组织设计、施工、监理等有关单位进行竣工验收。（　　）

5. 重大工程项目的立项，应当报经董事长审议批准。（　　）

6. 工程项目立项后，应由建设单位财务部门牵头对工程项目的招标方式、标段划分、招标公告的编制以及标底编制等提出方案，报经建设单位招标决策机构集体审议通过后执行。   （ ）

7. 建设工程施工合同、各类分包合同、工程项目施工内部承包合同应当按照国家或本建设单位制定的示范文本的内容填写。   （ ）

8. 建设单位要建立严格的工程变更审批制度，严格控制工程变更，确需变更的，要按照规定程序及时办理变更手续。   （ ）

9. 企业会计人员在办理价款支付业务过程中发现拟支付的价款与合同约定的价款支付方式及金额不符，或与工程实际完工进度不符等异常情况时，可以自行解决。   （ ）

10. 企业应当建立竣工决算环节的控制制度，对竣工清理、竣工决算、决算审计、竣工验收等做出明确规定，确保竣工决算真实、完整、及时。   （ ）

【职业能力训练】

请同学们以 4~5 人为一组，以小组为单位对以下案例进行分组讨论，按要求完成训练任务，并以 Word 文档提交任务成果，课堂上由一名同学为代表汇报任务成果。

【训练】

资料：宏远公司新建一栋办公楼，全部工程委托一个施工队进行，宏远公司领导做出以下决定。

（1）由基建处负责概预算编制与审核，由财务处负责竣工决算与审计。

（2）财务部门按照合同进度付款，工程变更需要增加预算时由基建处负责调整，财务部门根据调整后金额付款。

（3）工程完工后由基建处验收。

要求：请同学们分组讨论该企业以上规定中哪些不符合工程项目内部控制制度。

【训练】

资料：2015 年年初，MN 公司投资兴建游乐场项目获批。相关属地负责人刘某表示，为了节约成本，可为 MN 公司指定可靠的设计和施工单位。MN 公司接受了这一建议，将设计任务交给李某，当游乐场工程项目进行到中途时，相关监管部门发现李某不具备"注册结构工程师"资质，对 MN 公司处以罚款。MN 公司不得不请某设计院重新设计，但具体工程仍按李某设计的图纸进行。施工任务也被交给属地负责人刘某指定的一家建筑公司，但该建筑公司从未从事过类似工程。2017 年，该游乐场工程项目被施工方宣布"竣工"，MN 公司共投入了 1 000 万元。由于存在诸多质量问题，游乐场工程项目建成后无法正常使用。经当地质监部门鉴定：工程设计存在重大问题，施工未严格依据合规的设计图纸，使用的工程材料不符合相关建设要求。更为严重的是，该游乐场工程项目多处设施存在严重质量问题。

要求：运用工程项目业务活动控制的有关知识，结合该游乐场工程项目建设过程指出 MN 公司违背了哪些风险点。

学习笔记

【职业素养提升】

阅读资料

　　H公司在承建非洲某公路项目时，由于风险管理不当，造成工程严重拖期，亏损严重，同时也影响了中国承包商的声誉。

　　该项目业主是该非洲国家政府工程和能源部，出资方为非洲开发银行和该国政府，项目监理是英国监理公司。在项目实施的4年多时间里，H公司遇到了极大的困难，尽管投入了大量的人力、物力，但由于种种原因，合同于2005年7月到期后，实物工程量只完成了35%。2005年8月，项目业主和监理工程师不顾中方的反对，单方面启动了延期罚款，金额每天高达5 000美元。2006年2月，业主致函H公司，同意延长3年工期，不再进行工期罚款，条件是H公司必须出具由当地银行开具的约1 145万美元的无条件履约保函。由于保函金额过大，又无任何合同依据，且业主未对涉及工程实施的重大问题做出回复，为了保证H公司资金安全，维护己方利益，H公司不同意出具该保函，而用中国银行出具的400万美元的保函来代替。但是，由于政府对该项目的干预未得到项目业主的认可，2006年3月，业主在监理工程师和律师的怂恿下，不顾政府高层的调解，无视H公司对继续实施本合同所做出的种种努力，以H公司不能提供所要求的1 145万美元履约保函的名义，致函终止了与H公司的合同。

　　据了解，在项目实施之前，尽管H公司从投标到中标的过程还算顺利，但是其间蕴藏了很大的风险。业主委托的监理公司非常熟悉当地情况，将合同中几乎所有可能存在的对业主的风险全部转嫁给了H公司，包括雨季计算公式、料场情况、征地情况。相比之下，H公司在招投标前期做的工作不够充分，对招标文件的熟悉和研究不够深入，现场考察也未能做好，对项目风险的认识不足，低估了项目的难度和复杂性，对可能造成工期严重延误的风险并未做出有效的预测和预防，造成了投标失误，给项目的最终失败埋下了隐患。在项目执行过程中，由于H公司内部管理不善，野蛮使用设备，没有建立质量管理、保证体系，现场人员素质不能满足项目的需要，现场的组织管理沿用国内模式，不适合所在国实际情况，对项目质量也产生了一定的影响。另外，由于项目初期设备、人员配置不到位，部分设备选型错误，H公司人员低估了项目的复杂性和难度，当项目出现问题时又过于强调客观理由；在一个以道路施工为主的工程项目中，道路工程师却严重不足甚至缺位，其所造成的影响是可想而知的；在项目实施的4年间，H公司竟3次调换办事处总经理和现场项目经理。这一切都导致项目进度严重滞后，成本超支严重，工程质量大不如意。

　　因此，通过上述案例分析，我们认为企业在对工程项目内部控制管理中，应至少做到以下几点。

　　(1) 恰当充分地评估和选择工程项目承包商。

　　(2) 对各阶段工作进行充分的评估、分析。

　　(3) 积极调动工作人员的积极性，稳定团队，加强现场管理，保证项目正常进行。

（4）以法律法规为准绳，重视合同履行，合理保护自身权益。

（5）认真开展项目前期可行性研究分析，综合考虑可能产生风险的影响因素，做到事前防范、事中监控及事后及时处理。

课程拓展

EPC 模式下施工全过程管理要点

EPC（工程总承包）施工全过程管理是以项目施工为管理对象，以取得最佳经济效益和社会效益为目标，以施工管理为中心，以合同约定、项目管理和项目实施计划为依据，从质量、安全、职业健康和环境保护、进度、费用和风险管理等入手，贯穿施工全过程的管理活动。EPC 施工全过程管理要求管理者结合《质量管理体系要求》和《建设项目工程总承包管理规范》两个国家标准，对工程总承包项目施工全过程、全要素进行管理和控制。

一、做好施工计划

施工执行计划编制要满足对施工过程的指导和控制要求，遵循实际情况审核施工方案和施工工艺；要严格遵守国家规定和合同约定的工程竣工及交付使用期限；要采用现代项目管理技术、流水施工方法和网络技术，组织有节奏、均衡和动态连续的施工；要提高施工的机械化、自动化程度，改善劳动条件，提高生产率；要注意根据地区条件和材料、构件条件，通过技术经济比较，恰当选择专项技术方案，提高施工作业的专业化程度；要尽可能利用永久性设施和组装式施工设施，科学规划施工总平面，减少施工临时设施建造量和用地等。

施工进度计划包括：编制说明、施工总进度计划、单项工程进度计划和单位工程进度计划。施工进度计划的编制依据包括项目合同、施工执行计划、施工进度目标、设计文件、施工现场条件、供货进度计划和有关技术经济资料。编制施工进度计划要遵循"收集资料、确定进度控制目标、计算工程量、确定各单项和单位工程施工工期与开竣工日期、确定施工流程、编制施工进度计划"的程序。

施工质量计划应作为对外质量保证和对内质量控制的依据，体现施工过程的质量管理和控制要求，主要包括：编制依据，质量保证体系，质量目标，质量目标分解，质量控制点及检验级别的确定，质量保证的技术管理措施，施工过程监测、分析和改进，材料、设备检验制度，工程质量问题处理方法等。

施工安全、职业健康和环境保护计划主要包括：政策依据、管理组织机构、技术保证措施和管理措施等。

二、施工准备工作

技术准备包括根据需要编制专项施工方案以及施工计划、试验工作计划和职工培训计划，向项目发包人索取已施工项目的验收证明文件等。生产准备包括现场道路、水、电、通信来源及其引入方案，机械设备的来源，各种临时设施的布置，劳动力的来源及有关证件的办理，施工分包商的选定和分包合同的签订等。

需要项目发包人完成的施工准备工作包括提供施工场地、水电供应、现场坐标点和高程点以及需要项目发包人办理的报批手续等。

施工单位的准备工作包括技术准备工作、资源准备工作、施工现场准备工作和施工场外协调工作等。

三、施工分包管理

采用工程总承包模式的企业应对施工分包方的资质等级、综合能力、业绩等进行综合评价，建立合格承包商资源库，定期或在项目结束后对其进行后评价。评价内容应包括施工或服务的质量、进度等。此外，应确保外部提供的过程、产品和服务不会对本企业稳定地向顾客交付合格工程总承包产品和服务的能力产生不利影响。

采用工程总承包模式的企业应建立施工分包合同管理制度，一般主要包括以下内容：分包合同管理职责的明确、分包招标的准备和实施、分包合同的订立、分包合同的监控、分包合同变更处理、分包合同争议处理、分包合同索赔处理、分包合同文件管理和分包合同收尾。

四、施工过程控制及重点工作

项目部应对由分包方实施的过程进行监控和检查验收。施工过程控制的重点工作包括九个方面。

（1）施工分包方入场条件审核。对施工分包方项目管理机构、人员的数量和资格、入场前培训、施工机械等设备及材料等进行审查和确认；对施工分包方入场人员的三级教育进行检查和确认。

（2）交底和培训。项目部组织设计交底并对施工作业人员进行培训，交底内容应有针对性，内容明确。

（3）施工分包单位文件审查。对施工分包方的施工组织设计、施工进度计划、专项施工方案、质量计划、职业健康、安全、环境管理计划和试运行的管理计划等进行审查。

（4）施工分包目标责任书及协议签订。应与施工分包单位签订质量、职业健康、安全等目标责任书并进行定期检查；明确规定安全生产管理、文明施工、绿色施工、劳动防护，以及列支安全文明施工费等方面的职责和应采取的措施，并指定专职安全生产管理人员进行管理与协调。

（5）施工过程控制。应对施工过程质量进行监督，按规定组织施工分包方参加工程质量验收，并按施工分包合同约定，要求施工分包方提交质量记录和竣工文件，并进行确认、审查或审批。

（6）施工分包方履约能力评价。应对分包商的履约情况以及企业安全事故情况进行评价并保留记录。

（7）施工与设计接口控制。应对设计的可施工性进行分析，应进行图纸会审和设计交底，评估设计变更对施工进度的影响。

（8）施工与采购接口控制。施工方和采购方共同进行现场开箱检验，施工方接收所有设备、材料，评估采购物资质量问题或采购变更对施工进度的影响。

（9）施工与试运行接口控制。做好施工执行计划与试运行执行计划的协调，评估试运行中发现的施工问题对进度的影响。

项目九

信息系统内部控制

 学习目标

知识目标：

◎了解我国《企业内部控制应用指引第18号——信息系统》的框架体系及主要内容；

◎理解信息系统内部控制的目标；

◎熟悉信息系统内部控制的关键控制点；

◎掌握信息系统内部控制措施。

能力目标：

◎能够识别信息系统内部控制的主要风险；

◎能够制定信息系统中的授权审批环节及程序；

◎能够完成信息系统内部控制制度的设计。

素质目标：

◎培养保密意识、风险意识与责任意识；

◎具备充分利用现代信息技术进行管理的意识；

◎具有谨慎细致、精益求精的工作作风；

◎培养自觉杜绝贪污舞弊、抵制利益诱惑、廉洁自律的职业素养；

◎树立规则意识，培养遵守法规制度的良好职业道德。

任务一 熟悉和掌握信息系统内部控制的目标和要点

 **任务导学**

视频：熟悉和掌握信息系统内部控制的目标和要点

法国兴业银行的交易欺诈案

法国兴业银行（Societe Generale，以下简称"法兴银行"）是有着一百多年历史的老牌欧洲银行和世界上最大的银行集团之一，多年来其资产规模一直在全球银行业排前 10 位。法兴银行分别在巴黎、东京、纽约的证券市场挂牌上市，拥有雇员 55 000 名、世界上多达 80 个国家的分支机构 500 家，以及 500 万私人和企业客户。它提供从传统商业银行到投资银行的全面、专业的金融服务，被视为世界上最大的衍生交易市场领导者，也一度被认为是世界上风险控制最出色的银行之一。

2008 年 1 月，因期货交易员杰罗姆·凯维埃尔（Jerome Kerviel）在未经授权的情况下大量购买欧洲股指期货，形成 49 亿欧元（约 71 亿美元）的巨额亏空，创下世界银行业迄今为止因员工违规操作而蒙受的单笔最大金额损失，触发了法国乃至整个欧洲的金融震荡，并波及全球股市。无论从性质还是规模来说，法兴银行的交易欺诈案都堪称史上最大的金融悲剧。

巴塞尔银行监管委员会曾指出：著名商业银行失败事件的原因，除了内部控制失效外，很难再找到其他因素。

在 2007—2008 年年初长达一年多的时间里，凯维埃尔在欧洲各大股市上投资股指期货的头寸高达 500 亿欧元，超过法兴银行 359 亿欧元的市值。其中：道琼斯欧洲 Stoxx 指数期货头寸 300 亿欧元、德国法兰克福股市 DAX 指数期货头寸 180 亿欧元、英国伦敦股市《金融时报》100 种股票平均价格指数期货头寸 20 亿欧元。法兴银行作为一家"百年老店"，享有丰富的金融风险管理经验，监控系统发达，工作权限级别森严。一个普通的期货交易员为何能够闯过 5 道计算机关卡，获得使用巨额资金的权限，违规操作一年多而没有被及时发现？

凯维埃尔于 2000 年进入法兴银行，在监管交易的中台部门工作 5 年，负责信贷分析、审批、风险管理、计算交易盈亏，积累了关于控制流程的丰富经验。凯维埃尔于 2005 年被调入前台，供职于全球股权衍生品方案部，所做的是与客户非直接相关、用银行自有资金进行套利的业务。凯维埃尔负责最基本的对冲欧洲股市的股指期货交易，即在购买一种股指期货产品的同时，卖出一个设计相近的股指期货产品，实现套利或对冲目的。这是一种短线交易，且相似金融工具的价值相差无几，体现出来的仅是非常低的余值风险。有着"电脑天才"名号的凯维埃尔进行了一系列精心策划的虚拟交易，采用真头假卖的手法，把短线交易做成了长线交易。在银行的风险经理看来，买入金融产品的风险已经通过卖出得到对冲，但实际上那些头寸成了长期投机。

凯维埃尔绕开内部控制"雷达"的过程，可以概括为侵入数据信息系统、滥用信用、伪造及使用虚假文书等多种欺诈手段联合实施的立体作案。为了确保虚假的操作不被及时发现，凯维埃尔利用多年来处理和控制市场交易的经验，连续地屏蔽了法兴银行对交易操作的性质所进行的检验、监控，其中包括是否真实存在这些交易的监控。尽管风险经理曾数次注意到投资组合的异常操作，但每次凯维埃尔称这只是交易中常见的一个"失误"，随即取消了这笔投资，而实际上他只是换了一种金融工具，以另一笔交易替代了那笔被取消的交易，以规避相关审查。

任务与思考：

（1）法兴银行信息系统内部控制为什么没有对防控欺诈、舞弊和非法行为发挥作用？

（2）法兴银行的交易欺诈案对我国商业银行的内部控制建设有何启示？

知识准备

学习笔记

一、信息系统的特点和常见风险

《企业内部控制应用指引第 18 号——信息系统》中所指信息系统，是指企业利用计算机和通信技术，对内部控制进行集成、转化和提升所形成的信息化管理平台。信息系统的作用与其他系统有所不同，它不从事某一具体的实物性工作，而是关系全局的协调一致。因此，组织越大，改进信息系统所带来的经济效益也就越大。信息系统的运转情况与整个组织的效率密切相关。

信息系统是一门新兴的科学，其主要任务是最大限度地利用现代计算机及网络通信技术加强企业的信息管理，通过对企业拥有的人力、物力、财力、设备、技术等资源的调查了解，建立正确的数据，加工处理并编制成各种信息资料及时提供给管理人员，以便进行正确的决策，不断提高企业的管理水平和经济效益。企业的计算机网络已成为企业进行技术改造及提高企业管理水平的重要手段。

（一）信息系统的特点

（1）信息系统是由计算机硬件、网络和通信设备、计算机软件、信息资源、信息用户和规章制度组成的以处理信息流为目的的人机一体化系统。简单而言，信息系统就是输入数据、信息，通过加工处理产生信息的系统，具有输入、输出、存储、处理和控制的功能。

（2）信息系统的责任人是企业负责人。企业负责人对信息系统建设工作负责，信息系统建设是"一把手"工程。只有企业负责人站在战略和全局的高度亲自组织领导信息系统建设工作，才能统一思想、提高认识、加强协调配合，从而推动信息系统建设在整合资源的前提下高效、协调推进。

（3）信息系统内部控制包括一般控制和应用控制。一般控制是指对企业信息系统开发、运行和维护的控制。信息系统一般控制是应用于一个单位信息系统全部或较大范围的内部控制具体措施的集合，其目标是保证数据安全，保护计算机的应用系统，防止信息系统被非法入侵，保证信息系统在意外中断的情况下继续运行等。应用控制是指利用信息系统对业务处理实施的控制。

（二）企业信息系统实施内部控制的常见风险

（1）信息系统缺乏整体规划或者规划不合理，可能导致企业形成信息孤岛、重复建设、资源浪费。

（2）信息系统开发不符合内部控制要求，授权管理不当，可能导致无法利用信息技术实施有效控制。

（3）信息系统运行维护和安全措施不到位，可能导致信息泄漏或毁损，信息系统无法正常运行。

（4）因经营条件发生剧变，数据可能泄密，信息档案的保管期限不够长。

二、信息系统内部控制的目标

（1）促进企业有效实施内部控制，提高企业现代化管理水平，减少人为操纵因素。现代企业的运营越来越依赖信息系统，它正改变着企业经营管理的方式。信息系统帮助企业控制业务流程、跟踪和记录在实时基础上进行的交易，通常还包括整合性的、在复杂环境中的系列经营行为。信息系统不仅获取决策所需要的信息来影响控制，还能被用来执行企业的战略决策。企业在加强常规内部控制的同时，应十分关注信息系统内部控制的建设，利用信息系统来提升企业的经营管理水平。

（2）增强信息系统的安全性、可靠性和合理性以及相关信息的保密性、完整性和可用性。信息系统自身也是内部控制的组成部分，并且也要被控制，管理者需要利用信息系统来监督和控制组织行为，信息系统依赖于内部控制系统来确保其提供相关、可靠和及时的信息。

（3）建立有效的信息与沟通机制，提供支持保障信息。只有得到良好的传递和沟通，信息系统才能真正发挥作用。企业应当借助信息技术促进信息的集成和共享，促使这些信息以恰当的方式在企业各个层级之间进行及时传递、有效沟通和正确使用，充分发挥信息技术在信息与沟通中的作用，为企业内部控制有效运行提供保证。

内控实操

企业应当重视信息系统在内部控制建设中的作用，根据企业内部控制要求，结合组织架构、业务范围、地域分布、技术能力等因素，制定信息系统建设整体规划，加大投入力度，有序组织信息系统开发、运行与维护，优化管理流程，防范经营风险，全面提升企业现代化管理水平。

一、信息系统规划阶段控制的要点

信息系统规划阶段主要应当：确保战略规划的合理性，重视整体观念和意识，强调信息系统的协同效用，强调信息化与企业业务需求的结合，提高信息系统的应用价值。

> 【风险提示9-1】信息系统缺乏整体规划或者规划不合理，可能导致企业形成信息孤岛、重复建设、资源浪费。

二、信息系统开发阶段控制的要点

企业信息系统归口管理机构应当组织内部各单位提出开发需求和关键控制点，规范开发流程，明确系统设计、编程、安装调试、验收、上线等全过程的管理要求，严格按照建设方案、开发流程和相关要求组织信息系统开发工作。

企业在信息系统开发建设环节要将企业的业务流程、内部控制措施、权限配置、预警指标、核算方法等固化到信息系统中。开发建设的好坏直接影响信息系统的成败。信息系统主要有自行开发、外购调试、业务外包三种开发方式。这些开发方式有各自的优缺点和适用条件，企业应根据自身实际情况合理选择。选定业务外包方式的，应当采用公开招标等形式择优确定开发单位。

（一）自行开发

自行开发是企业依托自身力量完成整个开发过程。

优点：开发人员熟悉企业情况，可以较好地满足本企业的需求，尤其是具有特殊性的业务需求。通过自行开发，还可以培养锻炼企业自己的开发队伍，便于后期的运行和维护。

缺点：开发周期较长，技术水平和规范程度较难保证，成功率相对较低。

自行开发方式的适用条件通常是企业自身技术力量雄厚，而且市场上没有能够满足企业需求的成熟的商品化软件和解决方案。

> 【风险提示9-2】自行开发方式下的开发建设风险主要表现如下。
>
> （1）项目计划方面。信息系统建设缺乏项目计划或者计划不当，导致项目进度滞后、费用超支、质量低下。
>
> （2）需求分析方面。需求本身不合理，对信息系统提出的功能、性能、安全性等方面要求不符合业务处理和控制需要；技术上不可行，经济上成本效益倒挂，或与国家有关法规制度冲突；需求文档表述不准确、不完整，未能真实全面地表达企业需求，存在表述缺失、表述不一致甚至表述错误等问题。
>
> （3）系统设计方面。设计方案不能完全满足用户需求，不能实现需求文档规定的目标；设计方案未能有效控制建设开发成本，不能保证建设质量和进度；设计方案不全面，导致后续变更频繁；设计方案没有考虑信息系统建成后对内部控制的影响，导致系统运行后衍生新的风险。
>
> （4）编程和测试方面。编程结果与设计不符；各程序员编程风格差异大，程序可读性差，导致后期维护困难，维护成本高；缺乏有效的程序版本控制，导致重复修改或修改不一致等问题；测试不充分等。
>
> （5）上线方面。缺乏完整可行的上线计划，导致系统上线混乱无序；人员培训不足，不能正确使用系统，导致业务处理错误，或者未能充分利用系统功能，导致开发成本浪费；初始数据准备设置不合格，导致新旧系统数据不一致、业务处理错误。

（二）外购调试

外购调试是企业购买成熟的商品化软件，通过参数配置和二次开发满足企业需求。

优点：开发建设周期短；成功率较高；成熟的商品化软件质量稳定、可靠性高；专业的软件提供商实施经验丰富。

缺点：难以满足企业的特殊需求；系统的后期升级进度受制于商品化软件供应商产品更新换代的速度，企业自主权不强，较为被动。

外购调试方式的适用条件通常是企业的特殊需求较少，市场上已有成熟的商品化软件和系统实施方案。比如大部分企业的财务管理系统、ERP 系统、人力资源管理系统等多采用外购调试方式。

【风险提示 9-3】外购调试方式下的开发建设风险主要表现如下。

(1) 软件产品选型和供应商选择方面。软件产品选型不当，产品在功能、性能、易用性等方面无法满足企业需求。软件供应商选择不当，产品的支持服务能力不足，产品的后续升级缺乏保障。

(2) 服务供应商选择方面。服务供应商选择不当，削弱了外购软件产品的功能发挥，无法有效满足用户需求。

(三) 业务外包

业务外包是指企业委托其他单位开发信息系统，基本做法是企业将信息系统开发项目外包出去，由专业公司或科研机构负责开发、安装实施，由企业直接使用。

优点：企业可以充分利用专业公司的专业优势，量体裁衣，构建全面、高效、可满足企业需求的个性化系统；企业不必培养、维持庞大的开发队伍，相应节约了人力资源成本。

缺点：沟通成本高，系统开发方难以深刻理解企业需求，可能导致开发出的信息系统与企业的期望产生较大偏差；同时，由于外包信息系统与系统开发方的专业技能、职业道德和敬业精神存在密切关系，也要求企业必须加大对外包项目的监督力度。

业务外包方式的适用条件通常是市场上没有能够满足企业需求的成熟的商品化软件和解决方案，企业自身技术力量薄弱或出于成本效益原则考虑，不愿意维持庞大的开发队伍。

【风险提示 9-4】业务外包方式下的开发建设风险主要表现如下。

(1) 选择外包服务商方面。企业与外包服务商之间本质上是一种"委托-代理"关系，合作双方信息不对称容易诱发道德风险，外包服务商可能实施损害企业利益的自利行为。

(2) 签订外包合同方面。合同条款不准确、不完善，导致企业的正当权益无法得到有效保障。

(3) 持续跟踪评价外包服务商的服务过程方面。缺乏外包服务跟踪评价机制或跟踪评价不到位，可能导致外包服务质量水平不能满足企业信息系统开发需求。

三、信息系统运行与维护阶段的要点控制

在信息系统运行与维护阶段主要应当规范信息系统日常运行管理规范，对信息数据进行备份，对系统变更的流程进行控制，对信息系统硬件、软件和数据的安全进行控制等。在信息运行和维护控制中主要防范以下风险。

（一）日常维护风险

（1）没有建立规范的信息系统日常运行管理规范，计算机软、硬件的内在隐患易于爆发，可能导致企业信息系统出错。

（2）没有执行例行检查，导致一些人为恶意攻击会长期隐藏在信息系统中，可能造成严重损失。

（3）未能定期备份信息系统数据，可能导致数据损坏后无法恢复，从而造成重大损失。

（二）信息系统变更风险

（1）没有建立严格变更申请、审批、执行、测试流程，导致信息系统随意变更。

（2）信息系统变更后效果达不到预期目标。

（三）安全管理风险

（1）硬件设备物理分布范围广，设备种类繁多，安全管理难度大，可能导致设备生命周期短。

（2）业务部门信息安全意识薄弱，对信息系统和信息安全缺乏有效的监管手段。

（3）对信息系统程序缺陷或漏洞安全防护不够，导致黑客攻击，造成信息泄露。

（4）对各种计算机病毒防范清理不力，导致信息系统运行不稳定甚至瘫痪。

（5）缺乏对信息系统操作人员的严密监控，可能导致舞弊和利用计算机犯罪。

四、信息系统应用阶段控制的要点

在信息系统应用阶段主要防范以下风险。

（一）输入风险

输入风险主要表现为：进入信息系统的数据不准确、不完整、不及时，导致输出结果错误，造成财产损失。

（二）处理风险

处理风险主要表现为：①未经授权非法处理业务；②信息系统处理不正确，导致业务无法正常进行；③信息系统处理过程未留下详细轨迹，导致出现错误后无法追踪。

（三）输出风险

输出风险主要表现为：①敏感信息被非授权用户获取；②输出信息在内容的正

学习笔记

视频：信息
系统内部
控制实施

确性、完整性、形式的规范性等方面存在质量问题，无法满足用户需求；③输出的信息被篡改。

任务二　信息系统内部控制实施

任务导学

光大证券"乌龙指"事件

2013年8月16日，注定是不平凡的一天，当天11时05分，上证综指突然上涨5.96%，50多只权重股均触及涨停。造成当天市场异动的主要原因是光大证券自营账户大额买入。经核查，光大证券自营的策略交易系统存在设计缺陷，连锁触发后生成巨额订单。这是中国A股市场上至今为止最大的乌龙事件。

事件简述如下。

9时30分开盘后，交易员郑东云像往常一样进行操作，先打开下单程序，然后打开订单生成系统，系统计算得出需要买入的股票以及数量，郑东云单击"买"按钮，接着打开订单执行系统，单击"执行"按钮。在平常，郑东云的委托基本都能成交完成，未能完成时，他会手动撤单再重新买入，但这一天早上未成交订单的笔数比较多，郑东云想起曾经让资源IT员工崔运钏设计过一个"重下"功能，这个功能可以把未成交部分重新委托。

崔运钏正好从会议室里走出来，郑东云把他拉到电脑跟前，问他买卖功能中的"重下"功能能否使用。崔运钏说能用，每次郑东云要使用新功能，都会要求他先演示一遍，崔运钏即单击"重下"按钮给郑东云看。

此时大约为11时05分，两人在电脑前发现指数开始上涨，现货数据开始乱跳。郑东云连忙撤单，一边撤单一边不肯相信系统竟然出现bug，跑到新晋IT员工邵子博的电脑前确认。陈东云让他看一眼资金，邵子博一看，资金显示"−72亿元"，大概几秒钟时间系统买入了72亿元的股票。三个人都慌乱了起来，不停撤单，郑东云让邵子博快去和部门领导杨剑波汇报（策略投资部新设不到一年，总共有16个员工，其中有两名IT员工，部门领导为杨剑波。邵子博刚刚加入半年多，属于部门新人，更多的技术工作由资历较深的崔运钏带领操作）。

光大证券紧急成立由风险管理部牵头组成的调查小组，召开高管会议，杨剑波把铭创公司的高管带到了会议现场，有人向铭创公司提出："账户资金为负数后，铭创系统应该终止继续报单。策略投资部并没有要求铭创系统不校验资金。"铭创公司现场就承认了系统的问题。

调查小组调查时发现交易员郑东云的下单程序打不开，程序的最近修改时间是13时22分，资深IT员工崔运钏解释是中午为了统计出错数据才修改的。风险管理部负责人建议还原当日事故发生前的状态，不要做任何修改。

调查小组走后，崔运钏坐下来开始认真分析代码，找到了程序的问题。他找到杨剑波，告诉他，是我们的程序下错单子了。杨剑波问，你之前有没有测试过吗？

崔运钏老实回答说，有测试过，但可能是后面增加新功能的时候改错了。

在半个多月前，崔运钏刚刚依据交易员郑东云的要求，赶工开发了一套新系统。交易员郑东云负责的是 ETF 流动性策略交易（Exchange - Traded Funds，交易型开放式指数基金），他完成一笔买卖，从系统操作上需要两个程序——订单生成系统和订单执行系统，前者就是崔运钏新开发的，后者由铭创公司开发。

崔运钏的这套系统上线并不需要部门领导杨剑波的审核，杨剑波从不监督 IT 员工的工作。

在证监会的调查中，光大证券相关人员均承认，是内部研发的程序错误以及铭创系统未校验资金导致"乌龙指"事件发生，并承认在事发后多次修改过程序。

证监会认定 8 月 16 日 13 时开市至 14 时 22 分，光大证券通过卖空股指期货、卖出 EFT 基金对冲风险为内幕交易，这也就是策略投资部尽力弥补公司损失的时间。光大证券在这段时间内的获利和规避损失共 5 亿多元全部被罚没，还另外被处以 5 倍罚款。

内幕交易的直接负责人徐浩明（总裁）、沈诗光（财务总监）、杨赤忠（分管领导）、杨剑波（部门领导）和其他直接责任人均被处以 60 万元罚款，四人为终身证券市场禁入者，终身不得从事证券业务或者担任上市公司的董事、监事、高级管理人员职务，同时为期货市场禁止进入者。梅键（董秘）被责令改正，处以 20 万元罚款。

任务与思考：

光大证券的与投资交易相关的信息系统存在哪些内部控制缺陷？

知识准备

《企业内部控制应用指引第 18 号——信息系统》相关规定如下。

第二章　信息系统的开发

第五条　企业应当根据信息系统建设整体规划，提出项目建设方案，明确建设目标、人员配备、职责分工、经费保障和进度安排等相关内容，按照规定的权限和程序审批后实施。

企业信息系统归口管理机构应当组织内部各单位提出开发需求和关键控制点，规范开发流程，明确系统设计、编程、安装调试、验收、上线等全过程的管理要求，严格按照建设方案、开发流程和相关要求组织开发工作。

企业开发信息系统，可以采取自行开发、外购调试、业务外包等方式。选定业务外包方式的，应当采用公开招标等形式择优确定开发单位。

第六条　企业开发信息系统，应当将生产经营管理全部业务流程、关键控制点和处理规则嵌入系统程序，实现手工环境下难以实现的控制功能。

企业在系统开发过程中，应当按照不同业务的控制要求，通过信息系统中的权限管理功能控制用户的操作权限，按照不同业务的控制要求避免将不同职责的处理权限授予同一用户。企业应当针对不同数据的输入方式，考虑对进入系统数据的检查和校验功能；避免后台操作系统数据，对于必需的后台操作，应当加强管理，建立规范的流程制度，对操作情况进行监控或者审计。

企业应当在信息系统中设置操作日志功能，确保操作的可审计性；对异常的或者违背内部控制要求的交易和数据，应当设计由系统自动报告。

第七条　企业信息系统归口管理部门应当加强信息系统开发全过程的跟踪管理，组织开发单位与内部各单位的日常沟通和协调，督促开发单位按照建设方案、计划进度和质量要求完成编程工作，对配备的硬件设备和系统软件进行检查验收，组织系统上线运行等。

第八条　企业应当组织独立于开发单位的专业机构对开发完成的信息系统进行验收测试，确保在功能、性能、控制要求和安全性等方面符合开发需求。

第九条　企业应当切实做好信息系统上线的各项准备工作，培训业务操作和系统管理人员，制定科学的上线计划和新旧系统转换方案，考虑应急预案，确保新旧系统顺利切换和平稳衔接。系统上线涉及数据迁移的，还应制定详细的数据迁移计划。

第三章　信息系统的运行与维护

第十条　企业应当加强信息系统运行与维护的管理，制定信息系统工作程序、信息管理制度以及各模块子系统的具体操作规范，及时跟踪、发现和解决信息系统运行中存在的问题，确保信息系统按照规定的程序、制度和操作规范持续稳定运行。

信息系统操作人员不得擅自进行系统软件的删除、修改等操作，不得擅自升级、改变系统软件版本，不得擅自改变软件系统环境配置。

第十一条　企业应当根据业务性质、重要性程度、涉密情况等确定信息系统的安全等级，建立不同等级信息的授权使用制度，采用相应技术手段，实现信息系统运行安全有序。

企业应当建立信息系统安全保密和泄密责任追究制度。委托专业机构进行系统运行与维护管理的，应当审查该机构的资质，并与其签订服务合同和保密协议。

企业应当采取安装安全软件等措施防范信息系统受到病毒等恶意软件的感染和破坏。

第十二条　企业应当建立用户管理制度，加强对重要业务系统的访问权限管理，定期审阅系统账号，避免授权不当或存在非授权账号，禁止不相容职务用户账号的交叉操作。

第十三条　企业应当综合利用防火墙、路由器等网络设备，漏洞扫描、入侵检测等软件技术以及远程访问安全策略等手段，加强网络安全，防范来自网络的攻击和非法侵入。

企业对于通过网络传输的涉密或关键数据，应当采取加密措施，确保信息传递的保密性、准确性和完整性。

第十四条　企业应当建立系统数据定期备份制度，明确备份范围、频度、方法、责任人、存放地点、有效性检查等内容。

第十五条　企业应当加强服务器等关键信息设备的管理，建立良好的物理环境，指定专人负责检查，及时处理异常情况。未经授权，任何人不得接触关键信息设备。

 内控实操

一、信息系统规划阶段控制

（1）制定信息系统开发战略规划和中长期发展计划，每年制定经营计划，同时制定年度信息系统建设计划，促进经营管理活动与信息系统的协调统一。

（2）充分调动信息系统归口管理部门与业务部门的积极性，提高战略规划的科学性、前瞻性和适应性。

（3）信息系统战略规划要与企业组织架构、业务范围、地域分布、技术能力等匹配，避免相互脱节。

二、信息系统开发阶段控制

企业应当指定专门机构对信息系统进行归口管理。信息系统归口管理部门的职责主要有：加强信息系统开发全过程跟踪管理，增进开发单位与企业内部业务部门日常沟通和协调，组织独立于开发单位的专业机构对开发完成的信息系统进行检查验收，并组织信息系统上线运行。

（一）信息系统自行开发方式控制

1. 项目计划环节控制

（1）企业应当根据信息系统建设整体规划提出分阶段项目的建设方案，明确建设目标、人员配备、职责分工、经费保障和进度安排等相关内容，按照规定的权限和程序审批后实施。

（2）企业可以采用标准的项目管理软件（比如 Office Project）制定项目计划，并加以跟踪。在关键环节进行阶段性评审，以保证过程可控。

（3）项目关键环节编制的文档应参照《GB/T 8567—2006 计算机软件文档编制规范》等相关国家标准和行业标准进行，以提高项目计划编制水平。

2. 需求分析环节控制

（1）信息系统归口管理部门应当组织企业内部各有关部门提出开发需求，加强系统分析人员和有关部门的管理人员、业务人员的交流，经综合分析提炼后形成合理的需求。

（2）编制表述清晰、表达准确的需求文档。需求文档是业务人员和技术人员共同理解信息系统的桥梁，必须准确表述信息系统建设的目标、功能和要求。企业应当采用标准建模语言（例如 UML），综合运用多种建模工具和表现手段，参照《GB/T 8567—2006 计算机软件文档编制规范》等相关标准，提高信息系统需求说明书的编写质量。

（3）企业应当建立健全需求评审和需求变更控制流程。依据需求文档进行设

学习笔记

计（含需求变更设计）前，应当评审其可行性，由需求提出人和编制人签字确认，并经业务部门与信息系统归口管理部门负责人审批。

3. 信息系统设计环节控制

（1）信息系统设计负责部门应当就总体设计方案与业务部门进行沟通和讨论，说明方案对用户需求的覆盖情况；存在备选方案的，应当详细说明各方案在成本、建设时间和用户需求响应上的差异；信息系统归口管理部门和业务部门应当对选定的设计方案予以书面确认。

（2）企业应参照《GB/T 8567—2006 计算机软件文档编制规范》等相关国家标准和行业标准，提高系统设计说明书的编写质量。

（3）企业应建立设计评审制度和设计变更控制流程。

（4）在信息系统设计时应当充分考虑信息系统建成后的控制环境，将生产经营管理业务流程、关键控制点和处理规程嵌入系统程序，实现手工环境下难以实现的控制功能。

（5）应充分考虑信息系统环境下的新的控制风险，通过信息系统中的权限管理功能控制用户的操作权限，避免将不相容职务的处理权限授予同一用户。

（6）应当针对不同的数据输入方式，强化对进入系统数据的检查和校验功能，如凭证的自动平衡校对。

（7）在信息系统设计时应当考虑在信息系统中设置操作日志功能，确保操作的可审计性。对异常的或者违背内部控制要求的交易和数据，应当设计系统自动报告并跟踪处理机制。

（8）预留必要的后台操作通道，对于必需的后台操作，应当加强管理，建立规范的操作流程，确保足够的日志记录，保证对后台操作的可监控性。

4. 编程和测试环节控制

（1）项目组应建立并执行严格的代码复查评审制度。

（2）项目组应建立并执行统一的编程规范，在标识符命名、程序注释等方面统一风格。

（3）应使用版本控制软件系统（例如 CVS），保证所有开发人员基于相同的组件环境开展项目工作，协调开发人员对程序的修改。

（4）应区分单元测试、组装测试（集成测试）、系统测试、验收测试等不同测试类型，建立严格的测试工作流程，提高最终用户在测试工作中的参与程度，改进测试用例的编写质量，加强测试分析，尽量采用自动测试工具提高测试工作的质量和效率。具备条件的企业，应当组织独立于开发建设项目组的专业机构对开发完成的信息系统进行验收测试，确保在功能、性能、控制要求和安全性等方面符合开发需求。

5. 信息系统上线环节控制

（1）企业应当制定信息系统上线计划，并经信息系统归口管理部门和用户部门审核批准。上线计划一般包括人员培训、数据准备、进度安排、应急预案等内容。

（2）系统上线涉及新旧系统切换的，企业应当在上线计划中明确应急预案，保证新系统失效时能够顺利切换回旧系统。

（3）系统上线涉及数据迁移的，企业应当制定详细的数据迁移计划，并对迁移结果进行测试。用户部门应当参与数据迁移过程，对迁移前后的数据予以书面确认。

（二）信息系统外购调试方式控制

1. 软件产品选型和供应商选择环节

（1）企业应明确自身需求，对比分析市场上的成熟软件产品，合理选择软件产品的模块组合和版本。

（2）企业在进行软件产品选型时应广泛听取行业专家的意见。

（3）企业在选择软件产品和服务供应商时，不仅要评价其现有产品的功能、性能，还要考察其服务支持能力和后续产品的升级能力。

2. 服务供应商选择环节

选择服务提供商时，不仅要考核其对软件产品的熟悉、理解程度，也要考核其是否深刻理解企业所处行业的特点、是否理解企业个性化需求、是否有过相同或相近的成功案例。

（三）信息系统业务外包方式控制

1. 选择外包服务商环节控制

（1）企业在选择外包服务商时要充分考虑外包服务商的市场信誉、资质条件、财务状况、服务能力、对本企业业务的熟悉程度、既往承包服务成功案例等因素，对外包服务商进行严格筛选。

（2）企业可以借助外包业界基准来判断外包服务商的综合实力。

（3）企业要严格外包服务审批及管控流程，对信息系统外包业务，原则上应采用公开招标等形式选择外包服务商，并实行集体决策审批。

2. 签订外包合同环节控制

（1）企业在与外包服务商签约之前，应针对外包可能出现的各种风险损失，恰当拟订合同条款，对涉及的工作目标、合作范畴、责任划分、所有权归属、付款方式、违约赔偿及合约期限等问题做出详细说明，并由法律部门或法律顾问审查把关。

（2）开发过程中涉及商业秘密、敏感数据的，企业应当与外包服务商签订详细的"保密协定"，以保证数据安全。

（3）在合同中约定付款事宜时，应当选择分期付款方式，尾款应当在信息系统运行一段时间并经评估验收后再支付。

（4）应在合同条款中明确要求外包服务商保持专业技术服务团队的稳定性。

3. 持续跟踪评价外包服务环节控制

（1）企业应当规范外包服务评价工作流程，明确相关部门的职责权限，建立外包服务质量考核评价指标体系，定期对外包服务商进行考评，公布服务周期的评估结果，以及对外包服务水平的跟踪评价。

（2）根据需要引入监理机制，降低外包服务风险。

学习笔记

学习笔记

三、信息系统运行与维护阶段控制

（一）信息系统日常维护环节控制

（1）企业应制定信息系统使用操作程序、信息管理制度以及各模块子系统的具体操作规范，及时跟踪、发现和解决信息系统运行中存在的问题，确保信息系统按照规定的程序、制度和操作规范持续稳定运行。

（2）切实做好信息系统运行记录，尤其是对于信息系统运行不正常或无法运行的情况，应对异常现象发生时间和可能的原因做出详细记录。

（3）企业要重视信息系统运行的日常维护，在硬件方面，日常维护主要包括各种设备的保养与安全管理、故障的诊断与排除、易耗品的更换与安装等，这些工作应由专人负责。

（4）配备专业人员负责处理信息系统运行中的突发事件，必要时应会同信息系统开发人员或软、硬件供应商共同解决。

（二）信息系统变更环节控制

（1）企业应当建立标准流程来实施和记录信息系统变更，保证变更过程得到适当的授权与管理层的批准，并对变更进行测试。信息系统变更应当严格遵照管理流程进行操作。信息系统操作人员不得擅自进行软件的删除、修改等操作；不得擅自升级、改变软件版本；不得擅自改变软件系统的环境配置。

（2）信息系统变更程序（如软件升级）需要遵循与新系统开发项目同样的验证和测试程序，必要时还应当进行额外测试。

（3）企业应加强紧急变更的控制管理。

（4）企业应加强对将变更移植到生产环境中的控制管理，包括信息系统访问授权控制、数据转换控制、用户培训等。

（三）信息系统安全管理环节控制

（1）建立信息系统相关资产的管理制度，保证电子设备的安全。企业应在健全设备管理制度的基础上，建立专门的电子设备管控制度，对于关键信息设备（如银行系统的核心数据库服务器），未经授权，不得接触。

（2）企业应成立专门的信息系统安全管理机构，由企业主要领导负总责，对企业的信息安全作出总体规划和全方位严格管理，具体实施工作可由企业的信息主管部门负责。企业应强化全体员工的安全保密意识，特别要对重要岗位员工进行信息系统安全保密培训，并签署安全保密协议。企业应当建立信息系统安全保密制度和泄密责任追究制度。

（3）企业应当按照国家相关法律法规以及信息安全技术标准，制定信息系统安全实施细则。根据业务性质、重要程度、涉密情况等确定信息系统的安全等级，建立不同等级信息的授权使用制度，采用相应技术手段保证信息系统运行安全有序。对于信息系统的使用者和不同安全等级信息之间的授权关系，应在信息系统开发建设阶段就形成方案并加以设计，在软件系统中预留这种对应关系的设置功能，以便根据使用者岗位职务的变迁进行调整。

（4）企业应当直效利用 IT 手段对硬件配置调整、软件参数修改严加控制。企业可利用操作系统、数据库系统、应用系统提供的安全机制，设置安全参数，保证信息系统访问安全；对于重要的计算机设备，企业应当利用技术手段防止员工擅自安装、卸载软件或者改变软件系统配置，并定期对上述情况进行检查。

（5）企业委托专业机构进行信息系统运行与维护管理的，应当严格审查其资质条件、市场声誉和信用状况等，并与其签订正式的服务合同和保密协议。

（6）企业应当采取安装安全软件等措施，防范信息系统受到病毒等恶意软件的感染和破坏。企业应当特别注重加强对服务器等关键部位的防护；对于存在网络应用的企业，应当综合利用防火墙、路由器等网络设备，采用内容过滤、漏洞扫描、入侵检测等软件技术加强网络安全，严密防范来自互联网的黑客攻击和非法侵入。对于通过互联网传输的涉密或者关键业务数据，企业应当采取必要的技术手段确保信息传递的保密性、准确性、完整性。

（7）企业应当建立系统数据定期备份制度，明确备份范围、频度、方法、责任人、存放地点、有效性检查等内容。信息系统首次上线运行时应当完全备份，然后根据业务频率和数据重要性程度，定期做好增量备份。数据正本与备份应分别存放于不同地点，防止因火灾、水灾、地震等事故产生不利影响。企业可综合采用磁盘、磁带、光盘等备份存储介质。

（8）企业应当建立信息系统开发、运行与维护等环节的岗位责任制度和不相容职务分离制度，防范利用计算机舞弊和犯罪。开发人员在运行阶段不能操作使用信息系统，否则就可能掌握其中的涉密数据，进行非法利用；系统管理和维护人员承担密码保管、授权、系统变更等关键任务，如果允许其使用信息系统，其可能较为容易地篡改数据，从而达到侵吞财产或滥用计算机信息的目的。此外，信息系统使用人员也需要区分不同岗位，包括业务数据录入、数据检查、业务批准等，他们之间也应有必要的相互牵制。

（9）企业应建立用户管理制度，加强对重要业务系统的访问权限管理，避免将不相容职责授予同一用户。企业应当采用密码控制等技术手段进行用户身份识别。对于重要的业务系统，应当采用数字证书、生物识别等可靠性强的技术手段识别用户身份。对于发生岗位变化或离岗的用户，用户部门应当及时通知信息系统管理人员调整其在信息系统中的访问权限或者关闭其账号。企业应当定期对信息系统中的账号进行审阅，避免存在授权不当或非授权账号。对于超级用户，企业应当严格规定其使用条件和操作程序，并对其在信息系统中的操作全程进行监控或审计。

（10）企业应积极开展信息系统风险评估工作，定期对信息系统进行安全评估，及时发现信息系统安全问题并加以整改。

四、信息系统应用阶段控制

（一）输入环节的控制

在输入环节主要应当确保输入数据的准确、完整、及时，主要措施如下。

（1）针对手工录入、批量导入、接收其他系统数据等不同数据输入方式，考虑对进入系统数据的检查和校验功能，确保数据准确性、有效性和完整性。

（2）尽量避免通过后台操作修改和删除数据。对于必需的后台数据操作，企业应当建立规范的流程制度，并对操作情况进行监控或审计。

（3）对经常性的数据删除和修改，在信息系统功能中考虑通过审批、复核等程序加以控制。

（4）在重要信息系统中设置操作日志功能，详细记录信息系统中每个账户的登录时间、重要的操作内容，确保操作的可审计性。

（5）在信息系统中设计自动报告功能，监控异常或违背内部控制要求的数据。

（二）处理环节的控制

在处理环节主要应当确保用户授权、运行轨迹，主要措施如下。

（1）建立健全用户管理制度，确保不同授权用户在授权范围内运用信息系统进行业务处理。

（2）信息系统自动记载各个用户操作日志，详细记录各用户操作，留下审计线索。

（3）对信息系统定期检测维护，及时发现错误并修正。

（三）输出控制环节的控制

在输出环节主要应当确保输出信息的安全性、正确性、完整性和输出资料的分发控制，主要措施如下。

（1）使用数据勾稽关系校验、数据指纹，保证有关数据的正确性。

（2）综合采用功能权限和数据权限，确保经授权用户才能得到相关输出信息。功能权限决定用户是否可以执行某项输出功能，通常表现为不同职责的用户所能使用的菜单项、按钮组合不同。数据权限决定用户可访问的数据范围。

（3）强化输出资料分发控制，确保资料只能分发给具有相应权限的用户。分发控制措施有：打印总数控制、信息接收人控制、输出报告发送登记簿设置。

五、信息系统终结阶段控制

信息系统终结阶段的管控重点在于防止数据泄密、保管信息档案等内容，主要措施如下。

（1）做好善后工作，不管何种情况导致信息系统停止运行，都应对废弃系统中有价值或者涉密的信息进行销毁、转移。

（2）严格按照国家有关法规制度和对电子档案的管理规定（比如审计准则对审计证据保管年限的要求），妥善保管相关信息档案。

学中做

光大证券的与投资交易相关的信息系统所存在的严重内控缺陷如下。

（1）ETF 流动性策略交易订单生成系统和订单执行系统均存在设计缺

陷，其中，订单生成系统中的"重下"功能，在设计时错误地将"买入个股函数"写成"买入ETF—篮子股票函数"。订单执行系统对市价委托订单是否超出账户授信额度不能进行正确校验。

（2）重要信息系统上线未经审核、运行测试、验收等程序，比如系统上线并不需要部门领导（杨剑波）的审核，杨剑波从不"关注"IT员工的工作；仅用半个多月赶工开发的系统，没有验收就上线运用，更没有对新增功能进行测试。

（3）外包业务缺乏外包服务跟踪评价机制或跟踪评价不到位，导致出现重大问题，1月份光大期货系统出现故障也是铭创公司的责任。

现代企业的运营越来越依赖信息系统，没有信息系统的支撑，业务开展就举步维艰、难以为继，企业经营就很可能陷入瘫痪状态。同时，企业信息系统内部控制以及利用信息系统实施内部控制也面临诸多风险，比如在上述"乌龙指"事件中，光大证券可谓损失惨重。

鉴于信息系统本身的复杂性和高风险特征，要求企业必须重视信息系统在内部控制中的作用，制定信息系统建设总体规划，有序组织信息系统开发、运行与维护，优化管理流程，防范经营风险，全面提升企业现代化管理水平。

思政案例

易某因工作需要拥有登录华为公司企业资源计划（ERP）系统的权限，可以查看工作范围内相关数据信息。2010年12月，易某从华为公司线缆物控部调任后，未按华为公司的要求将ERP账户线缆类编码物料价格的查询权限清理，至2017年年底，易某违反规定，多次通过越权查询、借用同事账号登录的方式在ERP系统内获取线缆物料的价格信息。2017年以后，易某发现ERP系统中的POL采购小程序存在漏洞，能通过特定操作绕过权限控制查看系统数据，便以此方式获取线缆物料的价格信息。易某将非法获取的价格数据以发短信、打电话、发电子邮件的方式告知深圳市金信诺高新技术股份有限公司（华为公司的供应商），从而帮助金信诺公司在华为公司的招标项目中提高中标率。经查，易某在2016年12月27日—2018年2月28日期间，多次通过电子邮箱将华为公司多个供应商共1 183个（剔除重复部分共918个）线缆类编码物料的采购价格发送给金信诺公司。

经查，易某在2012—2017年6月30日期间，收受金信诺公司购物卡共计7 000元、篮球鞋5双（价值共计人民币16 437.6元）。

【育人启示】

被告人易某违反国家规定，侵入国家事务、国防建设、尖端科学技术领域以外的计算机信息系统或采用其他技术手段，获取计算机信息系统中存储、处理或者传输的数据，情节严重，其行为已构成非法获取计算机信息系统数据罪。在网络时代，每个职场人都不可避免地接触大量计算机存储信息，只有谨遵职业道德，坚守道德底线，才能避免引火上身。

项目小结

本项目知识结构图如图9-1所示。

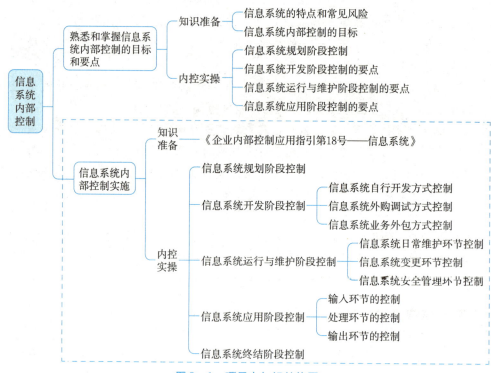

图9-1　项目九知识结构图

项目训练

【职业知识测试】

一、不定项选择题

1. 关于信息系统内部控制，下列说法中正确的是 (　　)。

A. 信息系统内部控制的责任人是企业负责人

B. 信息系统内部控制的主要对象是信息系统

C. 信息系统内部控制只包括应用控制

D. 信息系统内部控制包括一般控制和应用控制

2. 根据《企业内部控制应用指引第18号——信息系统》的规定，企业信息系统建设应结合 (　　) 等因素，制定信息系统建设整体规划，防范经营风险。

A. 组织架构　　　　　B. 业务范围　　　　　C. 地域分布　　　　　D. 技术能力

3. 信息系统具有 (　　) 的功能。

A. 输入　　　　　　　B. 输出　　　　　　　C. 存储　　　　　　　D. 处理和控制

4. 下列属于企业信息系统实施内部控制常见风险的有 (　　)。

A. 信息系统缺乏整体规划或者规划不合理，可能导致企业形成信息孤岛、重复建设、资源浪费

B. 信息系统开发不符合内部控制要求，授权管理不当，可能导致无法利用信息技术实施有效控制

C. 信息系统运行维护和安全措施不到位，可能导致信息泄漏或毁损，信息系统无法正常运行

D. 因经营条件发生剧变，数据可能泄密，信息档案的保管期限不够长

5. 在信息系统规划阶段主要应当（　　　）。

A. 确保战略规划的合理性　　　　　　B. 强调信息系统的协同效用

C. 强调信息化与企业业务需求的结合　D. 提高信息系统的应用价值

6. 下列不属于信息系统开发方式的有（　　　）。

A. 自行开发　　　B. 外购调试　　　C. 业务外包　　　D. 联合开发

7. 信息系统应用控制主要防范（　　　）。

A. 输入风险　　　B. 处理风险　　　C. 过程风险　　　D. 输出风险

8. 信息系统操作人员（　　　）。

A. 应严格遵照管理流程进行操作

B. 不得擅自进行软件的删除、修改等操作

C. 不得擅自升级、改变软件版本

D. 不得擅自改变软件系统的环境配置

9. 信息系统管理和维护人员承担（　　　）任务。

A. 密码保管　　　　　　　　　　　　B. 授权

C. 信息系统变更　　　　　　　　　　D. 信息系统使用

10. 下列不属于信息系统使用人员岗位的是（　　　）。

A. 数据录入　　　B. 数据检查　　　C. 系统维护　　　D. 业务批准

二、判断题

1. 自行开发方式的适用条件通常是企业的特殊需求较少，市场上已有成熟的商品化软件和系统实施方案。　　　　　　　　　　　　　　　　（　　　）

2. 企业信息系统归口管理部门应当组织内部各单位提出开发需求和关键控制点，规范开发流程，明确系统设计、编程、安装调试、验收、上线等全过程的管理要求，严格按照建设方案、开发流程和相关要求组织开发工作。　　　（　　　）

3. 在项目计划环节，企业应当根据信息系统建设整体规划提出项目的分阶段建设方案，明确建设目标、人员配备、职责分工、经费保障和进度安排等相关内容并实施。　　　　　　　　　　　　　　　　　　　　　　　　　　（　　　）

4. 企业应明确自身需求，对比分析市场上的成熟软件产品，合理选择软件产品的模块组合和版本。　　　　　　　　　　　　　　　　　　　　（　　　）

5. 企业在选择外包服务商时要充分考虑外包服务商的市场信誉、资质条件、财务状况、服务能力、对本企业业务的熟悉程度、既往承包服务成功案例等因素，对外包服务商进行严格筛选。　　　　　　　　　　　　　　　　　　（　　　）

6. 在合同中约定付款事宜时，应当选择分期付款方式，尾款应当在信息系统

学习笔记

调试后支付。 （ ）

7. 企业应当建立标准流程来实施和记录信息系统变更，保证变更过程得到适当的授权与管理层的批准，并对变更进行测试。 （ ）

8. 信息系统操作人员不得进行软件的删除、修改等操作，但可根据需要升级、改变软件版本、改变软件系统的环境配置。 （ ）

9. 企业应在健全设备管理制度的基础上，建立专门的电子设备管控制度，对于关键信息设备（如银行系统的核心数据库服务器），未经授权，不得接触。 （ ）

10. 企业应强化全体员工的安全保密意识，特别要对重要岗位员工进行信息系统安全保密培训，并签署安全保密协议。 （ ）

【职业能力训练】

请同学们以 4~5 人分为一组，以小组为单位对以下案例进行分组讨论，按要求完成训练任务，并以 Word 文档提交任务成果，课堂上由一名同学为代表汇报任务成果。

【训练】

组织学生了解本学校所使用的教务管理信息系统的功能，了解本学校教务管理信息系统的流程控制、权限控制及决策控制。

要求：结合《企业内部控制应用指引第 18 号——信息系统》讨论本校教务管理信息系统运行和维护中的关键控制点、可能存在的风险、应采取的管控措施。

【训练】

资料：2020 年 2 月 5 日，中国人民银行分别正式发布新修订的金融行业标准《网上银行系统信息安全通用规范》（JR/T 0068—2020）。新版《网上银行系统信息安全通用规范》立足于移动互联网和云计算等新技术在网上银行系统的不断深入应用，以及手机银行使用日益广泛的背景，规范了网上银行系统安全技术要求、安全管理要求、业务运营安全要求，为网上银行系统的建设、运营及测评提供了依据，建立了新规范。

要求：组织学生分组学习，并实地调研了解当地网上银行系统的实际运用情况。结合《企业内部控制应用指引第 18 号——信息系统》讨论《网上银行系统信息安全通用规范》能否实现对网上银行系统的有效控制。

【职业素养提升】

阅读资料

信息技术与零售业务
——沃尔玛的管理信息系统应用

让我们首先简单地回顾一下沃尔玛的历史：

1962 年，由美国山姆·沃尔顿开设；

20 世纪 70 年代，发展到 276 家连锁店；

1983 年，成立第一家仓储式商店——山姆会员店；

1988 年，成立第一家沃尔玛超市；

1996 年，沃尔玛进入中国深圳；

2000 年，从中国采购商品总额超过 100 亿美元；

2001 年，在全球设立 24 个采购点，将全球采购总部由中国香港搬到深圳；

2002 年，停止采购外包，年销售额为 1 900 亿美元的商品全部交给深圳这个全球采购总部及其所属的采购网络负责。

沃尔玛的全球采购战略、配送系统、商品管理、电子数据系统、天天平价战略在业界都是可圈可点的经典案例。可以说，所有的成功都是建立在沃尔玛利用信息技术进行优势资源整合、零售业整合的基础之上。

在 20 世纪 60 年代中期，山姆·沃尔顿只拥有几家商店的时候，他就已经清醒地认识到：管理人员必须能够随时随地获得他们所需要的数据。例如：某种商品在沃尔玛的商店里一共有多少？上周的销售量是多少？昨天的呢？去年的呢？顾客订购了多少商品？什么时候可以到达？在管理信息系统应用之前，这样的工作必须通过大量的人工计算与处理才能得到。实时控制处于任何地点的商店的想法只是一个梦想而已。要在现有的基础上扩大经营规模，只有密切追踪信息处理技术的进步。

在信息技术的支持下，沃尔玛能够以最低的成本、最优质的服务、最快速的管理反应进行全球运作。1974 年，沃尔玛开始在其分销中心和各家商店运用计算机进行库存控制。1983 年，沃尔玛的整个连锁商店系统都开始使用条形码扫描系统。1984 年，沃尔玛开发了一套市场营销管理系统，这套系统可以使每家商店按照自身的市场环境和销售类型制定相应的营销产品组合。

在 1985—1987 年，沃尔玛安装了公司专用的卫星通信系统，该系统的应用使总部、分销中心和各商店之间可以实现双向的声音和数据传输，全球 4 000 家沃尔玛分店也都能够通过自己的终端与总部进行实时的联系。这些优势都来自沃尔玛积极地应用最新的技术成果。通过采用最新的信息技术，员工能够更有效地做好工作，更好地做出决策以提高生产率和降低成本。在沃尔玛的市场营销管理系统中最重要的一环就是它的配送管理。

20 世纪 90 年代，沃尔玛提出了新的零售业配送理论：集中管理的配送中心向各商店提供货源，而不是直接将货品运送到商店。其独特的配送体系，大大降低了成本，加速了存货周转，形成了沃尔玛的核心竞争力。沃尔玛的配送系统由以下三部分组成。

（1）高效的配送中心。

沃尔玛的供应商根据各分店的订单将货品送至沃尔玛的配送中心。配送中心则负责完成商品的筛选、包装和分检工作。沃尔玛的配送中心具有高度现代化的机械设施，送至此处的商品 85% 都采用机械处理，这样就大大减少了人工处理商品的费用。

（2）迅速的运输系统。

沃尔玛的机动运输车队是其配送系统的另一个无可比拟的优势。沃尔玛可以保证货品从仓库运送到任何一家商店的时间不超过 48 小时，相对于其他同业商店平均两周补发一次，沃尔玛可保证分店货架平均一周补两次。通过迅速的信息传送与先进的计算机跟踪系统，沃尔玛可以在全美范围内快速地输送货物，使各分店即使只维持极少存货也能保持正常销售从而大大节省了存贮空间和存货成本。

（3）先进的卫星通信网络。

1983年，沃尔玛使用2 400万美元开始建立自己的卫星通信网络，通过这个网络，沃尔玛每天直接把销售情况传送给5 000家供应商。任何一家沃尔玛商店都具有自己的终端，并通过卫星与总部相连，在商场设有专门负责排货的部门。沃尔玛每销售一件商品，都会即时通过与收款机相连的计算机记录下来，每天都能清楚地知道实际销售情况。沃尔玛各分店、供应商、配送中心之间建立的卫星通信网络使沃尔玛的配送系统完美无缺。卫星通信网络的应用，使配送中心、供应商及每一分店的每一销售点都能形成在线作业，在短短数小时内便可完成"填写订单—各分店订单汇总—送出订单"的整个流程，大大提高了营业的高效性和准确性。

市场营销管理系统的应用使沃尔玛有关各方可以迅速得到所需的货品层面数据、观察销售趋势、存货水平和订购信息甚至更多数据。近年来美国公司普遍把信息技术应用于生产实际，大多数公司都采用了MRP管理系统，根据产品外部需求订单，广泛应用信息系统推算原料需求量及交货时间，以最大限度地减少资金占用，减少库存，降低生产成本。美国通过运用信息技术改造传统产业，使传统产业的国际竞争力在20世纪90年代得到快速提升。

沃尔玛（中国）有限公司的管理信息系统来自强大的国际系统支持。沃尔玛在全球拥有3 000多家商店、40多个配销中心、多个特别产品配销中心，它们分布在美国、阿根廷、巴西、加拿大、中国、法国、墨西哥、波多黎各等国家。沃尔玛总部与全球各家分店和各个供应商通过共同的计算机系统进行联系。它们有相同的补货系统、相同的EDI条形码系统、相同的库存管理系统、相同的会员管理系统、相同的收银系统。这样便能在一家商店了解全世界的商店的资料。

课程拓展

生活中的管理信息系统——1号店

作为"网上沃尔玛"，1号店同样注重利用信息技术对供应链进行整合。1号店将供应商平台、结算系统、WMS（仓储管理系统）、TMS（运输管理系统）、数据分析系统以及客服系统集成于自主开发的1号店SBY（Service By YHD）平台，从而实现数据统一管理。目前1号店的会员数量是3 000万，其中每天就有500万会员在1号店网站进行浏览。大量会员产生的巨大信息，使1号店叩开大数据时代的大门。为了处理巨大的数据，1号店独立开发全套系统，并且有一支数量巨大的技术团队。据了解，仅1号店在武汉的IT基地就有上千人。1号店董事长于刚表示："1号店在SBY平台投入很大，因为它有大量顾客的数据，反映出很多规律。1号店利用这些规律进行数据挖掘，把顾客过去的购买、搜索、收藏，甚至商品浏览的路径信息全部记录下来。1号店把这样的记录作为顾客行为模型，用顾客行为模型去预测顾客会有什么样的需求。同时为顾客开展个性化的服务，提醒顾客购买自己喜欢的商品。这就是电子商务的优势，所有电商都应该充分利用这个优势，真正做到个性化服务。"

在位于上海浦东新区的1号店总部大厦，有一个数十平方米的监控中心。在该监控中心，数十台显示器整齐地排列在一面墙壁上，它们如同1号店的仪表盘，实时显示1号店的数据，如首页和每个频道的浏览量、实时订单分布地图、订单趋势图、商品销售排行榜以及用户搜索关键词等。"1号店每时每刻的运营状况都能在上面体现，比如，当显示屏上面呼叫中心变成红色的时候就说明排队的人数太多了。"1号店监控中心负责人说。

1号店每天有500万会员在线，甚至每一秒都有订单下达，每笔订单的商品品类、数量以及配送地址都不一样。例如，在某顾客订购一套咖啡壶的同时，与其位于同一小区的其他客户订购了别的东西，为了降低物流成本，当然将同一位置的订单归结在一起最好。但问题是，1号店系统如何能够自动识别每个订单的关联性，并且将来自四面八方、杂乱无章的订单与配送中心整齐存放的商品一一对应？

为此，1号店发明了"订单池"概念。1号店配送中心接收到订单之后并不是立即按照订单内容进行拣货，而是把订单投入订单池。如同水池一样，订单池里面永远"沉淀"一定数量的订单，系统根据每个订单的关联进行"分波"，每15～20个订单为一个波次。

相关负责人说："所谓波次，就是一项拣货任务。理论上讲，一个订单也可能成为一个波次，但仓库人员有限，没有那么多人去一个订单一个订单地拣货，为了提高效率，我们将具有相同属性的订单归结为一个波次。"

所谓的"相同属性"大有文章。信息系统为了提高效率，将具有关联的一些订单合并为一个波次，这些关联度完全是从数学的角度计算而来的。比如，有的同一波次的商品的共同属性是同样的商品，而有的同一波次的商品的共同属性是同一个地址等。一号店有国外知名大学毕业的专业人才利用专门的系统研究算法，从而不断优化拣货流程。

当一个波次在订单池中形成之后，拣货人员的RF枪就会出现相应的指令，告诉拣货人员到什么位置去拣什么样的商品。这里面涉及一个路径优化的问题。

为了追求效率，电商的仓库一般是平面库，货位上的商品以销售的最小单位存放，而不是传统零售中常用的立体库和按箱或托盘存放。货位的优化很重要，它直接影响拣货的效率。传统零售仓库内的单次拣货量大、种类少，效率不是问题，而电子商务的单次拣货以波次计算，拣货量小、种类多。

据了解，1号店的库位一般按照商品的关联度和畅销度来决定。一般有一个畅销商品区，离包装区很近，以便快速拣货。商品的关联度越大（顾客在同一订单里同时购买两个商品的概率越高）则放得越近，捡完一个马上可以捡另一个。

货品上架可按预先计算好配置的库位，也可动态地随机摆放（random show）。后者库位的利用率要高不少，但需要RFID技术支持，实时定位。随机摆放的另一个好处在于可以在上架现场根据实物商品的尺寸扩大或缩小库位，提高货架使用率。

商品在入库前都会规划自己的位置，这些位置也将输入系统。订单池形成一个

学习笔记

波次之后，系统就会根据该波次中订单的情况以及商品的位置为拣货员规划一条最优路径。一般情况下，最优路径的标准是拣货员行走的距离最短或者先拣较轻的商品，后拣较重的商品以节省拣货员的体力。

当每个波次拣货完毕之后，拣货员就会将商品进行打包，随后该商品进入分拣中心，根据订单的地址通过自动滑轨进入相应的发货区。在该发货区，早有车辆在等候。

事实上，拣货也是一个数据与实物的交互过程。拣货员手中的 RF 枪会告诉拣货员到某仓位拣某商品，拣完之后，还要扫描该商品。这就意味着通知系统，该商品已经被拣完，在库存中不复存在。

通过波次分配和路径优化，1 号店的拣货效率得到了很大提高。1 号店提供的数据显示：一个 1 号店仓库拣货员在毗邻的 4 个仓库（单个面积约为 30 000 平方米）里，从约 30 万件商品中拣出 16.7 件产品（16.7 件是 1 号店平均每单的商品数量），需要的时间不超过 80 秒。

一号店董事长于刚表示："供应链管理是电子商务的核心竞争力，因为它直接关系到顾客体验，关系到我们能够把成本足够降低，从而改进商务模式。可以看到，所有的系统都在一个大平台上共享数据，共享服务。所有数据必须是实时的，以让供应链透明，要有足够的灵活性，可以随时改变商务模式，随着规模的增大成本要逐渐下降。1 号店的体验就是，通过这几年的持续改善，1 号店的成本持续下降，效率在提高，周转率也在提高，但是还有很大的改善空间，应持续地、逐渐地、稳健地去改善。"

参 考 文 献

[1] 财政部，审计署，国资委，银监会，保监会．企业内部控制基本规范［M］．北京：中国财政经济出版社，2008．

[2] 财政部，审计署，国资委，银监会，保监会．企业内部控制应用指引［M］．北京：中国财政经济出版社，2010．

[3] 财政部．小企业内部控制规范（试行）［M］．上海：立信会计出版社，2017．

[4] 财政部．企业会计准则（2006）［M］．北京：中国财政经济出版社，2006．

[5] 高翠莲．企业内部控制（第二版）［M］．北京：高等教育出版社，2022．

[6] 张远录．中小企业内部控制与风险管理［M］．大连：东北财经大学出版社，2020．

[7] 程新生．企业内部控制（第四版）［M］．北京：高等教育出版社，2021．

[8] 蒋淑玲．内部控制与风险管理［M］．北京：高等教育出版社，2019．

[9] 高丽萍．企业会计制度设计（第三版）［M］．北京：高等教育出版社，2019．

[10] 李荣梅．企业内部控制（第四版）［M］．大连：东北财经大学出版社，2022．

[11] 池国华，樊子君．内部控制习题与案例（第五版）［M］．大连：东北财经大学出版社，2022．

[12] 张潇潇．企业内部控制存在的问题及对策——以康美药业为例［J］．财务管理研究，2022，05．

[13] 陈伟丽．上市公司内部控制问题思考——基于獐子岛事件为例［J］．现代企业，2020，10．

[14] 云皓琛．基于销售业务的内部控制缺陷对审计风险的影响研究——以腾讯起诉老干妈乌龙事件为例［J］．商场现代化，2020，15．

[15] 赵天琪．基于COSO五要素对獐子岛内部控制失效案例的分析［J］．知识经济，2017，04．

[16] 范琪琪．中小企业筹资风险及其防范措施研究——以Y企业为例［J］．商场现代化，2022，07．

[17] 刘月皎．TCL集团固定资产内部控制研究［J］．商场现代化，2020，22．

[18] 隋欣．亳州市中远物流有限公司固定资产内部控制研究［J］．品牌研究，2019，16．